Das Land am Doubs

Französischer Jura

Touren ◆ Einkehren ◆ Unterkommen

Hans Ikenberg

Inhalt

Jura, was ist das?

DER JURA, NAHE LIEGEND ABER wenig vertraut, ist einebesonders reizvolle Gegend Frankreichs: Traumsicht auf Alpen und Schluchten. Höhlen im Mittelland, Steiltäler zwischen den Weinhängen. Dazwischen charmante Kleinstädte,viel grüne Landschaft und eine große kulinarische Tradition mit Saucisses de Morteau, Comté- und Vacherin-Käse, Wein und Marc: Land zum Entdecken!

Jura, was ist das? Jura heißen mehrere Gebirge und ganzverschiedene Landschaften; ein französisches Département, der jüngste Schweizer Kanton (seit 1978), ein Kalkstein, ein Abschnitt des Erdmittelalters. Das Wort steht für Begriffe, deren gemeinsamer Ursprung die gleichnamige Periode der Erdgeschichte ist. Vor 150-200 Millionen Jahren lagerten sich in den Meeren dicke Sedimente ab, die später versteinerten. Am mächtigsten sind diese Formationen im Gebiet des Jura. Während der Faltung der Alpen wurden auch die Juraebenen aufgeworfen, und zwar ausgeprägter auf der den Alpen zugewandten Seite. Hier entstanden die Berge des hohen Jura und die parallelen Hochtäler. Die Vergletscherung in den Eiszeiten mit ihren Moränen (die den meisten Seen im Jura zugrundeliegen) und die Erosion taten das Übrige, um das heutige Landschaftsbild zu schaffen.

GEOGRAPHISCH ERSTRECKT sich der Jura über 800 km von der Rhône über das Rheinknie bis nach Franken. Auf den Französischen und den Schweizer Jura, der von Genf bis zum Randen bei Schaffhausen reicht, folgt zwischen Schwarzwald und bayerischer Grenze die Schwäbische Alb, daran schließt sich die Fränkische Alb an, die nördlich von Nürnberg ausläuft.

In diesem Buch wird der ‚Französische Jura' beschrieben, soweit er mit der Franche-Comté identisch ist. Also mit Ausnahme seines südwestlichsten Teils, der bereits in Savoyen liegt. Die Begriffe ‚Französischer Jura' und ‚Franche-Comté' werden oft synonym verwendet, sind es aber im strengen Sinnnicht, da einerseits der Französische Jura sich mit dem Bugey

Seitenkanal des Doubs bei Ougney

Wie gemalt - am Unterlauf des Doubs bei Lays-sur-le-Doubs

noch nach Süden in den Bereich des alten Savoyen erstreckt, andererseits die Franche-Comté auch die Landschaft nördlich des Doubs im Dreieck Belfort-Dole-Langres umfaßt.

Die **Franche-Comté** ist eigentlich eines der beiden burgundischen Fürstentümer des Hochmittelalters. Sie verdankt ihren Namen Friedrich I. Barbarossa, seit 1156 mit Beatrix von Burgund verheiratet, der die Region 1169 zur Freigrafschaft erhob. Dieses Land, obwohl kulturell eng mit Frankreich verbunden und französischsprachig, kam endgültig erst 1678 im Frieden von Nimwegen zu Frankreich. Details dieser schwierigen Beziehung werden an den Schauplätzen der Geschichte im Text berichtet.

In diesem Buch geht es also um die Départements Doubs (Hauptstadt Besançon), Jura (Hauptstadt Lons-le-Saunier) und das Territoire de Belfort. Ein Land, 200 km lang und zwischen 50 und 100 km breit, von Genf im Südosten fast bis Bourg-en-Bresse im Südwesten und von Belfort im Nordosten bis Dole im Nordwesten.

Der **Schweizer Jura**, zu dem nicht nur der Kanton Jura gehört, sondern auch Teile der Kantone Basel-Land, Solothurn, Neuenburg, Bern und Waadt, ist eigentlich nicht Thema des

Buches. Die grandiose Landschaft lockt aber doch häufig über die Grenze, ein Wechsel zwischen den Ländern liegt nahe. So wird das Land auf Schweizer Seite zwischen Delémont und Genf in den Kapiteln am Buchende noch gestreift.

DER DOUBS IST EINE RARITÄT unter den großen mitteleuropäischen Flüssen. Kaum ein Gewässer war so wenigen Eingriffen ausgesetzt wie der Doubs, kaum eines fließt so eigenwillig, was dem Doubs auch seinen Namen einbrachte (lat.: dubius = der Unentschlossene). Obwohl seine Mündung in die Saône nur 90 km Luftlinie von der Quelle entfernt liegt, ist der Doubs 430 km lang. Er entspringt nahe der Schweizer Grenze bei *Mouthe*, fließt dann gemächlich nach Norden, durch den *Lac de St-Pon*t. Hinter *Morteau* orientiert er sich ein stückweit haarscharf an der Schweizer Grenze – im hohen Jura ein Gebirgsfluß mit Wasserfällen und eindrucksvollen Schluchten –, dann macht er einen Bogen nach Westen. Im Mittellauf fließt er durch eine bukolische Landschaft mit vergessenen Dörfern, unterbrochen von der engen Schleife um die riesige Festung von *Besançon*. Nun mäandert er in südwestlicher Richtung seiner Mündung entgegen. Vor der Mündung in die Saône zwischen *Dole* und *Chalon-sur-Saône* strömt der langsam gewordene Fluß durch eine dünnbesiedelte Auenlandschaft.

Schiffbar sind bis jetzt nur die untersten Kilometer und auch diese nur für bescheidene Lastkähne. Weite Strecken des Doubs waren bis vor einiger Zeit von einem Kanalisierungsprojekt bedroht, das eine euroschiffgängige Verbindung vom Rhein zur Rhône schaffen sollte. Gegen dieses Vorhaben formierte sich allerdings – ein Novum im technikorientierten Frankreich – vehementer Widerstand. Überall am Fluß warnten Plakate und Graffiti vor dem Grand Canal. Eine Protestkundgebung in Montbéliard zog 1997 über 10.000 Demonstranten an. Die neue Linksregierung legte das Vorhaben dann auf Eis.

MARCHE

Belfort

Belfort gehört eigentlich nicht mehr so recht zum Jura, liegt auch noch nicht ganz am Doubs. Die interessante Stadt bietet sich für Besucher aus Deutschland dennoch an, sie liegt direkt am Weg.

Belforts Schicksal wurde von seiner strategischen Lage und damit vom Militär bestimmt. Dies wird einem bereits auf der Autobahn klar: die gewaltige Zitadelle, stets von der Trikolore überweht, beherrscht auch heute noch die Stadt. Belfort liegt mitten in der ‚Burgundischen Pforte', dem einzigen Übergang zwischen Rhein und Rhône, begrenzt von Vogesen und Jura.

Nach der Eroberung durch Frankreich 1638 wird Belfort von Vauban zu einer uneinnehmbaren Festung ausgebaut. Dieses komplexe System von Bastionen, Kasematten und Kasernen hielt drei langdauernden Belagerungen stand. In Frankreich wird Belfort immer noch als Stadt der drei Belagerungen, ‚la cité des trois sièges', gefeiert: 1814 und 1815 in den napoleonischen Kriegen und im deutsch-französischen Krieg von 1870/71. Während 103 Tagen widerstanden damals 16.000 französische Soldaten 40.000 deutschen Belagerern; 5.000 Kanonenkugeln gingen jeden Tag auf die Stadt nieder. Erst 21 Tage nach dem Waffenstillstand von Versailles wurde Belfort auf Befehl der französischen Regierung schließlich übergeben. Die Belagerten verließen mit klingendem Spiel unter Mitnahme ihrer Waffen und Archive am 17. Februar die Festung.

Nach dem verlorenen Krieg kommt dieser Standhaftigkeit für Frankreich besondere Bedeutung zu. Der Stadtkommandant Denfert-Rochereau wird zum Nationalhelden, dessen Namen heute noch viele französische Straßen tragen. Bismarck stimmt der Ausgliederung Belforts aus dem annektierten Elsaß zu und so erhält die Stadt ihren bis heute gültigen Sonderstatus als Hauptstadt des kleinsten französischen Départements, des Territoire de Belfort. In der Folge siedeln sich zahlreiche Industriebetriebe aus dem Elsaß an, deren Besitzer nicht unter deutscher Okkupation leben wollen und Belfort nimmt einen raschen Aufschwung.

Alte Markthalle in Belfort

Das Stadtbild: Befestigt und charmant

Das Stadtbild ist heute noch geprägt von der militärischen Vergangenheit. Von allen Seiten dominiert die mächtige, auf einem Felsen errichtete Zitadelle. Betritt man sie von Osten, durchquert man eine Reihe eindrucksvoller, zum Teil direkt aus dem Felsen gehauener Bastionen und tiefer Gräben. Oben im Fort ein mäßig bedeutendes Regionalmuseum. Von der Terrasse des Forts sehr schöner Rundblick auf die Stadt, deren gut erhaltene Struktur klar zu sehen ist, sowie zum Ballon d'Alsace im Norden und den Jurahöhen im Süden. Die weitläufige Anlage ist über viele Wege zugänglich und lässt sich in langen Touren entdecken.

Die Altstadt war umgeben von einer heute abgebrochenen, sternförmigen Doppelmauer, deren Linienführung aber weiterhin scharf den Stadtkern begrenzt. Dieser überrascht – trotz der martialischen Historie - mit dem Charme einer französischen Provinzstadt des 18. und 19. Jahrhunderts: Schmucke Häuser, eine Kirche im klassischen Stil, die ein wenig an St-Sulpice im Pariser Quartier Latin erinnert, ein Theater à la Garnier, schließlich sogar ein gußeiserner Musikpavillon, indem am Sonntagnachmittag die Regimentskapelle zum Platzkonzert antreten könnte. Sowohl das Innere der Kirche mit schmiedeeisernem Chorgitter und üppigem Orgelprospekt, als auch das Rathaus (Hôtel de Ville) mit der Salle Kléber lohnen einen Besuch.

Peugeot: Löwen, Autos, Mühlen

Über der Altstadt die Zitadelle. Im Felsen unterhalb des Forts stützt sich ein 22 Meter langer und 11 Meter hoher frisch restaurierter Löwe auf seine Pranken. Der Colmarer Bildhauer *Bartholdi* (heute eher als Schöpfer der Freiheitsstatue in New York bekannt) schuf das Tier 1875-1880 zum Gedenken an den löwenhaften Widerstand der Stadt. Auch jedem Kind hierzulande ist der Löwe vertraut: er ziert den Kühlergrill aller Autos der Marke Peugeot, die ihren Stammsitz in Belfort hat und der größte industrielle Arbeitgeber in Ostfrankreich ist. Peugeot baut zwar seit 1889 Autos, aber die Familie Peugeot begann bereits im Jahr 1810 in Sochaux mit der Herstellung von mechanischen Teilen, wie sie besonders zur beginnenden Uhrenproduktion im nahen Jura gebraucht wurden. Zunächst waren es Kleinteile, Zahnräder, Messer, bald kamen Fahrräder hinzu. Ab 1842 begann Peugeot mit einer – wie man heute sagen würde – ganz neuen Produktlinie: Mahlwerke für Pfeffer, Salz und Kaffeemühlen. Die überaus soliden Peugeot-Pfeffermühlen werden noch immer produziert, sie sind weltweit zum Begriff für ein ebenso robustes wie präzise arbeitendes Küchengerät geworden (in Frankreich in allen besseren Haushaltswarenläden sowie in Kaufhäusern zu bekommen). Vgl. auch Peugeot-Museum im Kapitel Montbéliard.

■ **Aussicht**: Von der Altstadt führt ein Weg in nur zwei Minuten zu einer Aussichtsplattform unterhalb der Zitadelle.

■ **Ein schöner Rundweg**: Ein kleiner Tunnel unterquert das Löwenmonument, es folgt ein Mauerdurchgang, dann links in den äußeren Graben des Forts. Beim Tour des Bourgeons wieder links ab und durch lange Tunnelgänge hinauf zur Terrasse des Forts.

Einkaufen, Einkehren & Unterkommen

i *Office de Tourisme:* 2, rue G. Clemençeau (Stadtmitte, rechts der Straße nach Vesoul, etwa 100 m von der alten Markthalle entfernt). Tel. 03.84.55.90.90, Fax: 03.84.55.90.99.-

- In den Straßen der Altstadt von Belfort findet jeweils am ersten Sonntag im Monat (von März bis November) ein **Antiquitäten- und Flohmark**t statt, der seinen Namen auch verdient. An die 200 Händler bieten interessante Waren an. Viele sind spezialisiert auf Gläser, Möbel, aber auch auf so spezielle Sujets wie Nähmaschinen oder Taschenuhren. Es kommen aber auch Broquante-Trödler, die im Unterschied zu vielen Vertretern ihrer Spezies in Deutschland, immer noch Ordentliches aus Scheunen und Dachböden fördern. Wer nicht nur flanieren will, sondern ernsthaft auf Jagd gehen möchte, tut gut daran, früh aufzustehen. Gegen sechs Uhr morgens wird aufgebaut und die Profis lassen bereits jetzt ihre Blicke schweifen. Gegen 12 Uhr löst sich der Markt auf. Nach anstrengenden Geschäften kann man sich dann direkt am Ort stärken.

Das Bistrôt in Belfort – Bœuf Carotte

An der Place d'Armes (Ecke rue Lecourbe) liegt das Bistrôt *Bœuf Carotte*: Die stilechte Replik eines Lyonnaiser Bistrôts, eines ‚bouchons'. Gute Küche, das Tagesangebot auf Schiefertafeln, faire Preise, ein idealer Platz für ein kleines Essen. Boeuf Carotte ist auch Programm: Es werden nur die Klassiker der Lyonnaiser Wirtshausküche angeboten, also eben dieser Rindfleisch-Gemüse-Schmortopf, Hechtklößchen von lockerer Konsistenz (wie in dieser Kategorie nicht anders zu erwarten, allerdings ohne allzuviel Hecht) mit einer feinen (Krebsschalen-)Sauce Nantua, ein lauwarmer Pôt-au-feu-Salat mit feinster Vinaigrette. Auch die Desserts, wie ein Parfait von Nougat de Montélimar (türkischem Honig), die Ile flottante (karamelisierter Eischnee auf Crème anglaise) und ein Birnenkuchen sind auf der Höhe. Einzige Einschränkung: meist ist nur ein Drittel der 10 verschiedenen offenen Weine auf der Karte tatsächlich vorhanden. Die Preise sind angemessen und das Konzept geht auf: unter der Woche muß man mittags auf einen Platz warten. Trotzdem bleibt der Service ebenso freundlich wie schnell.

→ *Bœuf Carotte*, Place d'Armes. RT: Sa-mittag, So-abend, Mo. Tel. 03.84.21.15.40. **Preise**: niedrig-mittel.

Hotel St. Christophe, Belfort

- Direkt gegenüber, in schöner Lage im Eckhaus das kleine charmante, leicht verschlafene Hotel *St. Christophe*** (Logis de France) mit den in dieser Kategorie üblichen günstigen Preisen. Seit einiger Zeit lädt hier die Terrasse eines Bar-Restaurants zum Sitzen am Platz ein. **Adresse**: Hotel St. Christophe, 90000 Belfort, Place d'Armes. Tel. 03.84.55.88.88, Fax 03.84.54.08.77. **Preise**: niedrig-mittel.

- Um die Ecke an der place de la République neben dem Theater mit seiner hübschen fin-de-siècle-Fassade die *Bar des 3 sièges*. Ein Refugium der französischen Provinz mit netter Wirtin und grundsoliden Weinen (anständigem Elsässer pinot blanc et noir von Adam) und kleiner Basisküche. Und dazu spielt die Wurlitzer (eine echte) Rock, Hiphop und Nouvelle Vague Française.

- Schräg gegenüber der préfecture an der Ecke Bd. Carnot/Rue Reiset das stilvoll renovierte Gründerzeithotel *Grand Hotel du Tonneau d'Or****. Eindrucksvolle Halle, zu Recht gutbesuchtes Brasserierestaurant und schicke Bar. **Adresse**: Grand Hotel du Tonneau d'Or, 1 rue Reiset, 9000 Belfort. Tel. 03.84.58.57.56, Fax 03.84.58.57.50. www.tonneaudor.fr. 52 Zimmer. **Preise**: hoch.

- En face der einfache, aber grundsolide *Patissier/Salon de thé A Chantilly*.

Epicerie du Lion/Perello, Belfort

In einer Seitenstraße der Place d´Armes, in der rue Porte de France Nr. 4 die wunderschöne **Epicerie/Caviste** *Du Lion Perello*. Der Laden mit seinen holzverblendeten Schaufenstern, dem knarrenden Dielenboden und der alten Theke atmet die Atmosphäre der Kolonialwarenzeit. Und in der Tat weist ein Schild auf solche Produkte hin, es duftet nach Gewürzen (vielleicht sollte man ‚Spezereien' sagen) und es gibt eine sensationelle Auswahl an günstigem, trotzdem farb- und duftechtem Safran, Jamaikapfeffer, Sechuanpfeffer (Baies de Sichuan), aus Kamerun Vogelpfeffer (Poivre des Oiseaux), dazu indisches Tandoorigewürz und Ras el Hanout, die Gewürzmischung der marokkanischen Küche, der Couscous und Tajines ihre raffinierten Aromen verdanken. Alles in feinster Qualität der großen Pariser Delikatessenhändler Fauchon, Hediard und Albert Ménès. Die Produkte dieser Häuser geben, ähnlich wie die Weine und Spirituosen von Nicolas auch in der tiefsten Provinz die Garantie für sehr gute Ware zu halbwegs angemessenem Preis.

Ein Raum des Ladens ist den Weinen gewidmet, der zweite, größere, besitzt eine über den Regalfächern umlaufende Holzgalerie, die mit raren alten Emaille-Werbeschildern behängt

Mit knarrendem Dielenboden – Epicerie du Lion/Perello, Belfort

ist. Unten stapeln sich Nudelpakete; Reis und Hülsenfrüchte werden aus dem Sack abgewogen. Der italienischstämmige Besitzer steht mit Rat zur Seite. Frisches Gemüse, Essige und Öle werden ebenfalls angeboten. Das große Sortiment an Weinen und Spirituosen, teils immer noch auf einem Strohbett im Regal, teils in Holzkisten präsentiert, lohnt alleine den Besuch. Schließlich gibt es Brot vom Bäcker Demesy, dessen Baguettes und vor allem Ficelles ebenfalls den Weg wert sind: Grobporig und nichtkrümelig, gut im Geschmack - auch noch am nächsten Tag. Demeusy hat eine Reihe von Filialen in der Stadt, aber am stilvollsten kauft man sein Brot bei Perello aus dem Weidenkorb.

→ Epicerie/Caviste *Du Lion Perello,* Porte de France Nr. 4, Ecke place d'Armes (Tel. 03.84.28.04.33).

Während Perello viele Weine der renommierten Handelshäuser aus Burgund (Faiveley, Latour) und von der Rhône (Chapoutier) anbietet, verfolgt ein **Caviste** in der Altstadt eine ganz andere Einkaufspolitik: *La Palette de Bacchus* (solche Namen haben in Frankreich nicht die zwingende Assoziation mit Ramsch wie bei uns) bietet eine persönliche Auswahl von Winzern der neuen Generation aus Burgund,

Alte Markthalle, Belfort

von der Rhône und aus dem Languedoc-Roussillon. Winzer, die eingefahrene Wege verlassen haben und mit traditionellen Methoden hohe Qualität produzieren. Hier findet man etwa Marc Colin aus St. Aubin, den früheren Patissier Laurent, der ohne eigenen Rebbesitz innerhalb weniger Jahre mit hochkonzentrierten selbst ausgebauten Burgundern aus eingekauften Trauben Weltruf erlangt hat, dazu Alain Graillot mit seiner Crozes-Hermitages-Selektion. In den letzten Jahren hat der Laden sein Angebot noch weiter fokussiert. Eine absolut lohnende Adresse für Liebhaber individueller Spitzenweine mit persönlicher Beratung, wo man nicht das teuerste, sondern das wirklich preis-werte empfiehlt.

→ *La Palette de Bacchus*, 25, Grande Rue, Tel. 03.87.22.20.67.

- Ebenfalls noch in der Altstadt, an der place de la Grange de Fontaine das kleine Geschäft *Aux Fruits d'Or.* Hier gibt es alles (Käse, Wurst, Schinken, Wein, Brot), was man für ein Picknick braucht. Ideal nach dem Sonntagsflohmarkt, wenn die Halle schon zu hat oder Perello, wie manchmal am Sonntag, nicht öffnet. Gegenüber ein neues Restaurant mit origineller Karte und interessanter Weinliste: ‚La Fontaine des Saveurs'. **Preise:** mittel. 15.5. bis 15.9. RT: Di, sonst Mo/Di.

Käsestand von M. Poirel - Alte Markthalle, Belfort

- Am Rand der Altstadt (Rue Pierre Dreyfus-Schmidt Nr. 18) der **Metzger** *Philippe Charbonnier* in einem perfekt erhaltenen Laden aus dem fin de siècle: Spiegel mit Hinterglasmalerei, Stuck an der Decke, viel Marmor. Fleisch und Wurstwaren können mit der Raffinesse des Ladens nicht ganz Schritt halten, sind aber von guter Durchschnittsqualität. Daneben der unkonventionelle Blumenladen *Coqueliquot*
- Zwei Häuser weiter (Nr. 22) das einfache *Bistro des Moines*. Netter Service, gut besucht. **Preise**: niedrig.
- Im nächsten Haus der exzellente **Bäcker** *Aux Boules des Poilus* mit einem kleinen Salon de Thé in der ersten Etage.

Jenseits des Flüsschens Savoureuse beginnt die Neustadt Belforts. In dem sonst wenig reizvollen Viertel lohnt unbedingt ein Besuch im Faubourg des Ancêtres 14, beim **Patissier** *Vergne*, einem der besten Frankreichs. Kunstvoll dekorierte Torten, perfekte kleine Teilchen, butterige und doch leichte Croissants und Brioches, alles ist makellos. Besonders fein fürs Picknick eine Paté en croute mit zartem Kalbfleisch in köstlichem Gelée, zu dem man gleich das mustergültige Baguette mitnehmen kann (oft früh ausverkauft). Neuerdings noch mehr superfeine patés und Luxemburgerli (petits macarons) in Pastelltönen. Gute kleine Auswahl an (Jura-)Weinen.

In der Markthalle, Belfort

Leider kein Salon de Thé. Je nach Witterung verspeist man die kleinen Köstlichkeiten in der *Bar des 3 sièges* oder auf einer Bank an einem der charmanten Plätze der Altstadt. Über Mittag, von 12.15 - 14.15 Uhr geschlossen.

Die alte Markthalle. Die größte kulinarische Attraktion Belforts ist eine gußeiserne Markthalle im Stil der Konstruktionen Gustave Eiffels. Jeden Mittwoch, Freitag und Samstag (von 7.30 bis 12.30 Uhr, jedoch bei weitem am besten am Samstag) ist hier im diskret renovierten zartblauen Eisengerüst des Marché Fréry ein breites Angebot feiner Produkte erhältlich. Der **Käsestand** von *M. Poirel* bietet bei relativ hohen Preisen zweifellos erste Qualität. Der ‚Bleu d'Auvergne' und der ‚Bleu des Causses', beide ungewöhnlich fett und würzig ohne jede Schärfe, lohnen die Reise. Enorme Auswahl an chèvres, herrlichen Ziegenkäsen aus ganz Frankreich, alle von kleinen handwerklichen Produzenten, natürlich aus Rohmilch. Dazu eine repräsentative Auswahl bester Comtés. Es gilt wieder mal, zu probieren, denn nicht immer ist der Älteste und Teuerste auch der Beste. Oder: es gibt für jeden Anlaß und jeden Liebhaber den richtigen Comté. Fast so viele

Käseangebot von M. Poirel - Alte Markthalle, Belfort

verschiedene gibt's ja wirklich. Man stellt es mit Staunen und Dankbarkeit fest und trägt am besten mit Neugier und Zugreifen beim großzügigen Probenangebot vom großen Messer - und dann natürlich mit dem Heimtragen vieler großer und kleiner Päckchen zur Erhaltung der Vielfalt bei.

- Gegenüber M. Poirel ein Stand von **Bäcker** *Demeusy* (s.o.). Daneben der **Producteur des volailles** (et des lapins) *Jean-Michel Duringer*. Hervorragende regionale Käse aus dem Jura (Comtés, Morbier, Vacherins) gibt es bei zwei Bauernständen auf einfachen Holztischen nahe dem Seiteneingang. *Gérard Robert-Nicoud* verkauft **Fische** von kleinen Kuttern (petits bateaux), die nicht schon zehn Tage auf Eis hinter sich haben, bevor sie das Festland erreichen. Es ist dies einer der besten poissoniers, die man so weit abseits der Küste finden kann. Schließlich preist – unüberhörbar in der fußballfeldgroßen Halle – ein Marktschreier wie aus dem Bilderbuch mit hochrotem, mächtig dickem Kopf seine Sonderangebote an. Beim letzten Mal war er nicht da, aber dafür ein schnurrbärtiger Marokkaner, der ebenso stimmkräftig seine „très belles fraises de Marrakesch“ anpries.

→ **Lage/Anfahrt alte Markthalle**: Am Rand der Altstadt, Quai Vauban. Aus dem Norden, von Basel oder Freiburg kommend, Autobahnausfahrt Belfort Nord (oder Glacis du Château), dann noch etwa fünf Kilometer auf der N 83, zunächst Richtung Zentrum, zuletzt den Schildern Novotel folgen; um die Markthalle zahlreiche Parkplätze.

■ **Die neue Markthalle**: Ein Teil der Mannschaft aus der historischen Markthalle, darunter M. Poirel, der Käsehändler, Käsestand von M. Poirel, der auch noch einen Laden in der Rue Michelet Nr.1 in der Stadt betreibt, findet sich am Sonntagvormittag in der viel profaneren Umgebung des Faubourg des Vosges in einer modernen Halle wieder. Hier und auf dem großen Kleidermarkt in der Umgebung herrscht die multikulturelle, deutlich maghrebinisch geprägte Atmosphäre des Mulhouser Marktes auf dem Pont Couvert. Wenn auch nicht alle Marktstände erstklassig sind, lohnt ein Besuch, falls man (etwa wegen des Antiquitätenmarktes) ohnehin in der Stadt ist. Schräg gegenüber der Markthalle mehrere gute Bäcker.

→ **Anfahrt von der Innenstadt:** Den Wegweisern ‚Vesoul' folgen, nach wenigen hundert Metern rechts ab Richtung ‚Giromagny', ein kleines Schild weist auch auf den ‚Faubourg des Vosges' hin. Dann gut einen Kilometer lang der Avenue Jean Jaurès folgen. Wenn die Zahl der verschleierten Passantinnen zunimmt und die Parkplätze längs der Straße besetzt sind, ist man da.

Montbéliard

Für die meisten Reisenden ist Montbéliard nur eine Station der Autobahn nach Südwesten, Mittelpunkt des Industriegebiets, das auch Sochaux und Audincourt umfaßt und bishinauf nach Belfort reicht.

Die Stadt hat aber eine interessante Geschichte. Montbéliard oder Mömpelgard war über Jahrhunderte eine württembergische Enklave im französischen Staatsgebiet. Nachdem *Mandeure*, das römische Epomanduodorum (vgl. dort) in den Wirren des Frühmittelalters untergegangen war, gewann die kleine Siedlung auf einem Hügel zwischen den Flüsschen Allan und Lizaine an Bedeutung. Die daraus entstandene Stadt befand sich in der Folge im Besitz mehrerer Adelshäuser. Durch Heirat kam die Grafschaft Montbéliard im Jahr 1397 an das Haus Württemberg, ähnlich wie Riquewihr im Elsaß, in dessen Wappen ebenfalls drei Hirschgeweihe zu sehen sind. Obwohl die französischen Könige Anstoß an dieser Enklave nahmen, vor allem nachdem sich Montbéliard bereits 1524 der Reformation angeschlossen hatte, dauerte es bis zur Revolution, bis die Grafschaft von Frankreich annektiert wurde.

Durch die Lage in einer Durchgangsregion, besonders aber wegen reichlich vorhandener Wasserkraft und Holzkohle, entwickelte sich um Montbéliard im 18. und 19. Jahrhundert ein prosperierendes Industriegebiet. 1810 wurde eine Eisengießerei namens Peugeot gegründet, die später Werkzeuge, dann Fahrräder und seit 1889 Autos herstellt. Ebenfalls bedeutend war die Uhrenindustrie und die Herstellung von Musikautomaten.

Trotzdem wirkt die Innenstadt von Montbéliard bis heute charmant. Sie wird überragt von den beiden Rundtürmen des Stadtschlosses.

In den Gebäuden des Schlosses befindet sich ein **Regionalmuseum** mit Funden aus Mandeure, Uhren und Musikautomaten. (Vor- und nachmittags geöffnet. Geschlossen Dienstag, 1.1., 1.5., 1.11. und 25.12. Tel. 03.81.94.43.21.)

Stadtrundgang

Unterhalb des Schlosses und in der rue de Belfort reichlich Parkplätze. Netter Rundweg ums Schloß und durch die Altstadt in einer knappen halben Stunde:

- Gleich in der rue de Belfort Nr. 40 in einem Gebäude, das auf das 16. Jahrhundert zurückgeht, das alte *Hotel de la Balance**** mit seiner schönen geschwungenen Holztreppe und 42 französisch-heiter renovierten Zimmern (preislich mit 68-80 € allerdings am Limit). Hier hatte im Herbst 1944 während der Kämpfe zu Befreiung des Elsaß Général Lattre de Tassigny sein Hauptquartier. **Adresse**: Hotel La Balance, 25200 Montbéliard, 40, rue de Belfort. Tel. 03.81.96.77.41, Fax 03.81.91.47.16. **Preise**: mittel bis hoch.

- An der **Place St-Martin** liegen die schönsten Häuser der Stadt: Zum Schloß hin das *Hôtel Beurnier-Rossel* (1774), das ein Heimatmuseum mit großartigen intarsierten Möbeln beherbergt. Gegenüber die *Maison des Princes* (jetzt Filiale der Banque de France) mit ihrer Renaissancefassade. Dazwischen die *St.-Martins-Kirche,* ab 1601 von dem württembergischen Hofarchitekten Heinrich Schickhardt errichtet.

200 m weiter Richtung Allan das schöne Gebäude der alten Hallen an der Place Denfert-Rochereau. An der Ecke eine Steinplatte, der ‚pierre à poissons', die alltags dem Fischhandel diente. Von hier predigte 1524 der Schweizer (genauer: Neuenburger) Guillaume Farel den Mömpelgardern die Reformation. In den ‚halles' wird leider kein Markt mehr abgehalten, Dutzendmodeläden haben das Gebäude okkupiert.

Der beschattete Platz vor der eleganten langen Fassade lädt trotzdem zum Picknick ein. Den entsprechenden Proviant gibt's gleich an der einen Ecke des Platzes beim Patissier *Germain.* Wer einen kleinen Salon de Thé vorzieht, geht am besten zu *Jean-Pierre Debrie* in der rue de Velotte, der Luxusklasse bietet.

- Am Anfang der Fußgängerzone (vom Bahnhof aus gesehen) von der rue Cuvier rechts ab. Gleich daneben das gepflegte *Hotel Bristol.* Ein Hauch von Art déco. 2, rue de Velotte, 25200 Montbéliard. Tel. 03.81.94.43.17, Fax 03.81.94.15.29. www.perso.wanadoo.fr/hotel.bristol. **Preise**: günstig bis mittel.

Die Industriezone **Sochaux** ist ein Hauptsitz von *Peugeot.* Hier steht auch das Firmenmuseum Peugeot – ausgestellt sind natürlich zahlreiche Autos, aber ebenso viele andere Produkte, die den Namen ‚Peugeot' tragen, wie Fahrräder, Nähmaschinen, Pfeffermühlen und Werkzeuge.

- *Musée Peugeot*, Sochaux, Carrefour de l'Europe. Tel. 03.81.99.42.03, Fax 03.81.99.42.06, www.musee-peugeot.com. Ganzjährig geöffnet: Mai bis Ende Sept. 9-19 Uhr, Oktober bis Mai 10-18 Uhr, Dauer der Besichtigung 1½ h. Von Montag bis Freitag kann auch die Autofabrik besichtigt werden, jeweils um 8.30 Uhr, Dauer etwa 3 h, Mindestalter 14 Jahre. Sochaux ist die Heimat eines der ältesten französischen Fußballclubs, des FC Sochaux. Zur Zeit spielt die Mannschaft mal wieder in der ersten Liga. Man sieht das Stadion auf der Fahrt nach Westen rechts neben der Autobahn.

Nach wenigen Kilometern erreicht man **Audincourt** und damit den Doubs. In dieser kleinen Industriestadt, immer noch Teil der Peugeot-geprägten Agglomeration *Sochaux-Montbéliard*, findet sich eine Kostbarkeit der klassischen Moderne. Die Arbeiterkirche Sacre-Coeur, 1951 zum Teil in Selbsthilfe der Pfarrkinder gebaut, besitzt Glasfenster von Fernand Léger. Intensive Farbgebung und Strenge der Form ergänzen sich perfekt. Genauso schön sind die noch leuchtenderen Fenster des kleinen Baptisteriums, das sich links an den rechteckigen Kirchenbau anschließt. Sie wurden von Bazaine entworfen. In strengem Kontrast dazu das schwarze Taufbecken, das aus einem Basaltblock aus Volvic in der Auvergne gearbeitet wurde.

In Audincourt trennen sich nun auch die Wege: nach Süden den Doubs hinauf bis zu seiner Quelle, nach Westen flußabwärts Richtung Besançon und Saône.

Bonheur garantie: La Tannerie, Pont-de-Roide

Doubsaufwärts bis St. Hippolyte

Auf der D 437 nach Süden in ruhigere Gefilde: Wenige Kilometer südlich der Beinahe-Großstadt Montbéliard-Sochaux-Audincourt, noch im Weichbild der Agglomeration, überrascht in **Mandeure** das Römische Theater des antiken Epomanduodorum. Das große Halbrund des Zuschauerraums ist gut erhalten. Vom obersten Rang geht der Blick weit über Weiden mit weißen Charolaisrindern.

Pont-de-Roide (ca. 20 km südlich Montbéliard) ehemals Industriestandort, heute ein verkehrsreicher Kreuzungsort an der Doubs ohne touristische Attraktion. Die inzwischen fast schon wieder reizvolle Fabrikanlagen des vorletzten Jahrhunderts erinnern an die lange Geschichte der Firma Peugeot. Im Ort der gute Metzger *Guy Barbier.*

La Tannerie - Pont-de-Roide. Gleich vor der Doubs-Brücke links (Richtung Pontarlier) in einem unscheinbaren Häuschen das Restaurant *La Tannerie*. Monsieur Autran und seine charmante Frau zeigen hier, wie man ‘s schaffen kann. Lucques-Oliven, saucisse de Montbeliard und Comté-

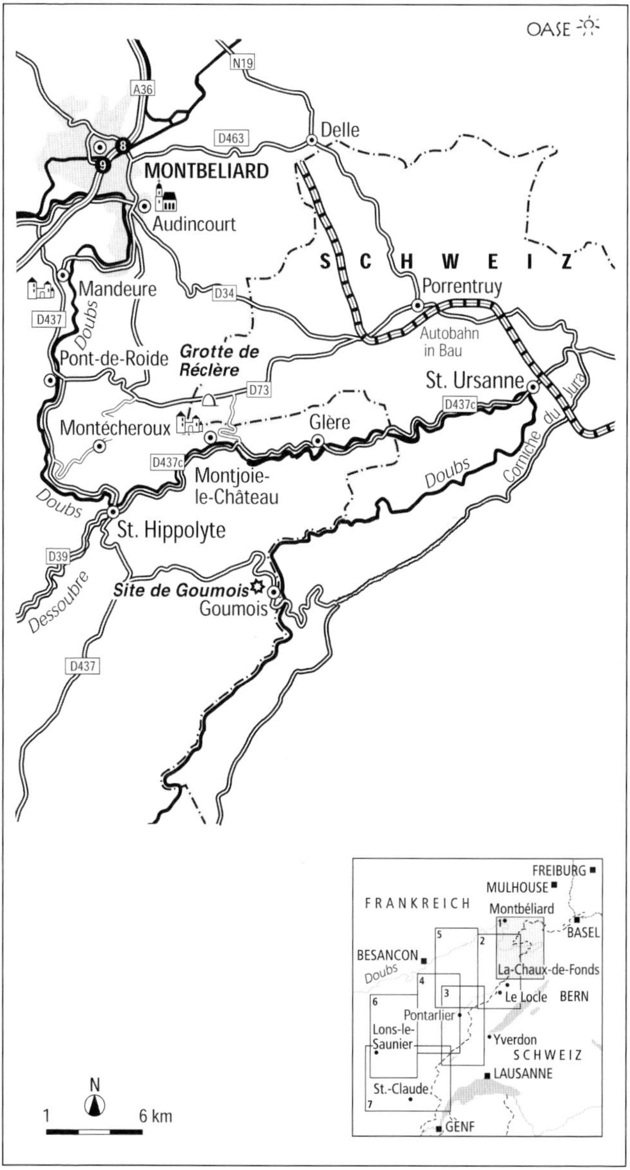

Karte 1: Doubsaufwärts bis St. Hippolyte

Streifen als amuse bouche. Für 16 € eine solide Portion einer Terrine maison mit compote d'oignons doux et raisins. Dann eine sensationelle sauce au Comté (Käse, gebunden und trotzdem weder pappig noch schwer) zu einer ganzen (!) saucisse de Morteau oder eine große truite meunière, die so frisch ist wie das schöne alte Schild vor dem Haus verheißt. Zum Schluß gibt's die Auswahl unter 8 Desserts, alle hausgemacht, in dieser Kategorie mittlerweile eine Rarität.

Die saucisse de Morteau war übrigens nicht aus dem nächsten Fleischmarkt oder der entsprechenden Abteilung der Metro. Madame weist auf Nachfrage stolz daraufhin, daß die Wurst aus Grand' Combe-Châteleu vom bekannten Metzger Faivre stamme. Das zeigt den Unterschied zwischen deutscher und französischer Eßkultur am klarsten: Es ist hier eine Alltagskultur, während es sich diesseits des Rheins meist um einen Geiz- und Schnäppchenkult handelt. Serviert wird in heiter-ländlicher Atmosphäre, die Tische stehen eng, fröhliche Tische mit den einfachen Leuten der Gegend. Ständig wird krachend frisches Brot geschnitten. Dazu ein schöner Côtes-du-Jura von Badoz. Sonntagmittag ist der Laden voll.

→ *La Tannerie* (M. Autran), 1, place Gen. de Gaulle, Pont-de-Roide, Tel. 03.81.92.48.21, Fax: 03.81.92.47.79. RT: So-abend, Mi. Geschlossen: 21.12.-4.1. **Preise**: niedrig.

Weiter auf der breit ausgebauten D 437 Richtung St-Hippolyte wird das Tal des Doubs tiefer eingeschnitten, die Hänge bewaldet.

HOTEL
HOTEL DE TOURISME
1993
H
MINISTÈRE chargé du TOURISME
UNION
UTA
FRANCE
MAISON RECOMMANDÉE
LES ITINÉRAIRES NATIONAUX ET INTERNATIONAUX
INI
RECOMMANDÉ

St-Hippolyte

St-Hippolyte ist ein typischer Brückenort, hier mündet der Dessoubre (dessen schönes Tal in einem eigenen Kapitel beschrieben wird, siehe S. 76) in den Doubs. In der gotischen Kirche wurde von 1418-52 das Grabtuch Christi verwahrt, heute hängt es in Turin. Ansonsten Stillstand: Drei, vier Gassen mit geschwärzten Kalksteinfassaden, Bauerngärten über den Flüssen, zwei einfache Gasthäuser. Die winzige Stadt scheint sich seit Jahrzehnten nicht mehr verändert zu haben. Doch halt, vor 90 Jahren wurde renoviert: Der Metzgerladen von *C. Guinchard* ist mit schönen Jugendstilkacheln dekoriert. Dort gibt es bereits jene guten Jurawürste, die uns später noch häufiger begegnen werden.

- Im oberen Teil des Ortes, direkt an der D 437 Richtung Maîche-Morteau ein solides Mittelklassehotel (Logis de France) mit 16 Zimmern: *Le Bellevue***. In den rückwärtigen Zimmern rauscht statt des Verkehrs der Doubs, ein Teil der Räumlichkeiten noch im Blümchentapeten-Stil, der Speisesaal ebenfalls altbürgerlich ausstaffiert, von der Terrasse Blick über den Fluß. Dazu kommen Anbauten verschiedener Epochen. Ordentliche Küche mit Fisch- und Wildakzenten, im Ganzen ein angenehmer Rastplatz.

→ *Le Bellevue*, 25190 St-Hippolyte, rue de Maîche. RT: So-abend, Mo. Tel. 03.81.96.51.53, Fax: 03.81.96.52.40. **Preise**: mittel.

Von St-Hippolyte kann man geradewegs nach Süden hinauf auf das Juraplateau direkt nach *Morteau* fahren. Die ersten 12 Kilometer bis *Maîche* ist die Strecke landschaftlich noch reizvoll, weiter über *Russey* dann eher monoton. Allerdings gibt es hier ein Hotel-Restaurant, das sich als Etappe anbietet und zu den angenehmsten des Jura zählt:

L'Étang du Moulin - Bonnétage.** Ein großes neu erbautes Chalet, in einer Senke an einem privaten See gelegen. Der Prototyp des modernen Logis de France. Persönlich geführt, stimmt vom freundlichen Empfang über die netten Zimmer und die sehr feine Küche bis zu den fairen

Preisen alles. Im kleinen Menu gibt es ein gratin de la saucisse de Morteau à la cancailotte, ein confit de canard und eine meringue fraise-rhubarbe!

→ *L'Étang du Moulin,* Logis de France, 19 Zimmer. Etwa 1½ km von Bonnétage über die D 224, dann D 236, dann kleine Straße rechts ab. Nicht gut ausgeschildert. Tel. 03.81.68.92.78, Fax: 03.81.68.94.42. RT: Di und Mi-mittag außerhalb der Sommersaison. **Preise**: mittel-gehoben.

Von St-Hippolyte doubsaufwärts

Landschaftlich ist es aber schöner, ab St. Hippolyte auf der D 437c direkt dem Fluß zu folgen, der sich einen heftig mäandernden Verlauf immer tiefer in das Karstplateau gegraben hat. Vor **Soulce-Cernay** eine Pisciculture, Fischzucht (Fr/Sa 10-12 und 14-17 Uhr). Ein paar Kilometer weiter über eine Gitterbrücke wie in der Modellbahnlandschaft links über den Doubs nach **Montjoie-le-Château**, trotz seines wohlklingenden Namens nur ein winziger ‚hameau', allerdings mit langer Geschichte. Die wenigen engen Gassen des Dörfleins werden überragt von der Burgruine aus dem 13. Jahrhundert. Ein zugewucherter Weg führt zu einer Spielwiese für Amateurarchäologen. Unterhalb der Ruine eine Kapelle im romanisch-gotischen Übergangsstil. Die Eingangstür ist nicht verschlossen, durch das Gitter sieht man rechts unter dem Mittelfenster den Sarkophag mit der Mumie der Hl. Claudine, die seit 1612 hier ruht. Noch zwei Kilometer weiter **Vaufrey**. Hier baden vier Seelöwen im Dorfbrunnen. Gegenüber, im *Chez Paul* trifft sich das Dorf. Hinter dem Brunnen steht ein Mühlstein im Mahltrog neben einer alten Gattersäge. Weiter entlang dem hier schon träge gewordenen Doubs, in dem sich die bewaldeten Berghänge spiegeln.

In *Glère* führt die D 140 steil hinauf Richtung **Porrentruy** in der Schweiz. Die alte Stadt (dt.: Pruntrut) zwischen deutschem und französischem Kulturkreis erstreckt sich über mehrere Hügel. Lange Straßenzüge mit barocken Häusern, dazwischen immer wieder Blick auf die mächtige Burg.

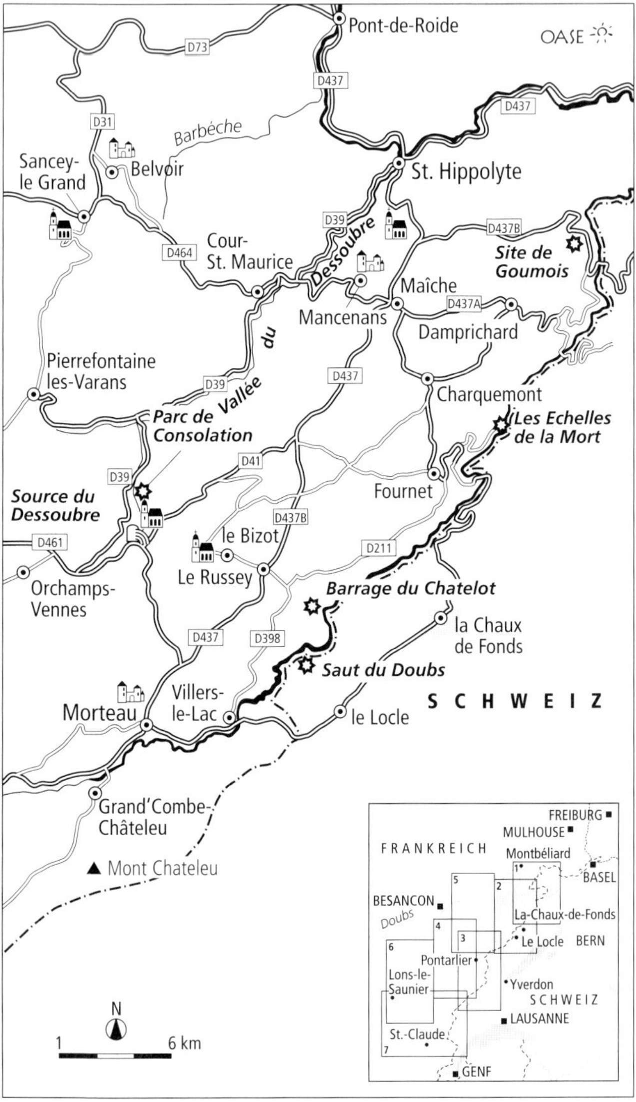

Karte 2: Von St. Hippolyte doubsaufwärts

Auf halber Höhe über dem Doubs – Taillard, Goumois

Weiter am Fluß entlang: Nach gut fünf Kilometern wird beim musealen, nur selten besetzten Zollhaus von **La Motte** die Grenze zur Schweiz überquert, nach weiteren zehn Kilometern im kaum besiedelten Tal kommt man im entlegenen, idyllischen Städtchen **St-Ursanne** (CH) an, vgl. dort. Die neue Autobahn von *Delémont* (CH) nach *Porrentruy* (CH) dürfte freilich für eine Belebung der abseitigen Region sorgen. Doubsaufwärts geht es ab St-Ursanne nur für Wanderer und Mountainbiker weiter. Autofahrer müssen hoch zur Corniche du Jura (vgl. dort) und auf dieser Panoramastraße über Saignelégier (CH) nach Westen zur Grenze nach **Goumois** (F), insgesamt etwa 30 km.

- Im Weiler **Goumois** hoch über dem Grenzübergang das altrenommierte Hotel und Ausflugsrestaurant *Taillard****. Die konventionelle Küche ist – was Sahnegehalt und Preis betrifft – stark von der Schweizer Klientel geprägt. Der Panoramaspeisesaal hat allerdings nostalgischen Charme, freundlicher und persönlicher Empfang. Siebzehn Zimmer und Appartements (Logis de France).

→ Hotel *Taillard*, 25470 Goumois, 3, route de la Corniche. Tel. 03.81.44.20.75, Fax: 03.81.44.26.15. RT: Di-mittag, Mi. Ferien von Dez. bis Ende Februar. **Preise**: gehoben.

Corniche de Goumois

Atemraubender Tiefblick – Von *Goumois* lohnt ein kurzer Abstecher zunächst nach Norden: etwa 5 km flußabwärts au der D437B, dem spektakulärsten Stück der Corniche de Goumois: Drei markierte Aussichtspunkte steigern sich bis zum atemberaubenden Tiefblick der Kategorie, ‚lohnt die Reise'. Dann zurück und weiter flußaufwärts nach Süden: oberhalb von Goumois vorbei und auf der ebenso schmalen wie spektakulären D437A bis kurz vor **Damprichard**.

- Mitten im Ort ein kleines, familiäres Hotel, das Logis de France *Lion d'Or*. Tel. 03.81.44.22.84, Fax: 03.81.44.23.10. Geschlossen 13. bis 27.10. **Preise**: günstig.

In Damprichard links abzweigen auf ein nicht markiertes Sträßchen, das später in die D201 mündet. Gegenverkehr zwingt zum Anhalten – aber es kommt nur selten einer. Weiter bis zum Weiler **Combe-St-Pierre** bei Charquemont, von dort auf der D 10E nochmal zwei Kilometer weiter nach Süden zu den *Belvédères de la Cendrée.*

Am Parkplatz eine der zahlreichen neuen, sehr guten Infotafeln zu den Kletterstellen der Region. Zwei Fußwege führen

von dort in je einer Viertelstunde zu besonders eindrucksvollen Aussichtspunkten, fast 500 m über dem Fluß, von denen sich die Gorges überblicken lassen.

- Fährt man vom Parkplatz etwa 500 Meter weiter (links) kommt man zum Berggasthaus *Au Bois de la Biche*, währschafte Küche würde man drüben sagen, weite Blicke zum Chasseral hinüber jenseits des Doubs, drei einfache Fremdenzimmer. **Adresse**: Le Boulois, 25140 Charquemont, Tel. 03.81.44.01.82, Fax: 03.81.68.65.09. RT: Mo, Di, Juli/August nur Mo.

Zurück nach **Charquemont**. Zwischen Charquemont und Bonnetage großzügiges Weideland mit Schichtsteinmauern, mittendrin, in *Cerneux-Monnots*, eine gute kleine Fromagerie traditionelle. Von Charquemont führt auch die D 464 kurvenreich nach Süden in Richtung *La Chaux-de-Fonds* (CH).

Direkt hinter dem französischen Zollhaus biegt links ein kleiner Weg ab, der zum Doubs hinunter führt, der hier bereits im Grund einer tiefen Schlucht fließt. Bei einem kleinen Wasserkraftwerk kann man das Auto parken, zu Fuß sind es noch etwa 20 min weiter bis zu den *Echelles de la mort*, den Todesleitern. Ganz so dramatisch wie ihr martialischer Name sind die Leitern aber nicht und in Todesgefahr mag man dort

Am Doubs bei Goumois

wohl nur bei starker Vereisung geraten. Kindern zumindest wird der Name gefallen und die bewältigte Tour in besonderem Licht erscheinen lassen. Aber auch für Erwachsene lohnt es sich, die drei, je 20-30 m langen, steilen Eisenleitern hinaufzuklettern. Oben erwartet einen dann wieder ein typisches Belvedere. Diesmal unter besonders schönen Bäumen, mit zauberhaftem Blick in die Gorges du Doubs. An einem Spätherbsttag, wenn die Sonne langsam über den Nebel gewinnt, als einziger Besucher dort zu stehen, gehört zu den stillen, großen Attraktionen des Jura.

Bonjour Tristesse in der Sommerfrische: Richtung Villers-le-Lac

Bereits zwei Kilometer vor der Grenzstation, auf französischer Seite, kann man auf die schmale D 211 abbiegen, einsam weiter nach Süden bis zum Weiler **le Barboux** fahren und dann auf der D 398 weiter bis nach **Villers-le-Lac**, einem touristischen Zentrum des Jura, vergleichsweise unspektakulär auf 764 Metern Höhe gelegen. Ein paar Kilometer nördlich des Ortes liegt der große Doubs-Wasserfall, der *Saut du Doubs*; auf dem See von Villers herrscht ein lebhafter Verkehr von Ausflugsbooten. Sommerfrische der ruhigen Art. Der Ort ist unentschieden zwischen Dorf und Kleinstadt, gezeichnet von allen Strukturkrisen des letzten Jahrhunderts.

Auf beiden Seiten der Grenze gibt es im Jura etliche dieser Flecken, die in eigentümlichem Kontrast zur Schönheit der Landschaft stehen. In ihrem Innern zeigen sich aber meist ein paar erfreuliche Lichtblicke:

Hôtel de France* - Villers-le-Lac.** Mit seinem guten Restaurant bietet sich das Hotel de France als Etappe an. Es gehört zu jener Kategorie von ländlichen oder kleinstädtischen Gasthäusern, die in Frankreich glücklicherweise noch nicht ganz verschwunden sind. Ursprünglich waren diese Häuser meist ein Postgasthof, oft in historischem Gebäude mit reizvollem Innenhof, das Restaurant in einem großen Raum mit Balkendecke und mächtigem Kamin. Heute überraschen solche Häuser manchmal mit geschickt renovierten, komfortablen Etablissements und auffallend persönlichem Service. Madame macht die Honneurs, Monsieur wendet die Erfahrungen seiner gastronomischen Wanderjahre in der Küche an. Das kann, wie in Arbois, zu herausragenden Ergebnissen führen, häufig ist es nur ordentlich (dann allerdings zu raisonnablem Preis) wie in Ornans oder es wird eine sehr gediegene feine Regionalküche geboten, wie eben hier in Villers. Ein gutes Huhn in Morchelsauce mit Côtes-du-Jura, eine gekochte und dann kurz gegrillte Jesus-Wurst (vgl. dazu unter Morteau), eine extrafeine Seeforelle, dazu ein klug ausgewähltes Weinangebot

Ländlich solide – Hotel de France, Villers-le-Lac

mit Preisen, denen die Nähe zur Schweizer Grenze nicht allzusehr anzumerken ist. Von Jahr zu Jahr hat sich die Küche hier verfeinert, sie zählt inzwischen zu den ersten Adressen im Jura. Hugues Droz, seit 15 Jahren Küchenchef und seine charmante Frau sorgen für eine gelöste Atmosphäre, die ländliche Finesse mit Herzlichkeit verbindet. Das eher unscheinbare Haus liegt an einer Kreuzung, der Speisesaal somit zwischen zwei Straßen aber das gelegentliche Aufblitzen eines Autoscheinwerfers hat etwas Nostalgisches, erinnert an lange, einsame Fahrten über Land, so selten ist es am Abend.

Die perfekte Schallisolierung hält (auch in den Zimmern) jeden Lärm draußen. Ländliche Eleganz im Saal und in den Zimmern. Auch die kleinen sind perfekt renoviert und haben sehr gute Bäder. Die großzügige Bestückung der Zimmer mit Regionalführern und guides verschiedener kleiner, feiner Hotelassoziationen, frei zum Mitnehmen, ist sehr angenehm. Die Küche im ‚France' ist mittlerweile in der Spitzengruppe (nicht nur des Jura) angekommen. Das Menu terroir führt ein wenig in die Irre, da die reizvolle Verbindung von Huhn, Gemüsen und Curry nicht eben alte jurassische Traditionen aufgreift. Aber das ist das einzige, was ihm vorzuwerfen ist. Die großen Menus zu 46 und 64 € sind Luxusküche mit regionalem Touch. Im Frühjahr lockt ein Morchelmenü, dessen Clou eine Foie-Gras-Kugel, gerollt in gehackten frischen Morcheln, ist, eine hinreißende Neudefinition der truffe du jour. Die Weinkarte ist sehr sorgfältig ausgewählt und fair kalkuliert. Vielleicht könnte ein wenig mehr Jura dabei sein, aber dafür ist der Savagnin des Topwinzers Jacques Puffeney (s.S. 172) im Offenausschank und der Traumchardonnay ‚La Fleur du Marne‘ von Labet (s.S. 174) den Abend wert.

Der Chef liebt Gewürze und interessante Aromen. Er zeigt noch spät am Abend stolz seine Küche und seinen Keller. Eine naheliegende, aber sehr ungewöhnliche Geste zeigt das Bemühen um den interessierten Gast: in kleinen Schälchen stehen die nicht alltäglichen Früchte, Gemüse und Gewürze der Gerichte der jeweiligen Karte bereit. Sie werden vom liebenswürdigen Service präsentiert. Wie hätte man sonst je verstanden, was die épines vinettes sind, die dem Sorbet seinen intensiv-fruchtigen, würzig-säuerlichen Geschmack geben? Winzige, blaßrote Wildbeeren des hohen Jura. Das Haus übertrifft sich mit seinem Frühstück, ein Traum, der aus einer anderen Zeit zu stammen scheint. Zu den Croissants des Meisterbäckers Viennet gegenüber (s.u.) gibt es Honig in der Wabe, soviel, daß ein ausgewachsener Braunbär satt würde. Wem das nicht süß genug ist, der kann sich am himmlischen caramel mou laben. Das Stammhaus der Schokoladen- und Karamelfabrik Klaus hat schließlich hier seinen Sitz. Trauben, erstklassiger Joghurt, Ei und morgenfrischer Kuchen kommen noch dazu.

→ *Hotel De France* (Logis de France), 8. pl. Cupilhard, Villers-le-Lac, Tel. 03.81.68.00.06, Fax: 03.81.68.09.22. www.hotel-restaurant-lefrance.com. 14 Zimmer. Ferien im Januar und eine Woche im Herbst. RT: So-abend, Mo, außerhalb der Saison zusätzlich Di-mittag. **Preise**: gehobenes Niveau.

- Wenige Meter vom Hotel an der Straße nach Morteau (Nr. 3) findet sich dann der **Bäcker und Zuckerbäcker** *Viennet*. Superbe Brötchen (die Schweiz ist in Rufweite), beste baguettes und leckerste Teilchen: das Anstehen lohnt sich. M. Viennet ist ein ‚meilleur ouvrier de France‘. Er hat sich in einem alle drei Jahre stattfindenden concours,

einem der Frankreich so prägenden Wettbewerbe, als einer der besten des Landes bewiesen und das wird er nun bis ans Ende seiner Tage ins Schaufenster und auf seine Markise schreiben. Denn es garantiert ihm Kundschaft und dieser (fast immer) beste Ware.

Zum Wasserfall

Der See von Villers heißt *Lac de Chaillexon*. Er ist durch einen Felssturz entstanden, im hinteren Teil von steilen Kalkwänden eingerahmt.

Zum *Saut du Doubs* gelangt man entweder mit dem Boot ab Villers (Ostern bis Allerheiligen), das ist die reizvollste und bequemste Variante. Alternativ zu Fuß, vom Hôtel de France zwei Kilometer am See entlang, oder mit dem Auto, rue Foch/D 215, ebenfalls hinter dem Hôtel de France beginnend (Wegweiser). Nach 5 km biegt eine kleine Straße rechts ab und führt steil hinunter zu einem Parkplatz. Von hier erreicht man in 15 min das Ende des Sees und ein paar Minuten später den Wasserfall. Der Fluß fällt hier 27 m tief hinunter. Die spektakulärste Aussicht bietet – wie so oft im Jura – ein mit einem Geländer geschützter Platz, ein echtes Belvedere. Mit Ausnahme der Sommerwochen ist es auch hier ruhig, oft einsam. Der Weg führt weiter an das Flußufer hinunter, im Rücken der stäubende Wasserfall.

- **Saut du Doubs Bateaux Mouches:** Von Ostern bis Allerheiligen verkehren Ausflugsboote auf dem See (Fahrtdauer einer Tour: 2 ½ h, auch mit Restauration an Bord). Eindeutig die bequemste Art, See und Wasserfall zu genießen. Die zentrale der sechs Anlegestellen ist am Ortsausgang Richtung Morteau. Tel. 03.81.68.09.85, 03.81.68.05.34 www.sautdudoubs.fr

Morteau

Morteau bietet wenig Sehenswürdigkeiten: Die Stadt wurde 1865 nach einem Brand wieder aufgebaut. Aber Morteau ist eine jener Kleinstädte, bei denen Franzosen unweigerlich ans Essen denken, Isigny mit seiner Butter, Arcachon mit den Austern, Troyes mit seiner Andouillette – und eben Morteau, die Hauptstadt der Würste. Besondere Würste natürlich: 300 bis 500 Gramm schwer, der Naturdarm mit einem Holzspießchen verschlossen, geräuchert, in der kalten Jahreszeit manchmal auch mit etwas Weißkraut oder Leber gestopft. Immer aber mit einem kleinen grün-weißen Blechsiegel, dem Zeichen der ‚Appellation contrôlée', höchstes Prädikat eines landwirtschaftlichen Produktes in Frankreich, vergeben vom strengen INAO (Institut national des appellations contrôlées). Um die Appellation contrôlée zu erhalten, muß die Wurst aus dem Fleisch von Jura-Schweinen hergestellt, tannengeräuchert und über 600 m Meereshöhe (also im hohen Jura) produziert worden sein.

Eine dicke Variante der ‚Saucisse de Morteau' heißt übrigens ‚Jésus'. Nur in Frankreich wird selbst der Herr Pastor ohne Skrupel Jésus mit purrée de pommes de terre oder Jésus grillé bestellen. Kaufen kann man Morteau-Würste natürlich in den Metzgereien der A.O.C.-Region, die meist auffallend üppig mit der Spezialität dekoriert sind. Aber auch im angrenzenden Gebiet und auf Märkten und in Markthallen (wie in Belfort) liegen Morteau-Würste aus.

Besonders gute Erfahrungen haben wir mit einem Laden direkt in Morteau gemacht – der *Fruitière G. Rième* (Adresse siehe unten), ein Etablissement, dem man in Deutschland zunächst einmal stark mißtrauen würde, da es sich so deutlich an Touristen wendet. Da diese aber hier ein ausgeprägtes Anspruchsdenken haben, ist Skepsis unangebracht. Im Gegenteil.

Gute Adressen in Morteau

i *Office de Tourisme*: Gut bestücktes Büro an der Place de la Halle, in der Ortsmitte, hinter dem Rathaus. Mo bis Sa 9-12 und 14-17 Uhr, So 10-12 Uhr.

Saucisses
de Morteau
fumées

Die *Fruitière Rième* in Morteau (trotz des Namens keine Genossenschaft) ist eine hervorragende Quelle für alle Wurstsorten der Region (darunter auch die dünneren, feinen Saucisses de Montbéliard und einige gereifte Trockenwürste). Außerdem gibt es herrlichen, saftigen und doch nicht weichen, kein bißchen ‚nach Schwein schmeckenden', geräucherten Kochschinken vom Bock geschnitten. Dazu alle Käse des Jura in höchster Qualität: Drei bis vier verschiedene Comtés, mit einem mächtigen Balkenmesser vom großen Laib geschnitten, der buttrige Morbier mit dem Aschestreifen in der Mitte, regionale Chèvres und der stets etwas trockene Bleu de Gex. Schließlich – von November bis März – der Vacherin in seiner Holzschachtel. Die Preise bei Rième sind – weiterer erfreulicher Gegensatz zu touristischen Läden in Deutschland– nicht höher als beim Dorfmetzger. Insgesamt bietet der Laden reichlich Anschauungsmaterial für sorgengeplagte Fremdenverkehrsdirektoren in Deutschland und in der Schweiz. Vielleicht wäre etwas weniger Erlebniswochenende und Event-Aktionismus und mehr Rückbesinnung auf traditionelle Stärken der Region doch ganz sinnvoll.

→ *Epicerie M. Rième*, Place de l'hôtel de ville. Ladenöffnungszeiten: Mo 8-12.15, 15-19 Uhr, Di bis Fr 8-12.15, 14-19 Uhr, Sa 8-12.30, 14-18.30 Uhr – anders als die meisten Metzger dagegen nicht am Sonntag. Auch Postversand.

- Neben Rième, am Anfang der Grande Rue noch ein guter Metzger, der allerdings am Sonntag ebenfalls nicht geöffnet ist. Schräg gegenüber hat da zum Glück doch noch einer auf: *Jeannot*, traditionelles Haus in der rue de la gare 1, das vor kurzem vom Topmetzger Faivre aus Grand' Combe Châteleu übernommen wurde. Hier gibt es seine herrlichen Würste in allen Trockenheitsgraden und den allerbesten Comté fruité von Badoz: La Réserve du Tunnel. Zartgelb in einer kalkgrauen Rinde, samtig-cremig im Mund, beim Kauen immer dichter werdend, neue feine Nuancen preisgebend, im Abgang möchte man sagen, wie bei großem Wein, würzig-intensiv und sehr lang. Dazu eine halbe Flasche Côtes-du-Jura von Berthet-Bondet (s.S. 170), eine Bank am Doubs und der Juratraum kann beginnen…

Verblasster Charme: Hotel La Guimbarde

- Es gibt noch einen zweiten bemerkenswerten Feinkostladen in Morteau: *Puig*, 1901 von einem Spanier gegründet, ein typischer, traditioneller Delikatessenladen, eine épicérie fine, wie es sie auch in Frankreich nicht mehr in jedem Städtchen gibt. Ein solides Angebot an Würsten und Käse, erstklassiges Gemüse, Früchte, einige gute Öle und Essige, Konserven. Dazu an bestimmten Tagen frische Fische und Austern. Puig hat auch eine bemerkenswerte Auswahl an Wein und alten Armagnacs. All dies wird mit Stolz präsentiert, in Holzregalen wohl aus der Gründerzeit des Ladens, welche zusammen mit einem Buffet mit Marmorplatte dem Ganzen ein liebenswert altmodisches Gepräge geben. **Adresse**: Épicerie Puig, rue R. Payot (etwas unterhalb des Zentrums in der Ortseinfahrt rechts, von Pontarlier kommend). Daneben ein guter Bäcker.

- Mitten im Städtchen, an der Place Carnot, liegt das Hotel *La Guimbarde***, einst ein alter Postgasthof in einem Haus aus dem Spätbiedermeier. Im ersten Stock ein Salon zum Lesen und Rauchen, ein Raum, der den Namen Salon tatsächlich verdient. Die 19 Zimmer des nostalgischen Hauses wirken mittlerweile jedoch patiniert, ähnliche Erfahrungen hatte ein Leser gemacht. Der Restaurantbetrieb wurde eingestellt.

→ Hotel *La Guimbarde*** (Logis de France), 10, Place Carnot, 25500 Morteau, Tel. 03.81.67.14.12, Fax: 03.81.67.48.27. RT: So-abend, Mo. **Preise**: günstig.

Von Morteau nach Pontarlier

Pont-de-la-Roche (südlich Morteau an der D 437 nach Pontarlier) – Hier hat Philippe Feuvrier in seiner *Auberge de la Roche* eine Phase manierierter Schwäche überwunden und kocht nun wieder so klar, fein und zu fairem Preis, wie man es von einem der ‚Jeunes Restaurateurs d'Europe' und Träger des immer noch sehr seriösen runden trikolorefarbenen Prosper-Montagne-Emblems erwarten darf. Für 23.70 € gibt es (außer an Sonn- und Feiertagen) eine Terrine des volailles mit gelée au Macvin, joue de porc (saftige Schweinebäckchen), regionalen Käse und Dessert! Auch die anderen Menus halten sich in für diese Kategorie erfreulich engen Preisgrenzen. Das ländlich-elegante Interieur ist der passende Rahmen für eine regional inspirierte Küche.

→ *Auberge de la Roche* (Philippe Feuvrier), Pont-de-la-Roche. Geschlossen 6. bis 25.1., 8. bis 18.7., RT: So-abend, Mo, Di-abend. Tel. 03.81.68.80.05, Fax: 03.81.68.87.64, pfeuvrier@wanadoo.fr. **Preise**: gehoben.

Défilé d'Entreroche – 5 km südlich Morteau an der D 437 beginnt die erste der Schluchten des Doubs, das *Défilé d'Entreroche*. Die Straße windet sich den Fluß entlang, oft unter natürlichen Felsüberhängen oder in die Steilwand gesprengt. Der Doubs wird hier deutlich schneller, abrupte Biegungen wechseln mit Stromschnellen. Es bleibt eben noch genug Platz für wunderschöne Picknickplätze, unter Felsvorsprüngen vor Regen und Wind geschützt oder direkt über dem Wasser.

Wie so oft in Frankreich, findet man auch an kleinen Landstraßen diskret plazierte Tische und Bänke, die ein feines Picknick doch sehr erleichtern können. So malerisch die Decke auf der Wiese wirkt, wer schon mit Ameisen, kippenden Gläsern und eingeschlafenen Beinen gekämpft hat, kann dem

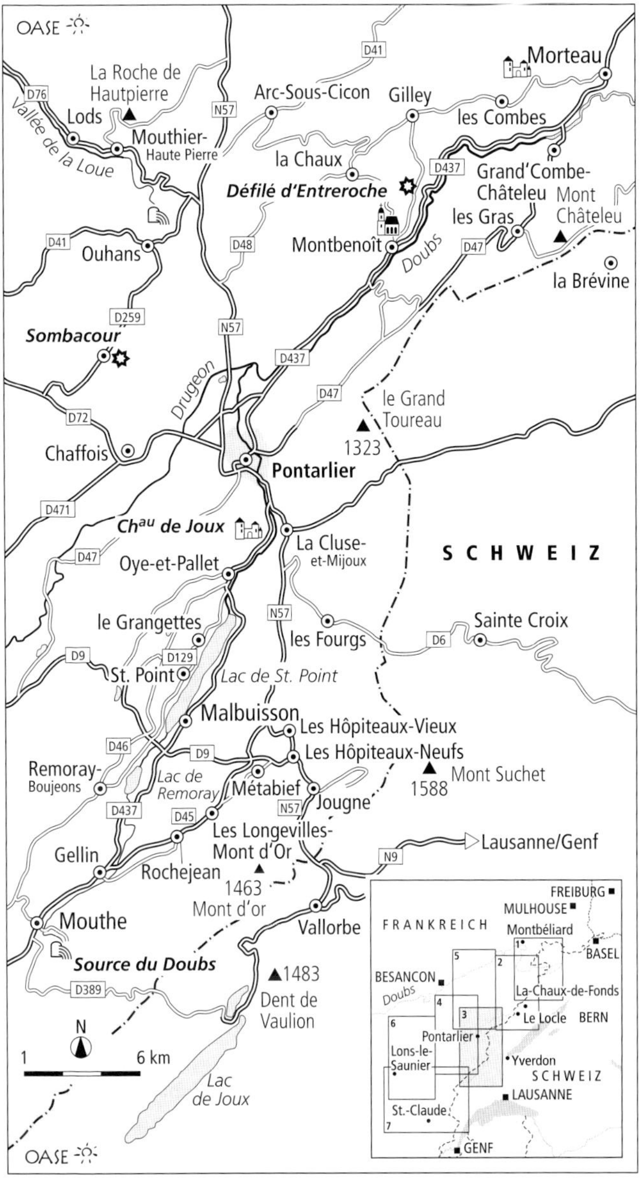

Karte 3: Von Morteau nach Pontarlier

Abtei Montbenoît

Mobiliar doch etwas abgewinnen. Nun Comté, eben vom Laib geschnitten, dicke Scheiben Beinschinkenfrisch vom Bock, gutes Brot und eine Flasche Côtes-du-Jura und das kleine Glück ist nicht weit. Entsprechende Einkaufsquellen siehe unter Pontarlier und Morteau.

Die Abtei Montbenoît – 17 km südwestlich von Morteau liegt im winzigen Ort gleichen Namens die Abtei Montbenoît. Gegründet 1150 von Walliser Augustinern, welche Schweizer Kolonisten nachzogen (die es im eigentlichen politischen Sinn damals ja noch nicht gab). Die zwölf Dörfer um Montbenoît sollen sich noch heute von ihrer Umgebung unterscheiden – im Dialekt und den alten Trachten der Dorfbewohner und im Baustil ihrer Häuser. Die Gebäude der Abtei liegen in einem sanften, sehr grünen Tal, etwas über dem Fluß. In Würde gealtert, kaum (sichtbar) restauriert, fast schon Teil der Landschaft geworden. Ein Bild der Harmonie menschlicher Schöpfung mit der Natur, wie es im Deutschland der perfekten Denkmalpflege und der möblierten Städte kaum noch zu finden ist. Der intime Kreuzgang zeigt reizvolle Primitivreliefs an den Kapitellen, etwa einen Drachen, aus dessen Rachen eben noch der Kopf eines verschlungenen Mönchs herausschaut.

Grand' Combe-Châteleu

Unter den verschobenen Spitzbögen des Chors findet sich ein exquisites Chorgestühl des frühen 16. Jahrhunderts.

Kurz hinter Montbenoît führt links eine kleine, blaue Eisenbrücke über den Doubs zu einem Picknickplatz mit einer informativen Tafel, die etliche Wanderrouten beschreibt. Unter der Brücke stehen armlange Forellen im dichten Flußgras, zwischen den hellblauen Eisenträgern mäandert der junge Doubs auf die Abtei zu. Man möchte bleiben. Ein paar Kilometer weiter eine Alternative für schlechtes Wetter:

- Das Hotel-Restaurant *Saugeais* in **Maisons-du-Bois** ist ein Zweisternetablissement in banalem Gebäude an der D 437. Der Saal über dem Doubs ist schon besser. Das Beste aber sind ein sehr großzügiges Menu Gourmet und drei nette Regionalmenus. Geschlossen Januar, So-abend und Mo. Tel. 03.81.38.14.65, Fax: 03.81.38.11.27. **Preise**: mittel.
- Daneben ein großer Laden mit regionalen Produkten: *Aux produits Saugets*.

Alte Jurabauernhäuser werden hier von ihrem riesigen Räucherkamin, dem *Tuyé*, markant überragt. Der Rauchduft, der im Herbst und Winter im Ort hängt, zeigt, daß es sich nicht um Attrappen handelt.

Solide Regionalküche - Restaurant Faivre, Grand' Combe-Châteleu

Grand´ Combe-Châteleu - Das kleine Dorf ist idealer Ausgangspunkt von Wanderungen, Fahrten und Radtouren im Mittelland und hat selbst einiges zu bieten.

- Das Restaurant *Faivre*, an der Hauptstraße (D 47) ist eine Adresse für solide Regionalküche. Vor allem lohnend das kleine Dreigangmenu mit einem Glas Wein, das es leider nur wochentags am Mittag gibt, ansonsten ist das Speisenangebot eher zu teuer. Rue principale, Grand Combe-Châteleu. Tel. 03.81.68.84.63, Fax: 03.81.68.87.80. RT: So-abend, Mo; Ferien im August. **Preise** gehoben.

- Ebenfalls an der Hauptstraße die *boucherie/charcuterie Faivre*, wo es die beste Saucisse de Morteau gibt (s.a. boucherie/charcuterie Jeannot Morteau). Mo bis Sa 8-12 und 14.30–19.00 Uhr (Sa bis 17.30 Uhr).

- Direkt gegenüber eine gute *Fromagerie traditionelle*. Geöffnet Mo bis Sa 9-12 und 16-19 Uhr, So 9-12 Uhr.

Im Ort weiter oben an der Straße nach *Le Châlet* und *Montbenoît* zwei große jurassische Bauernhäuser, die als Teil des Regionalmuseums besichtigt werden können (nur im Sommer, keine verbindlichen Öffnungszeiten angegeben).

Schutz und Geborgenheit hinter dicken Mauern. Die Architektur des traditionellen Jurahauses symbolisiert auch heute noch Wärme und Geborgenheit: Das gewaltige, fast biszum Boden reichende Dach schützt Mensch und Tier bei Sturm und Schnee, mächtige Mauern und stammdicke Balkentragen das relativ flache Dach. Goethe war bei seiner Schweizreise von solchen Bauernburgen beeindruckt: „Es unterschied sich in der inneren Bauart in nichts, als daß der große Raum mitten inne zugleich Küche, Versammlungsplatz, Vorsaal ist, und man von da in die Zimmer gleicher Erde und auch die Treppe hinauf geht. Auf der einen Seite war an dem Boden auf steinernen Platten das Feuer angezündet, davon ein weiter Schornstein, mit Brettern dauerhaft und sauber ausgeschlagen, den Rauch aufnahm... übrigens rings herum, auch in der Höhe über den Balken, eine Menge Hausrat und Gerätschaften in schöner Ordnung angebracht, alles nicht unreinlich gehalten." *J.W. Goethe: Briefe aus der Schweiz, 1779*

Weiter Richtung Pontarlier: Bei *les Gras* führt die D 47 nun nahe der Schweizer Grenze durch ein stilles, landschaftlich reizvolles Hochtal (ideal für Rad- oder Motorradtouren), die-einsame Strecke erreicht erst nach 21 km den nächsten größeren Ort, Pontarlier. Dazwischen liegt nur ein Weiler, *Les Alliés.* Mit dessen Namen verbindet sich eine skurrile Geschichte. Bis zum Ersten Weltkrieg hieß der Ort – irgendwann von Deutschsprachigen aus der heutigen Schweiz gegründet – nämlich ‚Les Allemands'. Das war den Einwohnern im Großen Krieg sehr peinlich, sie beantragten eine Änderung des Ortsnamens. Diese wurde ihnen am 20. November 1915 gewährt und so hießen sie denn nun ‚Les Alliés' – die Verbündeten.

Es gibt eine weitere Variante, noch langsamer nach Pontarlier zu kommen: In les Gras biegt eine gewundene Straße (D 404) rechts Richtung Schweizer Grenze ab. Über die ‚Combe' geht es hinüber in das nächste Hochtal und das liegt schon in der Schweiz. An einer musealen Zollstation vorbei zum *Lac des Taillères.* Ein endloses, flaches Trogtal, über das im Herbst die Stürme jagen. Im kleinen Ort *La Brévine* (mit dem *Lac de Joux,*

Straßenschild aus der Steinzeit

vgl. dort) liegt der Kältepol der Schweiz, oft schmilzt das Eis auf dem See erst im Mai.

Auf französischer Seite führt die D 447 weiter nach *Morteau* oder *Villers-le-Lac*. Nach etwa zwei Kilometern auf freier Strecke kommt das Berggasthaus ‚Mont Châteleu'. Eine niedrige, rauchige Stube mit mächtigem Kachelofen, einfaches Essen, Schmugglerambiente. Das Übernachten verhindern (wie ein trotziger Aushang verkündet) Einwände einer kantonalen Sicherheitskommission. Ob es sich um elektrische, statische oder hygienische Bedenken handelt, bleibt offen.

Pontarlier

Pontarlier ist mit knapp 20.000 Einwohnern der größte Ort des hohen Jura, auch Sitz der sous-préfecture. Vom 13. Jahrhundert bis 1639 bildete Pontarlier mit umliegenden Dörfern eine winzige Republik, das Baroichage, deren Bürger sich als ‚barons-bourgeois' bezeichneten. Mit der Einnahme durch schwedische Truppen unter Bernhard von Sachsen-Weimar, der folgenden Brandschatzung und der Ermordung eines Großteils der Bevölkerung, endete diese Zeit. Seit 1678 gehört die Stadt, wie die ganze Franche-Comté, endgültig zu Frankreich. Pontarlier, das überwiegend aus Holzhäusern bestand, wurde wiederholt durch Brände zerstört, bis es ab 1736 einheitlich aus Stein neu aufgebaut wurde.

Es ist dieses weitgehend erhaltene Ensemble einer vom Militär geprägten Grenzstadt des 18. Jahrhunderts, das Pontarlier heute so reizvoll macht. Schöne, nicht überrenovierte Kalksteinhäuser entlang der breiten Hauptstraße, die man von Norden durch ein repräsentatives Tor, Porte St-Pierre, betritt. Um die Einheitlichkeit der Hauptstraße zu wahren, wurde einer barock überformten romanischen Kirche 1736 eine potemkinsche Fassade zum neuen Marktplatz vorgestellt.

„Er schwadronierte wie ein Abgeordneter" – Im 19. Jahrhundert wurde Pontarlier zu einem Zentrum der Absinth-Produktion. Im Jahr 1826 gab es schon vier Brennereien mit einer Jahresproduktion von 100.000 Litern. Die Produktion des extrem alkoholhaltigen Aperitifs (65-72 %) nahm rasch zu, die grüne Fee *(la fée verte)* wurde zu einem Modegetränk in den Salons, die Soldaten der Garnison von Pontarlier sollen den Absinth gar aus den Helmen geschlürft haben. Der ‚devil in disguise' (Oscar Wilde) war zwar nicht nachweislich schädlicher als anderer Alkohol, doch die Wirkung von Absinth auf Physis und Charakter blieb umstritten. So schrieb Pergaud in seinem 1912 erschienenen ‚Krieg der Knöpfe': „Er war bei seinem dritten Absinth und schwadronierte wie ein Abgeordneter über seine wirklichen und erfundenen Kriegstaten."

Als das Wermutdestillat im Jahre 1910 in der Schweiz per

BIJOUTIER
JOAILLIER
FABRICANT

Rue de la République, Pontarlier

Verfassungsartikel verboten wurde – schuld daran war auch die haschischverwandte Substanz Thujon – bot sich Pontarlier als grenznahe Versorgungsstation an. Zur Blüte der Absinthproduktion im Jahr 1913 gab es hier 22 Brennereien. Mit dem Verbot der Absinthproduktion 1915 auch in Frankreich mußten die meisten Destillerien schließen. Seit 2001 ist die Absinth-Produktion wieder zugelassen – mit einer ganz wichtigen Einschränkung allerdings: der Alkoholwert darf die 45-Prozent-Grenze nicht übersteigen und auch der Thujongehalt ist limitiert.

Die grüne Fee – so meinen Kenner jedoch unerbittlich – bedarf aber mindestens 55 Volumenprozent. Im Schweizer Val-de-Travers, Ursprungsregion des Kultschnapses (s.dort), wird deshalb mit Volldampf an der schrankenlosen Legalisierung gearbeitet.

Im Oktober 2001 wurden auf den Hängen oberhalb Pontarlier wieder die ersten Absinthstauden geschnitten und seither läuft im hohen Jura wieder ein verschlanktes grünes Destillat aus den Kolben, das den Namen ‚Pierre Guy' trägt. 20.000 Flaschen destillierte Guy im ersten Jahr – und die waren in fünf Monaten verkauft! Zu 30.- € die Flasche!

Anis- und Absinthdistille von Pierre Guy, Pontarlier

Legal und zu aller Zufriedenheit wird bis heute von drei Brennereien in Pontarlier auch ein sehr guter Anisschnaps produziert. Wir bevorzugen den Pontarlier-Anis von Guy. Hinter dem blau-weißen Etikett verbirgt sich eine würzige Rarität, die nach alter Tradition ohne Zucker, künstliche Aromen oder Farbstoffe hergestellt wird. Blau-gelb verpackt ist die süßere Variante.

Die Anisdistille von Pierre Guy

Wer auf der D 47 in den Ort einfährt, bemerkt bald nach den ersten Häusern rechts an der Straße ein etwas betagtes, dreigiebliges Fabrikensemble. Am linken First hängt das alte Firmenschild, gekrönt von einer Uhr. Beim Eintreten an einem naßkalten Herbsttag benebelt einen warmer, intensiver Anisduft. Aus vier Brennblasen tropft der Schnaps. Wie wir bald erfahren, sind es noch die gleichen wie bei der Gründung der Firma im Jahr 1890. Es ist kein Pastis, der da tropft, diese Gleichsetzung mit dem bekannten provenzalischen Apéritif wäre hier ein Sakrileg. Pontarlier-Anis ist ein Destillat. Dazu wird spanischer Anis zunächst in neutralem Alkohol eingelegt

Brennerei Pierre Guy, Pontarlier

und dann gebrannt. Im Unterschied dazu ist Pastis ein Mazerationsprodukt, Samen und Kräuter (Pastis ist in der Regel kein reines Anisprodukt) werden im Alkohol extrahiert, der dann nur gefiltert wird. Den Unterschied schmeckt man. Pontarlier-Anis ist feiner und, vor allem jener ohne Zuckerzusatz, besonders bekömmlich (ungezuckert: blauweißes Etikett, gezuckert: blaugelb). Dies ist eindeutig auch die Ansicht des Angestellten der Brennerei, der meint, auch nach 30 Anis am Abend würde man sich am Morgen danach so richtig wohlfühlen, man solle dies mal mit Pastis versuchen! Wir haben auf den Test verzichtet, obwohl die großzügige Probe, die jeder Besucher erhält, schon ein solider Grundstock gewesen wäre. Wir hatten hier auch nicht unbedingt den Eindruck, in einer legalen Produktionsstätte alkoholischer Getränke zu sein. Als sich – wir waren schon nach Geschäftsschluß gekommen – noch spätere Gäste einstellten, wurde ein- und nachgeschenkt, geredet und geraucht, wie in einer Kaschemme der Prohibitionszeit. Tatsächlich sind wir aber in einem angesehenen Betrieb, bei Pierre Guy wird Pontarlier-Anis bester Qualität hergestellt: *Anisette Franc-Comtoise.*

→ Die Brennerei *Guy* an der D 47 nach Les Alliés kann besichtigt

Vorbei – Epicerie Vilmorin, Pontarlier

werden: Di bis Sa 8-12/14-18 (Fabrikverkauf des Pontarlier-Anis, zahlreicher Obstbrände und anderer Spezialitäten, die im Hause destilliert werden. Darunter ein sehr feiner regionaler Tannenknospenlikör, *le vert sapin* und ein ordentlicher *framboise* (Himbeergeist)). **Preise**: 17 € – für den Liter Anis, ebensoviel für den 3/4 l Framboise oder Vert Sapin.

Gute Produkte für einfache Leute

Pontarliers Fülle guter Alltagsläden ist auch für französische Verhältnisse nicht selbstverständlich. Bedenkt man dann noch, wie schwer es in zehnmal größeren deutschen Städten sein kann, einen einzigen guten Metzger, Bäcker, Käseladen zu finden, dann werden gewisse Unterschiede noch augenfälliger. Wer die Klientel in den Läden Pontarliers beobachtet, erfährt auch etwas über das noch intakte französische Qualitätsbewußtsein beim Lebensmittelkauf: Hier kaufen (täglich !) Menschen von nebenan, oft eher einfach gekleidet, gewiß nicht mit überdurchschnittlichem Einkommen, aber sie kaufen überdurchschnittlich gute Produkte. Die Preise dieser hochwertigen Waren sind zwar etwas niedriger als bei uns, jedoch deutlich höher als im Supermarkt. In Deutschland hingegen ist der Preis für die große Mehrzahl der Konsumenten bei weitem das wichtigste Kriterium beim Lebensmitteleinkauf. Gute, ordentliche Qualität gilt bereits als Luxus. Entsprechend findet sich in den wenigen guten Läden nur noch eine elitäre Kundschaft, in der Folge steigen die Preise weiter und die Schere zwischen gutem und Billig-Angebot geht immer weiter auseinander. Gegenläufige Trends haben selbst nach BSE-Hysterien nur eine kurze Halbwertszeit.

- In der Rue de la République Nr. 85 (rechts hinter dem Tor) liegt der Laden vom **Traiteur** *Bonnet*. Ursprünglich ein Metzgerladen, gibt es hier neben makellosem Fleisch (herrliches veau de Corrèze et du Limousin) und Jurawürsten auch eine große Auswahl an feinen Terrinen und Patés, fertig präparierte Schnecken, Salate, Fisch- und Fleischgerichte zum Mitnehmen. Alles in bester Qualität, der Laden ist stets gut besucht, alles ist frisch. Zum Einkauf fürs Pique-nique oder zum Mitbringen nach Hause ein guter Platz.

- In der gleichen Straße (Nr. 33) gab es bis vor kurzem noch die alte **Epicerie** *Vilmorin* mit einer ausgezeichneten Auswahl an Weinen und Spirituosen – darunter der köstliche ‚Kirsch de la Marsotte' aus dem Loue-Tal. In Holzschütten mit Glaseinsätzen wurden verschiedene Hülsenfrüchte feilgeboten. Der kleine Laden mit seinen altmodischen Vitrinen, den gußeisernen Säulen und der weißgestrichenen Holzdecke wurde mittlerweile durch einen Billigklamottenladen ersetzt.

- Auf der anderen Straßenseite liegt das *Grand Café Français* (Nr. 36). Hier gibt es nicht nur guten Kaffee in fin de siècle-Atmosphäre, sondern auch ordentliche Brasserieküche in renoviertem alten cadre: Salate mit croute au morbier et Mont d'Or, Schnecken und ein plat du jour. Unter den Offenen auch der interessante regionale Wein von Ruranim in Lods (vgl. dort). Das Konzept geht auf: am Samstagmittag ist es genauso krachvoll wie schräg gegenüber in der Brasserie de la Poste.

- In Nr. 42 der **Gemüseladen** *Drezet*, der auch eine sehr ansprechende Auswahl regionaler und nationaler Käse führt (in Frankreich eine häufige Kombination). Aber auch sein Basissortiment stimmt: citrons de Nice (die leider so selten erhältlichen blaßgelben, feinfruchtigen dickschaligen Exemplare), noix du Quercy, marrons du Lot. Dazu eine große Auswahl feiner Essigsorten und etliches andere aus der épicerie fine.

- Unweit davon (Nr. 66) noch ein solider **Caviste** (Wein- und Spirituosenhändler): *Au bon échanson.*

Fin de siècle-Stimmung - Le Grand Café Français, Pontarlier

- Einige Meter vor der Porte St-Pierre am gleichnamigen Platz dann der gute **Patissier** *Roland Pfaadt*, der auch feines Brot backt und in seinem Salon de Thé Frühstück serviert.

- Direkt rechts daneben war immer die Epicerie des alten Ehepaares *Cuenot*: Unter einer alten Holzdecke in den engen Gängen des Ladens liebevoll in Kisten aufgeschichtetes Obst, Dosen und Schachteln in den musealen Holzregalen. Monsieur im blauen Kittel beriet beim Wein, Madame fand beim Bedienen immer Zeit zu einem Gespräch über die wichtigen Dinge des Lebens: La France profonde. Seit 2 Jahren wartet man vergebens darauf, daß der zartrosafarbene Blechladen hochgezogen wird. Monsieur war über 70, kein Nachfolger. Aber Trost ist in Sicht:

Im *Trou de souris* in der rue Ste-Anne 7 (hinter dem Rathaus links ab von der Hauptstraße rue de la République Richtung Doubs) wirkt der **Fromager** *Didier Tardiveau*. Ein Schlaraffenland für Käsefreunde. Neben der umfassenden Auswahl an Comtés aus Marcel Petites Fort St-Antoine in allen Alters- und Preisklassen, perfekt affinierte chêvres, Camemberts, Langres und Soumaintrains. Dazu eine Selektion der Spitze der neuen französischen Weinelite, die einem Topcaviste zur Ehre gereichen würde. (Die Brüder Joblot aus Givry, Hervé Bizeuil aus Vingrau, Didier Dagueneau von der Loire und viele mehr). Das Vergnügen hat seinen Preis und der ist manchmal grenzwertig hoch, doch dafür gibt es ein großes Angebot und fachkundige Beratung.

- In der rue de la gare Nr. 5 das Kontrastprogramm: *Mme. Pourchet* führt fast nur regionale **Käse**. Ihre Preisspanne endet da, wo sie im Mauseloch beginnt. 15 bis 18 Monate alter Comté von Marcel Petite für 11.70 €, ein Gruyère (wegen Löchern deklassierter, aber fein-nussig schmeckender junger Comté) aus dem gleichen Hause für 6.80 €. Herrlich saftiger Kochschinken und sonst nicht viel, nicht mal der Apparat für die Carte Bleue. Aber es genügt. Man braucht beide Läden.

Hotels & Restaurants

Gute Hotels und feine Restaurants sind in Pontarlier leider weniger leicht zu finden:

- In der Rue de la République gegenüber Nr. 44 die *Brasserie de la Poste*. Stets gutbesuchtes Bistro mit ordentlicher Alltagsküche. Der Tête de Veau, einer der grands classiques der französischen Volksküche – Lieblingsgericht des Präsidenten Chirac, wenn er sich volkstümlich gibt – hier in Hochform: zarte gekochte Stücke von Zunge, Backe und sonstigem Kopffleisch vom Kalb. Dazu junge Kartoffeln mit reichlich Petersilie bestreut, die obligatorische ‚sauce gribiche': eine deftige Remoulade und sehr gutes Brot. Und als Dessert: Crêpe aux myrtilles (mit Heidelbeeren)! Alles in 45 Minuten freundlichst serviert. (Wem's zuviel wird: der Nachbarhund dankt für die Reste.) Kein Wunder, daß der Laden brechend voll ist mit Geschäftsleuten und Verkäuferinnen vom Ort. **Preise**: günstig.
- Direkt an der Doubs-Brücke ein charmantes, kleines Restaurant mit ebenso charmanter Besitzerin, das *Coté Pont*. Es gibt nur ein Menu du jour, frische Regionalküche mit netter Weinkarte. Vor Weihnachten ist der Dielenboden mit einem Teppich von Tannenzweigen bedeckt. Am kleinen Häuschen, welches das Restaurant beherbergt, schwimmen die Forellen vorbei. Tel. 03.81.46.59.53. Im Winter geöffnet, Di bis Sa-mittags-, Fr und Sa auch abends. **Preise**: günstig-mittel.
- Im *Musée du Pontarlier* (Place Arcan) Lokalhistorie, Geschichte des Absinths, Fayencen. 10-12, 14-18 Uhr. So 15-19 Uhr, Di geschl.

Château de Joux

Von Pontarlier zur Quelle des Doubs

Eine enge Schlucht, eine ‚cluse', verbindet rechtwinklig zwei der endlosen Längstäler des hohen Jura. Durch die cluse von Pontarlier (an der N 57, drei Kilometer südlich der Stadt gelegen) zwängt sich der Doubs nach Nordwesten. Diese Enge war stets ein strategisch wichtiger Platz, und seit dem 11. Jahrhundert gesichert vom mächtigen **Château de Joux**.

Die Burg wurde Ende des 17. Jahrhunderts von Vauban ausgebaut. Später war das Château de Joux ein Staatsgefängnis. Im ‚Ancien régime' saß *Mirabeau* ein, einer der Vordenker der Revolution. Die Bedingungen waren allerdings nicht sehr streng, so blieb ihm Gelegenheit, einem betagten regionalen Magnaten die junge Ehefrau zu entführen.

Unter Napoleon wurde *Toussaint Louverture*, der schwarze Führer der Unabhängigkeitsbewegung auf Haiti bis zu seinem Tod 1803 hier gefangen gehalten. Im Spätwinter 1807 verbrachte *Heinrich von Kleist*, in Berlin unter Spionageverdacht festgenommen, in Joux einige Wochen im Kerker. Inspiriert vom Schicksal des Sklavenbefreiers schrieb Kleist hier eine seiner schönsten Novellen: ‚Die Verlobung in Santo Do-

Strategisch gelegen – Château de Joux

mingo'. Vom unfreiwilligen Logis auf Châteaux de Joux war Kleist wenig angetan, am 5. März 1807 notierte er in seinen Briefen: „Nichts kann öder sein, als der Anblick dieses, auf einem nackten Felsen liegenden Schlosses, das zu keinem anderen Zweck, als zur Aufbewahrung der Gefangenen noch unterhalten wird. Wir mußten aussteigen, und zu Fuß hinaufgehn; das Wetter war entsetzlich, und der Sturm drohte uns, auf diesem schmalen, eisbedeckten Wege, in den Abgrund hinunter zu wehen... wir hatten in Besançon schon Rosen gesehen; doch hier, am nördlichen Abhang des Jura, lag noch drei Fuß hoher Schnee."

Durch fünf Befestigungsringe erreicht man das Innere der Festung. Ein Museum zeigt milieugerecht Waffen und Uni-formen. Die Zellen der berühmten Gefangenen können ebenso besichtigt werden wie der 120 m tiefe Brunnen.

- **Schloßfestivals**: Im Sommer gibt es Fackel-Illuminationen und von Mitte Juli bis Mitte August findet das Festival des Nuits de Joux, ein kleines Theater- u. Musikfestival, statt. Führungen: Juli und August täglich 9-18 Uhr; Tel. 03.81.46.48.33, www.chateaujoux.com

- **Aussicht**: Von der Enge der Cluse (Les Chauffaud, 873 m) führt ein Treppenweg hinauf zu einem 1032 m hochgelegenen Belvédère direkt gegenüber dem Fort. Ab der Route Nationale nach rechts, zunächst über 230 Stufen, dann folgt noch ein 500 m langer Weg.

- In **La Cluse et Mijoux,** 500 Meter nach der Cluse Richtung Pontarlier, ein moderner Holzbau mit großem Kamin: der Laden von *M. Decreuse.* Ähnlich wie bei M. Rième in Morteau ein viel von Touristen besuchter Laden, trotzdem beste Qualität! Neben den Räucherwürsten locken hier eine Jésus aux Pistaches und herrlicher Schinken.

Lac de St-Point

Der kleine Ort *Malbuisson* mit den einfachen, konfektioniert wirkenden Chalets erstreckt sich am Ostufer des schönen, großen Lac de St-Point, der vom Doubs durchflossen wird. Er ist mit 6.3 x 0.8 km der größte natürliche See des französischen Jura, der drittgrößte in Frankreich. Eine fast skandinavisch anmutende Landschaft, mehrere gute Badeplätze (vom Ort aus in wenigen Minuten zu Fuß erreichbar), Tretboote, eine kleine Segelschule. Aber wir sind hier auf fast 900 Meter Höhe – und die heitere Sommerfrische friert immer noch jeden Winter für Monate zu. Trotzdem wird das Wasser im Sommer bis zu 25 °C warm.

Ein neu angelegter Seerundweg lädt zum Spazierengehen oder Radfahren ein. Während die östliche Seite des *Lac de St-Point* mit dem Hauptort Malbuisson eher zum Baden geeignet und touristisch erschlossener ist, zieht sich am westlichen Ufer die kleine D 129 durch sanfthügeliges Weideland. In schilfbestandenen Buchten liegen Fischerboote an Holzstegen, dahinter die Wochenendhäuschen der Angler.

Am Westufer des Lac de St. Point

La Source Bleue: Ortsausgang von Malbuisson Richtung Pontarlier ein kleiner Parkplatz mit Hinweistafel. 200 Meter rechts davon entspringt aus einem Felsloch ein kräftiger Wildbach. ‚Source Bleue' – ein Blick in das türkisblaue Bassin daneben erklärt seinen Namen. Entstanden ist die Quelle der Sage nach aus den Tränen eines Ritterfräuleins, dessen Galan vom heimkehrenden Ehemann getötet wurde.

- In den letzten Jahren wurden zahlreiche Mountainbikerouten (Mountainbike = *vélo tout terrain* = *VTT*) markiert. Faltpläne gibt es bei jeder Touristeninformation. Métabief hat sich zu einem Zentrum der Geländeradler entwickelt, auch Welt- und Europameisterschaften fanden hier schon statt. Die vielen Loipen der Region sind ebenfalls gut beschildert. Ein günstiger Einstiegsplatz befindet sich beim Fort St. Antoine an der kleinen Straße, die am Ortsausgang von Malbuisson (Richtung Pontarlier) rechts abzweigt. Wie stets in Frankreich ist die Benutzung der Loipen gebührenpflichtig (entsprechende Marken werden bei den Fremdenverkehrsämtern und an den großen Startplätzen verkauft).

Gute Adressen am Lac de St-Point

Malbuisson: *Jean-Michel Tannières* Restaurant mit dem kleinen 4-Zimmer-Hotel*** ist hervorgegangen aus einem Sommerfrische-Gasthaus der Zwanziger Jahre, das mit dem Aufkommen des Automobilismus seinen Aufschwung nahm. Ein Blick auf die alten Fotos im Treppenhaus zeigt, wie wenig sich das Haus seitdem verändert hat. M. Tannières bot jahrlang eine verlässliche feine Küche. Beim letzten Besuch schwächelte das Haus allerdings: der verschlafene Service brachte es in anderthalb Stunden auf gerade mal einen Gang – im ungeheizten Speisesaal im Oktober eine harte Prüfung. Korkkranker Wein wurde nur auf sehr deutliches Nachfragen ersetzt. Die Küche war gut, aber die Finesse früherer Tage ließ sich nicht mehr schmecken. Ähnlich erging es auch einem Leser: „gutes Essen, aber sehr unprofessionelle, unfreundliche Bedienung, steife Atmosphäre (und trotzdem pisst der hauseigene Hund im Kräutergarten…)." Mittlerweile hat auch der Michelin Konsequenzen gezogen. Der Stern ging verloren.

Das Frühstück ist jedoch weiterhin von jener reichhaltigen Feinheit, welche die besseren französischen Landhotels so reizvoll macht: hausgebackene croissants und Brioches, selbst eingekochte, wirklich reduzierte Marmeladen, die nur vom Pektin der eigenen Früchte steif geworden sind, Honig vom Nachbarn, dies alles serviert mit Stoffserviette auf gutem Porzellan.

→ *Rest/Hotel J.M. Tannières* (Logis de France), 25160 Malbuisson, an der Hauptstraße Richtung Mouthe, am Ortsausgang rechts. Die Zimmer im Stammhaus wurden kürzlich renoviert. Tel. 03.81.69.30.89, Fax: 03.81.69.39.16. www.restauranttannieres.com. Ferien im Januar und Februar, RT: Mo, Di. **Preise**: gehoben bis hoch.

- Im Sommer 2001 hat M. Tannières das alte Hotel *Les Terrasses* im Zentrum von Malbuisson übernommen und führt es nun als *Vieux Chalet**** weiter. Aufgeschickter Rustikalstil in den 11 Zimmern, Schlichtheit im Restaurant (in der Sommersaison einfache Gerichte). Das Frühstück sehr fein (s.o.), bei unserem letzten Besuch war der Genuß nur etwas eingeschränkt durch den Zigarettenrauch der Wirtin, der durchs ganze Haus zog. Außerdem ärgerlich: uns wurde ungefragt das teuerste Zimmer gegeben. Von Mai bis Oktober und während der Winter-Schulferien geöffnet.

Rustikalstil – Vieux Chalet, Malbuisson

→ *Vieux Chalet*, 25160 Malbuisson, 53, Grand Rue. Tel. 03.81.69.75.54, Fax: 03.81.69.39.16 . Von Mai bis Oktober geöffnet. **Preise**: mittleres Niveau.

Le Bon Accueil*/Rest. Marc Faivre - Malbuisson.** Eindeutig die Nr.1 in Malbuisson für feine Küche und gute Unterkunft. Das kleine Hotel mit den 12 Zimmern in einem renovierten Jurahaus mit tiefgezogenem Dach wird von Jahr zu Jahr besser! Der freundliche Empfang macht dem Namen alle Ehre. Die Zimmer, mit hellem Holz und floralem Dekor aufgefrischt, sind (wörtlich übersetzt) fröhlich-ländlich, eine Mischung, die eben am Kitsch vorbeikommt und entspanntes Behagen schafft. Die Zimmer zur Hauptstraße sollte man eher meiden, da es hier auch nachts durchaus Verkehr gibt. Das Frühstück wird unter einer kleinen Sammlung alter Emailreklameschilder serviert. Ein rosiges Möpschen auf einer Waage verspricht ‚poid et santé' durch Maizena. Hier hält man sich lieber an die lauwarme Brioche, hausgemachte Marmelade, Honig, feinster stichfester yaourt à la ferme und Apfelsaft vom Bauern. Im Sommer wird auch im schattigen Garten serviert.

Kürzlich wurde ein neuer eleganter Speisesaal angebaut.

Modernisiert – Le Bon Accueil, Malbuisson

Marc Faivre kocht auf hohem Niveau eine moderne Regionalküche, so eine traditionelle croute aux champignons (mit Waldpilzen und Morcheln), ein civet de lièvre, viel zartes Wildfleisch in konzentrierter schwarzer Blutsauce oder eine Forelle mit Wurzelgemüsecarrées, Käse und ein Pistazieneis mit caramel au lait. Zwischen Vorspeise und Hauptgang ein Sorbet aus dem kräftigen Enzianschnaps von M. Michel aus Chapelle-de-Bois, ein echtes ‚trou jurassien': So ist einfache Küche Luxus. Die feineren Gerichte à la carte (superber colvert [Masthahn] und sandre sauvage de la Loire) schließen allerdings auch preislich zur Spitze auf. Alle Käse kommen aus der Gegend. Hoffentlich bleibt noch ein wenig Appetit für den besten aller Comtés, die Spitzenqualität des berühmten Affineurs Marcel Petite, 18 Monate in den Gewölben des Forts St-Antoine gereift. In über 1 000 Meter Höhe entwickelt sich hier ein Käse voll feiner Aromen: süß, weich und rund im Mund, ohne jede Schärfe, dazu sehr nachhaltig, würde man beim Wein sagen. (Kein Direktverkauf, in Pontarlier erhältlich in der Crêmerie Trou de souris, rue St-Anne und in der Crêmerie Pourchet, rue de la gare, in Mouthe im Huit-à-huit-Kettenladen in der Hauptstraße).

Patiniert – Le Lac, Malbuisson

→ *Hotel Le Bon Accueil*, 25160 Malbuisson, Ortsmitte an der Hauptstraße, 10 Grand Rue. Ferien Mitte Dezember bis Mitte Januar. Tel. 03.81.69.30.58, Fax 03.81.69.37.60. RT: Mo, von Oktober bis April So-abend und Di-mittag. **Preise**: gehoben.

- Reizvoll und charmant patiniert auch das Hôtel *Le Lac****, am Ortsende von Malbuisson in Richtung Pontarlier: Ein gepflegtes stilvolles Haus der Belle Epoque mit Sommerterrasse, einem guten Restaurant und klassisch-elegantem Speisesaal. Trotz Renovierung wurde der Charme des stattlichen Hauses erhalten. Für 20 € kann man hier ein Blätterteigpastetchen mit Waldpilzen, eine mit Heu gebratene Taube und zum Dessert noch einen sehr guten Käse essen. Feinstes Eis des Pariser Hauses Berthillon, auch zum Mitnehmen. Die 54 Zimmer bieten eine nostalgische Schleiflack- und Blümchenstimmung, einige mit Seeblick – gut zum Abtauchen in der Provinz. Eine Sommerfrische mit ein paar Jahresringen aus der Tretboot-Zeit.

→ *Hotel le Lac*, 25160 Malbuisson, Tel. 03.81.69.34.80, Fax: 03.81.69.35.44. www.lelac-hotel.com. Ferien im Nov. und Dez. Swimmingpool und Garten mit Seeblick. **Preise**: mittleres bis gehobenes Niveau.

Sommerfrische am Lac St. Point – Bon Repos, Les Grangettes

- Im gleichen Haus links an der Ecke das gute, etwas rustikale, preiswerte Restaurant *du Fromage.*

- Gleich rechts daneben das einfachere Hotel *Beau Site*** (dieselbe Hotelleitung).

Bon Repos - Les Grangettes.** Am nordwestlichen Ufer, an der wenig befahrenen Uferstraße D 129, in Les Grangettes (150 Ew.) das kleine Hotel *Bon Repos*, ein schlichtes, aber stilvolles altes Logis de France mit 16 Zimmern (unlängst renoviert). Gemütliche Terrasse zum Zeitunglesen und Zufriedensein. Eine Sommerfrische – nicht nur für Angler und Kanufahrer. Die entsprechende Küche wird auch geboten. Sympathische Wirtin. Gegenüber dem Hotel führt ein Sträßchen hinunter zu einer verträumten Bootsanlegestelle am See.

→ *Bon Repos*, 25160 Les Grangettes. Rechtzeitig reservieren, das Haus hat viele Stammgäste: Tel. 03.81.69.62.95, Fax: 03.81.69.66.61. www.hotelbonrepos.com. RT: So-abend und Mo (außerhalb der Saison). **Preise**: günstig.

- Einige Kilometer weiter am nördlichen Ende des Sees, in **Oye-et-Pallet**, wartet ein feineres, ähnlich verträumtes

Auberge du Coudre, Granges-Ste. Marie

(aber nicht verschlafenes) Hotel auf Gäste: *Parnet**** (Logis de France) hat 17 Zimmer, einen großen Garten mit Schwimmbad und eine solide Küche. Lage: An der Hauptstraße in der Ortsmitte, gegenüber der Abzweigung der D 248 nach La Planée.

→ Hotel *Parnet*, 11 rue de la Fauconnière. Tel. 03.81.89.42.03, Fax 03.81.89.41.47. RT So-abend, Mo. Ferien vom 20.12. bis 6.2. **Preise**: mittleres Niveau.

- In Malbuisson liegt der gepflegte Campingplatz *Les Vauettes* (300 Plätze) direkt am See. Geöffnet vom 1.4. bis 1.11. Tel. 03.81.69.31.50, Fax: 03.81.69.70.46.

- Von Süden her kurz vor Malbuisson in **Granges-Ste-Marie** an der Kreuzung der D 437 mit der D 9 die *Auberge du Coudre*, ein mächtiges Jurahaus von 1826, dessen Blechdach schutzverheißend tief nach unten gezogen ist. Im Logis de France gibt es neben schlichten Zimmern auch eine verfeinerte Regionalküche. Tel. 03.81.69.31.57, Fax 03.81.69.33.90. Geschlossen 12.11. bis 18.12., RT: So-abend und Mi (außerhalb der Saison). **Preise**: mittel.

- Unweit davon in **Labergement-Sainte-Marie** die Glockengießerei *Obertino*. Gegründet 1834 ist sie eine der wenigen noch existierenden in Frankreich. Hier werden eher Kuh- als Kirchenglocken gegossen. Verkauf im zugehörigen Laden. Hinweisschild an der Straße. Tel. 03.81.69.30.72.

Les Voyageurs, Vaux-et-Chantegrue

- Im gleichen Ort am kleinen See von **Remoray** die neue *Maison de la Reserve*. Ein moderner Holzbau am Ufer des teilweise verlandeten Sees gibt einen Einblick in die reiche Tier- und Pflanzenwelt dieser Reserve Naturelle. Sie ist eines der wertvollsten Feuchtbiotope Frankreichs. Sogar Auerhahn und Luchs kommen in wenigen Exemplaren dort vor. Es werden zahlreiche Exkursionen angeboten, so zum Spurenlesen, Vogelbeobachten, zu den Almen und den Mooren der Umgebung. Rue de Mouthe, 25160 Labergement-Sainte-Marie. Geöffnet täglich (außer Di). www.maisondelareserve.com.

☼ **Les Voyageurs - Vaux-et-Chantegrue.** An der D 9, westlich vom Lac St-Point, in einem verträumten kleinen Juradorf das Restaurant *Les Voyageurs:* Madame (Marie-Jeanne Gemian) kocht, Monsieur serviert. Mit Blick über die Felder. Riemenboden, Holzofen. Weiß aufgedeckt. Gute Auswahl an regionalen Weinen. Ausgezeichneter Macvin. Kleine Karte mit frischen und vor allem regionalen Produkten. Eine absolute Oase im jurassischen Sibirien und das zu moderaten Preisen. Die Zeit steht still beim Ticken der Comtoiser Wanduhr.

→ Restaurant *Les Voyageurs*, 25160 Vaux-et-Chantegrue. RT: Mi, außer Sa-abend nur mittags. Für Gruppen wird nach vorheriger Anmeldung auch an anderen Abenden gekocht. Tel. 03.81.69.61.24. **Preise**: günstig.

Mont d'Or

Von *Vaux-et-Chantegrue* über *Malpas* und dann kurvt man auf schmalster Straße durch wunderschönen Wald nach **Les Grangettes** (vgl. dort), dabei Blick über das alte Weideland zum Lac de St-Point.

Skizirkus mit Folgen: Mont-d'Or

Mont d' Or (1463 m), der Berg, der dem Rohmilchvacherin seinen Namen gegeben hat, ist nur eine kleine Erhebung auf einem langen Kamm, der über 200 Meter tief lotrecht zur Schweiz hin abfällt.

Anfahrt: 1.5 km ab Rochejean; 4 km ab Métabief - auf der Almstraße D 450 den Hang hinauf bis zu einem Parkplatz, von hier aus sind es noch 10 Minuten zu Fuß. Vom Gipfel des Mont-d' Or führen aussichtsreiche Kammwanderwege nach Süden und Norden. Zum *Morond* (1419 m) – mit Seilbahn – sind es nur ca. 30 Minuten.

- Unmittelbar vor dem Parkplatz zweigt das Gipfelsträßchen nach rechts zur Alm *Petite Echelle* (ca. 6 km) ab. Nach 4 km geht's wieder rechts zum Berggasthaus *La Boissaude*, das auch direkt von Rochejean (6 km) zu erreichen ist. Auf 1229 m werden in der Holzstube der ehemaligen Ferme sehr gute Mahlzeiten serviert: Käse- und Wurstgerichte, Fondue ab zwei Personen und ein kleines Menu (Tel. 03.81.49.90.72, Fax 03.81.49.93.45). Die Strasse wird auch im Winter freigehalten, dann herrliche Loipen und Wandermöglichkeiten.

Um **Métabief** hat sich eines der beiden wichtigsten Wintersportzentren des französischen Jura etabliert. Leider sind die großen Appartementhäuser und die verstreuten Chalets nicht reizvoller als entsprechende Siedlungen in den französischen Alpen. Dafür ist das Angebot an Pisten und Liften am Mont d'Or für ein Mittelgebirge beachtlich. Vom Gipfel des Mont d'Or bietet sich zudem eine grandiose Panoramasicht auf die Zentralalpen. An Spätherbsttagen reicht der Blick bis zum Säntis im Osten und zum Montblanc im Südwesten. Neuerdings gibt es hier auch einen Hochseilgarten mit Seilrutsche und Baumwipfel: Les Arbonautes. Tel. 03.81.49.20.14. www.metabiefaventure.com.

Métabief – *Fromagerie Sancey-Richard*: Die Familie Sancey-Richard macht einen vorzüglichen Comté, Morbier, Vacherin und einen ‚Montagnard' genannten Käse, der etwas weicher und deftiger ist als der Comté. Alle Käse dieser Fromagerie sind kräftig im Geschmack, fast rustikal, von altmodischer Intensität. Jeden Morgen um 9 Uhr kann man sich einer kostenlosen, einstündigen Führung durch Käserei und Lagerkeller mit Degustation der hauseigenen Produkte anschließen. Ladenöffnungszeiten: Mo bis Sa 9-12 und 15-18.30 Uhr, Sonn- und Feiertage 9-12 Uhr.

Die letzten Meter zur Quelle des Doubs

Auf den *Lac St-Point* folgt im Süden der kleine *Lac de Remoray-Boujeons.* Schönes belvédère an der Forststraße, die 100 m nach dem See rechts abgeht. Nun auf der D 437 dem mäandernden kleinen Fluß entlang bis Mouthe.

Endlich da: Der Weg zur Quelle, der *Source du Doubs*, führt von Mouthe zunächst an Skiliften und einem Campingplatz vorbei – aber nicht umkehren, es wird schon noch romantisch. Aus stark gefaltetem Jurakalk sprudelt eine kräftige Quelle in grüne Becken: der Doubs ist geboren. Etliche weiträumig verteilte Picknickmöbel laden zu längerem Aufenthalt. Exakt 937 Meter liegt die Quelle über dem Meer, am Abhang des Noirmont unweit der Schweizer Grenze. Und von der wird sich der Doubs die ersten hundert Kilometer seines Laufs nicht weiter als zehn Kilometer entfernen. Eigentlich ist es gar keine Quelle, sondern eine ‚resurgence' (also das Wiedererscheinen eines Wasserlaufs). Das Wasser kommt über die Grenze aus dem Schweizer Lac du Joux jenseits des Noirmont.

Le Grand Tétras - Mouthe. Mitten im Marktflecken *Mouthe* wartet ein nettes kleines Hotel auf Wintersportler und Sommerfrischler: Hôtel-Restaurant *Le Grand Tétras.* Das solide renovierte Haus mit dem ortsüblichen Dach aus Zinkblech firmierte früher einmal als Hôtel du Commerce, nun erweist es dem auch hier fast ausgestorbenen Auerhahn seine Reverenz. Die schönen alten Zimmer mit Cabinet du toilette (was ja nur lavabo und bidet bedeutet) zum Preis von FF 160, in welchen bereits der Handlungsreisende um die Jahrhundertwende abgestiegen sein mag, fielen einer sanften Renovierung zum Opfer (bitte keine Klagen, man hätte ja öfter hingehen können). Die schlichte Holzausstattung dieser Räume wurde offensichtlich nicht aus der Rustikalecke des nächsten bricomarché bezogen. Auch die Bar und der Salon im Erdgeschoß wurden wohltuend zurückhaltend renoviert. Die Küche bietet auf einer Schiefertafel etliche regionale Gerichte an – darunter auch das einfache Menu comtois. Der Betrieb gehört J.M. Tannières, der in Malbuisson ein feines Restaurant betreibt.

→ *Le Grand Tetras*, 25249 Mouthe, 1, rue de la Varée, Tel. 03.81.69.20.76, Fax 03.81.69.12.39. RT So-abend (außerhalb der Saison). **Preise**: günstig. – Gegenüber eine gute Fromagerie.

Mehr Bewegung

■ **Lohnende Radtour:** Die Strecke von *Morteau* über *Pontarlier* und weiter auf der D 437 nach Süden bis *Mouthe* eignet sich (in umgekehrter Richtung) sehr gut für eine lange Tagestour mit dem Rad: etwa 60 km, stets sanftes Gefälle. Ambitioniertere Fahrer können auch am gleichen Tag nach Mouthe zurückstrampeln. Am schönsten sind hier vielleicht die späteren Herbsttage. Dann begegnen einem kaum Autos auf den routes départementales. Nur einige Schweizer, welche die überlegene Qualität der Lebensmittel der Gegend (zum halben Preis ihrer eidgenössischen Pendants) zu schätzen wissen. Lausanne, Bern und Genf sind ja nur eine Stunde entfernt.

Streckenverlauf: Zunächst über die D 47 (3 km westlich von Morteau links von der D 437 abzweigend) durch das einsame Hochtal nach Pontarlier, südlich dann am westlichen Ufer der beiden Seen entlang (erst auf der D 129, dann D 46) nach Mouthe.

■ **Langlauf**: Im Winter sind die langen, schneereichen Hochtäler des hohen Jura ideal zum Langlauf. *Mouthe* ist neben *Les Rousses* (vgl. dort) das Zentrum der Langläufer. Besonders interessant sind die langen Strecken der ‚Grande Traversée du Jura', insgesamt 400 km gespurter Loipen. Auch eine Idee: Einige Tage Langlauf auf schneesicheren und langen Loipen, dazwischen Abfahrten auf den 15 km entfernten Pisten des Mont d'Or; gutes Essen und feine Weine. Zwei Stunden hinter der deutschen Grenze wartet eine untouristische, entspannte Alternative zum üblichen Wintersportzirkus.

Informationen (auch zu Langlaufkursen) beim *Accueil Montagnard, centre-école de ski de fond* in **Chapelle-de-Bois**, 25240 Mouthe. Tel. 03.81.69.26.19. Weitere Infos zu Langlaufmöglichkeiten im Jura siehe auch unter ‚Praktische Informationen – Sport'.

Stille Täler und Flüsse westlich Pontarlier

Das Tal des Dessoubre

Die Täler von *Dessoubre* und *Loue* gehören zu den schönsten Landschaften Frankreichs. Intakte Idyllen. Im Folgenden werden diese stillen Täler jeweils von der Quelle aus flußabwärts beschrieben. Die Quelle der Dessoubre liegt knapp 20 km nördlich von Morteau (Karte 3), die Quelle der Loue etwa 20 km nördlich von Pontarlier (Karte 4).

Das Tal des gut 30 km langen Dessoubre beginnt mit dem nördlichsten der berühmten **Cirques des Jura**: der *Cirque de Consolation* ist der ypsilon-förmige Talschluß des Dessoubre, überragt vom grandiosen Belvédère de la Roche du Prêtre. Unten, auf dem Boden des Talkessels, entspringt der Dessoubre mit einem Wasserfall aus der Felswand, während der Lancot aus einer Grotte hervortritt.

Am Zusammenfluß der beiden Wildbäche liegt in völliger Einsamkeit die Wallfahrtskirche *Nôtre-Dame-de-Consolation*: ein kunsthistorisch wenig bedeutender Barockbau mit den Gebäuden eines früheren Priesterseminars. Der Park der Anlage hat noch viel von einem englischen Landschaftsgarten des 18. Jahrhunderts. Mächtige Bäume wechseln mit Lichtungen, die den Blick auf die Felsen freigeben. Echte und von Menschenhand geschaffene Grotten, Kaskaden, die Quellen der beiden Bäche erscheinen vor allem im Morgenlicht und bei leichtem Nebel wie eine Szene aus der Romantik.

Grandiose Aussicht: 350 Meter über dieser waldgrünen Traumwelt erhebt sich der *Roche du Prêtre*, einer der schönsten Aussichtspunkte des Jura. Von der gleichförmigen Weidelandschaft der Plateaux geht der Blick über bizarre Felsformationen und steile Hänge in den abgrundtiefen Cirque hinunter. Oft kreisen Bussarde, kein Auto ist zu hören, kein Kiosk – also braucht es auch keine Naturschutzstation. Außerhalb der kurzen Sommersaison herrscht hier keinerlei Betrieb.

Anfahrt: Zum *Roche du Prêtre* kommt man von Morteau aus über die D 437; bei les Fins links ab auf die D 461, dann nach etwa 8 km rechts abbiegen.

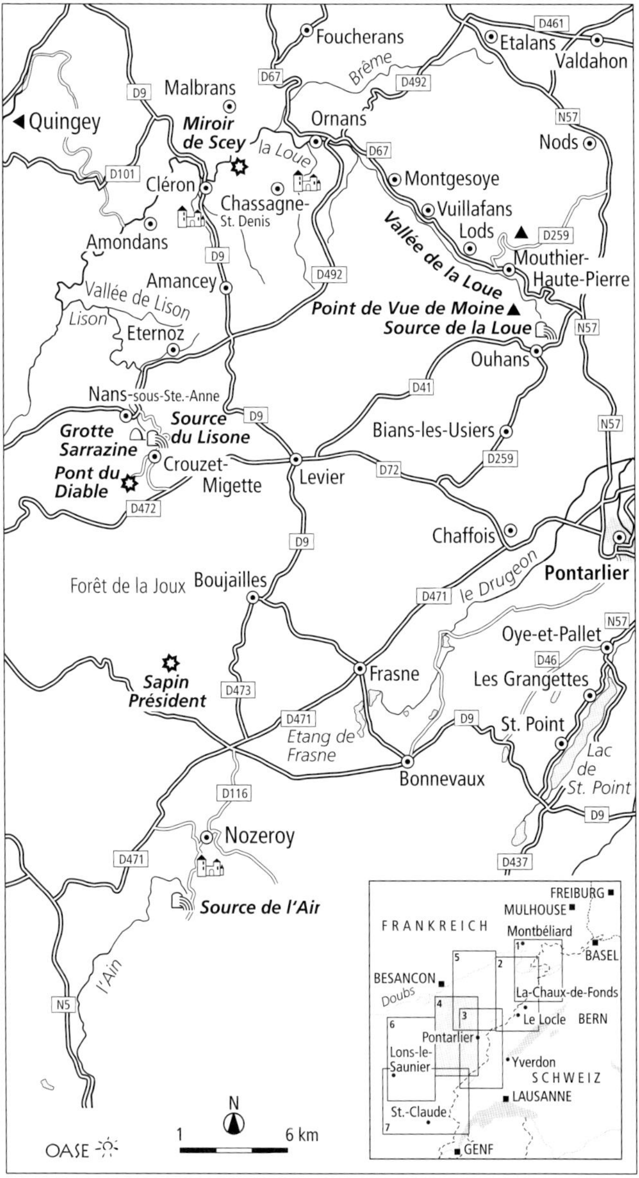

Karte 4: Stille Täler und Flüsse westlich Pontarlier

Waschhaus in Mouthier-Hautepierre

Kirsch de la Marsotte, dessen Konzentration (50 % !) sich in den Aromen, nicht aber im Alkohol bemerkbar macht. Ein Elixier, von dem einige Tropfen die Produzenten und Konsumenten von mittlerweile nur noch 40-prozentigem Dünnkirsch lehren könnten, wie weit sie heruntergekommen sind.

Die Perfektion hat freilich ihren Preis. Und der ist nach zwei frostgeschädigten Jahren nochmals gestiegen: 25 € für den halben Liter, falls man überhaupt noch irgendwo eine Flasche bekommt. Und das ist so ein Problem. Kleine Schilder weisen im Ort zur Cooperative. Dort, am Ortsausgang Richtung Pontarlier rechts, im Untergeschoß eines alten Hauses findet sich nichts, was auf ein reguläres Geschäftsleben hindeutet. Dafür ein Zettel, der zur Bar im Ort verweist. Ja, eigentlich habe man da etwas, aber im Moment sei er leider aus. Ebenso woanders im Tal, beim (sehr guten) Bäcker in Mouthier oder im Kramladen in Vuillafans, da war alles ausverkauft. Bleiben die Frauen von Cleron oder das Warten auf frostfreie Blüten. Ähnliche Erfahrungen hat auch ein Leser gemacht: „Beim Bäcker ist es beim Kampf um die letzte Flasche Kirsch fast zu Handgreiflichkeiten gekommen. Dann stellte sich aber heraus, daß es im Restaurant neben der Kirche noch genügend Vorräte gab. Preis 30 €/Liter, aber es lohnt sich.“

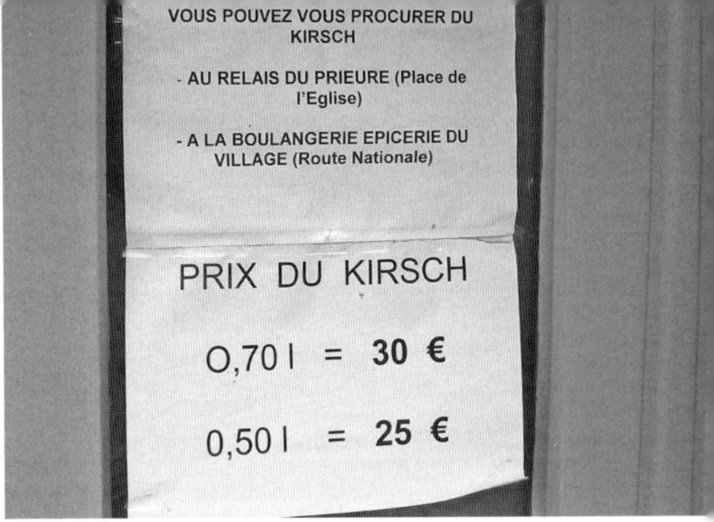

Die Perfektion hat ihren Preis

Eine andere Variante dieser unendlichen Geschichte geht so: Am Untergeschoß des alten Hauses hängt ein neuer Zettel, der neben der Bar und dem Bäcker auch auf ein Haus im Ort, die Villa Bellevue verweist. Gerade als man sich die Adresse notiert hat, kommt ein älterer Marokkaner und erkundigt sich nach den Wünschen. „Ja, es gebe noch etwas Kirsch". Zwar nur in der 0.5 l-Flasche, die mit 25 € einen neuen Preisrekord geschafft hat, eine Quittung gibt es nicht, oder doch, aber nur am nächsten Tag bei der Frau des Marokkaners. Aber wer wird sich mit solchen Banalitäten aufhalten.

‚Marsotte' ist übrigens der Name einer alten, spät reifenden Kirsche, die dem Zaubertrank seine Kraft gibt.

- In **Mouthier-Hautepierre**, am Ortsrand in Richtung Ornans mit zauberhafter Aussicht ins Tal: Hotel *La Cascade****, in einem Siebziger-Jahre-Bau. Die üppige regionale Küche, über der seit kurzem auch ein Bib des Michelin strahlt, ist ideal nach Radtouren und Wanderungen. Gutes Frühstück mit selbstgekochter Marmelade.

→ *La Cascade*, 25920 Mouthier-Hautpierre, Route des Gorges de Noailles. Tel. 03.81.60.95.30, Fax: 03.81.60.94.55. hotellacascade@wanadoo.fr. Ferien Mitte Nov. bis Anfang März. **Preise**: günstig-mittel. Nur für Nichtraucher.

Mouthier-Hautepierre – Im Oberdorf (links von der Straße nach Hautepierre-le-Châtelet, ausgeschildert) ein **Traummetzger**: *J.-M. Villain* hat den besten Schinken vom Bock, wunderbares Fleisch und Wurst nach Art der Morteau (weil Mouthier außerhalb des AOC-Gebiets liegt, darf sie sich nicht so nennen). Dazu Comté von einem kleinen Affineur in Ornans. Das Ganze seit Generationen im Familienbesitz. Kein Luxusetablissement, das in der ganzen Region bekannt ist, nur ein Dorfmetzger...

Loue abwärts bis Ornans

Traumblicke in alle Richtungen: In Mouthier sollte man der kleinen D 244 nach Norden bis *Hautepierre-le-Châtelet* folgen. Am Eingang des kleinen Ortes mit seinen behäbigen Jurahöfen führt ein breiter Wanderweg in einer Viertelstunde zum *Point de vue de la Roche de Hautepierre*. In 882 m Höhe und 450 m über dem Tal öffnet sich ein Panorama weit über den Jura hin. Im Frühjahr leuchtet im Louetal das Weiß der Kirschblüten, während die Kämme der hohen Juraberge noch schneebedeckt sind. Im Herbst wird das Kuhglockenorchester von den Schüssen der Treibjäger gestört. An vielen Tagen sind im Süden hinter dem Mont d 'Or sogar die Kamelbuckel des Mont-Blanc zu erkennen.

Dann ab Mouthier weiter auf der D 67 loueabwärts: Über *Lods* (sprich: Loo) und *Vuillafans*, beide etwas kleiner als Mouthier aber ebenso reizvoll mit ihren Kalksteinhäusern und engen Gassen, kommt man nach *Ornans*. Vuillafans beeindruckt mit seiner Bogenbrücke gegenüber der Kirche und den alten Wasserrädern. Von hier führt eine gut ausgebaute, beeindruckende Straße in vielen Serpentinen hinauf aufs Plateau nach *Lavans*. In den steilen Talhängen fallen neu angelegte handtuchgroße Rebflächen auf. Neu sind nur die Reben, nicht die Weinkultur. Um die Wende zum 20. Jahrhundert gab es

Bogenbrücke in Vuillafans

an der Loue über 1000 ha Reben, nach der Reblaus hatte man neu gepflanzt. Auf alten Photos sind alle Südhänge von Wein bestanden. Das Aus kam dann mit dem Ersten Weltkrieg, in dem die Männer gefallen sind – und mit der Eisenbahn, die spottbilligen Wein aus dem Languedoc brachte.

In den neunziger Jahren hat sich eine Gruppe von Wein- und Kulturfreunden unter dem Namen RURANIM zusammengetan, um den Weinbau wiederzubeleben. Nach vier Jahren, in denen es hauptsächlich um bürokratische Hindernisse ging, wurden 6,5 ha *Chardonnay, Auxerrois, Pinot Noir, Gamay* und *Trousseau* gepflanzt, 1994 wurde schließlich die erste Ernte eingebracht und mittlerweile stellt der Weinbau an der Loue nicht nur eine Bereicherung des Landschaftsbildes dar. Der Chardonnay ist fruchtig-klar, die rote Assemblage ein schöner Begleiter beim Pique-nique. Der Marc ist weniger zu empfehlen.

- **Freundliche Weindegustation** in der Ortsmitte von *Vuillafans* (19, rue de Besançon, Schilder nicht zu übersehen) samstags und in der Ferienzeit täglich, sonst Tel. 03.81.60.97.35.69.

- In **Lods** an der Départementale die einfache *Truite d'Or***, ein solider Landgasthof (11 Zimmer) in einem rustikalen Natursteinhaus, dessen Stärke sein Name bereits andeutet: es gibt die Fische aus dem Bergwasser, das unter dem Haus durchrauscht.

→ *Truite d'Or*, 25930 Lods, 40, route de Besançon, Tel. 03.81.60.95.48, Fax 03.81.60.95.73. Von Mitte Dezember bis Ende Januar geschlossen. **Preise**: mittel.

Langgestreckt an der Loue gelegen: Ornans

Ornans

Ornans ist eines der schönsten kleinen Jurastädtchen, langgestreckt an der Loue gelegen. Es besitzt viele hôtels, Bürgerhäuser und kleine Adelssitze des 15.-18. Jahrhunderts. Wieviele jurassische Städte hatte auch Ornans im Mittelalter eine Magistratsverfassung, die eine weitgehende Unabhängigkeit garantierte. *Gustave Courbet,* einer der bedeutendsten französischen Maler des 19. Jahrhunderts, Begründer des französischen Realismus, wurde 1819 in Ornans geboren. Zeitlebens blieb er auch in der Motivauswahl seiner Heimat verbunden. 1871 schloß sich der sozial engagierte Courbet dem Aufstand der Pariser Commune an. Nach deren Zusammenbruch wurde er in einem Racheprozeß für den Sturz der Vendôme-Säule verantwortlich gemacht und zu sechs Monaten Gefängnis sowie ruinösem Schadensersatz verurteilt. Courbet entzog sich dem Urteil im Schweizer Exil. 1877 starb er in Tour-de-Peilz nahe Vevey. Das Geburtshaus des Malers, ein typisches Kalksteinhaus des 18. Jahrhunderts, klar in Farbe und Proportion, ist direkt über der Loue gelegen. Es beherbergt im Gegensatz zu vielen Heimatmuseen keine Reproduktionen, sondern eine

Anzahl bedeutender Originalgemälde, darunter das berühmte, im Gefängnis entstandene Selbstportrait, sowie zahlreiche Erinnerungsstücke und Dokumente, welche ein plastisches Bild der Erfolge und Wirrungen im Leben Courbets ergeben. Der Besuch ist sehr lohnend.

- **Musée Courbet**, geöffnet von 10-12 und 14-18 Uhr, außer 1.1.,1.5., 1.11. und 25.12. Tel. 03.81.62.23.30. Lage: Vom Zentrum aus über die alte Steinbrücke (Grand Pont), dann 50 Meter links.

Die beste Aussicht auf Ornans bietet sich von der Festung, die den Ort überragt (Point de vue du Château, gut 2 km über eine steile Straße). Von der alten Steinbrücke über die Loue, dem *Grand Pont*, bietet sich ein weiter Blick auf die vielfach gestaffelten Rückseiten der alten Häuser, die sich im Fluß spiegeln. Hinter einigen von ihnen rosten mächtige alte Wasserräder, Relikte früher Industrialisierung. Im Wasser unter den Brückenbögen stehen die Forellen. An Sommerabenden ist die Szenerie – wie so oft in Frankreich – effektvoll ausgeleuchtet. Auch die beiden anderen Brücken über den Fluß sind pittoresk. Von der flußabwärts gelegenen hat man einen schönen Blick auf den *Miroir de la Loue*, eine Flußpassage mit fast stehendem Wasser und faszinierenden Spiegelungen von Kirche, Häusern und Felsen. Das Wasser des Flusses ist sauber und im Sommer so ruhig, daß man hier auch mit Kindern gut Ferien machen kann. Zudem ist die Loue ein reizvolles Ziel auch für weniger geübte Bootsfahrer, da sie fast auf ganzer Länge zu befahren ist – bei höchst abwechslungsreichem Verlauf durch eine intakte Landschaft mit wenigen Stromschnellen.

- **Bootsfahrten**: In Ornans die Bootsvermietung SYRATU (hierauch geführte Touren), Tel. 03.81.57.10.82. **Achtung**: Wegen des Fischschutzes ist vom 10.4.-10.5. und an jedem Dienstag Bootfahren verboten!

Logieren und Einkaufen

- An der Hauptstraße in Höhe des Grand Pont fällt die klar gezeichnete Kalksteinfassade des *Hotel de France**** gleich ins Auge. Die Struktur des alten Postgasthofs ist noch gut zu

Ehemaliger Postgasthof: Hotel de France, Ornans

erkennen: Tordurchfahrt, alte Stallungen beidseits und hinten eine große Remise, deren Dach als Sonnenterrasse genutzt wird. Noch weiter hinten ein steil ansteigender verwilderter Garten, von hier aus sind die in Braun- und Rottönen changierenden Biberschwanzfelder der Dächer zu sehen. Über allem wacht von der felsigen Kante des Tales eine Madonna in blauem Mantel. Die Zimmer sind ordentlich. Der Charme des Gebäudes ist im Innern allerdings durch Kompromisse bei der Ausstattung etwas beeinträchtigt. Im Restaurant des Hauses wird eine solide, regional orientierte, eher traditionelle Küche geboten. Wie oft in einfacheren Häusern, sind die mittleren Menüs eine gute Wahl. So etwa eine Wirsingroulade mit saucisse de Morteau, dann eine Entenkeule in Estragon, regionaler Käse und ein Schokoladenkuchen mit crème anglaise. Das große Menu ist gut, aber damit sind wir schon in einer Preisklasse, in der andere Küchen einfach besser sind.

→ *Hotel de France*, 25290 Ornans, 51-53, rue Pierre Vernier, Tel. 03.81.62.24.44, Fax: 03.81.62.12.03 www.hoteldefrance@europost.org. Geschlossen vom 3.-16.11 und 22.12.-11.1. RT: Fr-abend, Samittag, So-abend 17.11.-12.4. und Mo-mittag. **Preise**: Im Restaurant mittel-gehoben; im Hotel mittleres Preisniveau.

Zum Frühstück wird im Hotel nur Marmelade und Honig aus dem Portionsbecher serviert, daher einfach ein paar Häuser weiter gehen, zum: *Patissier Ch. Fleury*, *Au Val de La Loue,* 20, Place Courbet: duftende Brioches und Croissants, zartblättrig und fettarm (es geht also doch!). Mit einem Kaffee setzt man sich auf die bedachte Terrasse des *Café de Pêcheur* gegenüber und beobachtet das Treiben um den Brunnen an der Place Courbet. Der kleine Brunnen vor dem Café ist vom Meister selbst entworfen. So macht das Frühstück mehr Spaß als im Hotel. Bei Fleury gibt es auch feine Patisserie-Teilchen zu fairen Preisen. Jeden dritten Dienstagmorgen im Monat findet auf dem Platz ein guter Markt statt.

- In der rue Pierre Vernier 21 der **Metzger** *Jacky Pernet.* Gutes Fleisch und Geflügel, feine ‚terrine de vollaile' mit opulenter Kastanieneinlage, aber das feinste ist seine ‚saucisse aux trompêtes (de morts)' neuerdings geadelt als ‚La Ornanaise', eine Jurawurst aus bestem Fleisch, schwarz-gesprenkelt von den würzigen kleinen Pilzen, deren wenig vertrauenerweckender Name den Kreis der Liebhaber kleinhält. Im Unterschied zu vielen Trüffelwürsten schmeckt man die feinen Pilze auch ohne Phantasie.

- Daneben der **Gemüse- und Käseladen** *Au Marché Comtois.* Kleines grundsolides Angebot, feine Comtés (von der Cooperative in Mouthier), ein regionaler Rohmilchweichkäse und die traditionellen Limonaden aus Morteau.

- Zwischen der Place Courbet und der Mairie das Restaurant *Le Courbet.* Wir hatten schon bei einer der (wenigen) großen Adressen der Region reserviert, da sagte uns der Junge in der Ferme-Auberge: „Wenn Sie ganz gut essen wollen, gehen Sie ins Courbet, das gleiche sagte man uns beim Winzer und beim Bäcker. Der Metzger meinte: „Im .... ist es sehr gut, aber wenn Sie gut und nur halb so teuer essen möchten, dann gehen Sie ins Courbet. Also den Tisch abbestellt und auf ins Courbet. In der Tat bekamen wir eben noch den letzten freien Platz. Gepflegtes Provinzcadre, Tische über der Loue, mit Blick auf das Musée Courbet. Das Menu begann mit einer feinen Crustacées-Suppe mit Karottenflan und einer saftigen Hasenterrine – dazu ein sehr gutes Brot! Dann wurde es bescheidener: Wildschwein in Senfsauce, schlicht-rechtschaffen,

Sahnesaucen nach Schweizer Art. Die Desserts ok. Kleine Weinkarte mit etlichen halben Flaschen. Dafür wird die Luft mit fortschreitendem Abend immer dicker, dank hemmungslos qualmender Gäste und fehlender Lüftung. Keine Entdeckung also, aber grundsolide Standardküche ohne besondere Originalität.

→ *Le Courbet*, 34, rue Pierre Vernier. Tel. 03.81.62.10.15. Geschlossen 17.2.-14.3. RT: So-abend (Nov-März), Mo-abend (außer Juli/August) und Di. **Preise**: mittel.

- Direkt neben dem Rathaus, am Ufer der Loue das Gasthaus *Le Chavot*. Lassen Sie sich nicht vom Pizzeria-Schild abschrecken! Es wird hier gut gekocht, auch der offene Wein schmeckt recht ordentlich – und draußen wird auf einer schmalen Terrasse direkt über der Loue serviert.

→ *Le Chavot*, 22, rue Pierre Vernier, Tel. 03.81.62.25.23. RT: Mi und So-mittag. **Preise**: niedrig-mittel.

- Eine sehr gute **Käserei**: *Fromagerie Georges Grillot*, 27, Av. de Lattre de Tassigny (Tel. 03.81.62.20.24).

- **Camping**: Am Ortsrand von Ornans in Richtung Besançon liegt am linken Ufer der Loue ein gepflegter kleinerer Campingplatz: *Le Chanet****, 95 Plätze (sehr freundlicher Pächter!). Vom 1. März. bis 15. November. Tel. 03.81.62.23.44, Fax 03.81.62.13.97.

Im kleinen Dorf **Chantrans**, 9 km auf der D 492 nach Süden, verkauft die Käserei *Monnin* seit über 30 Jahren: Wunderbaren Comté mit feinen Pilz- und Nußaromen, Morbier und Raclette. Samstagabends gegen 6 Uhr stehen fünf Leute, alle offensichtlich aus dem ländlichen Raum, Schlange. Es geht nicht schnell, da ein alter Mann 8 Kilo Käse in 7 Stücken ersteht, wobei auch ein paar wichtige Nachrichten ausgetauscht werden. Den Käse kann sich jeder leisten: 8.60 € für das Kilo, die Hälfte mehr als für Plastikkäse der Aldiklasse, halb soviel wie all die Pseudospezialitäten aus Sterilmilch, die die Ramschläger der Käsetheken europaweit füllen. Täglich (!) von 8 bis 12 und 15 bis 19 Uhr.

NB: Es kann nur schlimmer werden. Bei einem Besuch in Kopenhagen in einem herrlichen Käseladen mit perfekt gereiften französischen und italienischen Rohmilchkäsen fragt man nach den heimischen Pendants, bedauerndes Kopfschütteln, die gibt es nämlich per legem nicht im Staate Dänemark (damit hier nichts faul wird?!). Die dänische Milchwirtschaft ist komplett industrialisiert, sie weiß sich die Konkurrenz vom Leibe zu halten.

- Rechts in der Dorfmitte (von Ornans kommend) altes Schild ‚Fruitière de Chantrans', keine Erwähnung des Namens Monnin!

Wer noch mehr zum Thema Käse erfahren möchte, für den ist das *Fromagerie-Musée* von **Trépot** die richtige Adresse. In der 1818 gegründeten Dorfkäserei werden Gerätschaften und Techniken zur Käseherstellung gezeigt. Vom 1.7. bis 15.9. täglich von 14-18 Uhr geöffnet, im Juni nur sonntags, Tel. 03.81.86.74.67.

- In der Umgebung von Ornans, dem *pays de Courbet*, sind an den Plätzen, wo der Meister gemalt hat, Staffeleien mit Reproduktionen seiner Gemälde aufgestellt. Texte auf Paletten geben (auch in Deutsch) Auskunft über die Werkgeschichte und den Verbleib der Bilder.

Abstecher ab Ornans

Viele kleine Seitentäler gehen von der Loue ab. Alle sind hübsch, besonders reizvoll ist das *Brême-Tal*, das auch unter dem Namen ‚Ravin du puits noir' bekannt ist. Das Tal ist ideal für eine kleine Radtour – die im folgenden beschrieben wird.

Streckenverlauf: Der erste Teil folgt dem Tal der Loue bis Cléron (vgl. dort) von dort hinauf nach *Malbrans* (D 260), weiter durch den Wald bis zur D 67 (Besançon-Ornans). An der Einmündung die aus dem frühen 19. Jahrhundert stammenden Gebäude einer Ziegelei *(Les combes de Punay)*. Bald nach links, weg von der großen Straße nun wieder auf der kleinen D 280, schließlich links ab zur *Grotte de la plaisir fontaine* (zuletzt noch 1/4 h zu Fuß). Hier tritt das Flüsschen Brême in einer mächtigen Höhle als Resurgence, ähnlich der Loue, zu Tage. Nicht nur Kinder werden bei der Vorstellung, die Kuhlen im Boden der Höhle seien die Lager der Höhlenbären, gelegentlich einen Blick über die Schulter werfen. Ansonsten wirkt die Landschaft liebenswürdig, fast bukolisch. Courbet hat in diesem Tal einige seiner schönsten Bilder gemalt. Kurz nach der Abzweigung zur Höhle kommt man zur *Moulin du Prieuré*. An Stelle einer alten Mühle ein eher schlichtes Hotel mit ambitionierter Küche.

Jetzt steigt die Straße recht steil an hinauf nach *Bonnevaux-le-Prieuré*, von dort über die weite Hochebene nach Charbonnières-les-Sapins, hier rechts bis zur D492. In rasanter Talfahrt mit sehr schönen Ausblicken wieder hinunter nach Ornans. Dem Ausbau des TGV-Netzes steht in Frankreich eine fortschreitende Stillegung von Lokalbahnen entgegen. So fuhr unlängst auch auf der Linie Hôpital-du-Grosbois (an der Strecke Besançon-Pontarlier) nach Ornans der letzte Zug. Die Schienen wurden abgebaut, aber es blieb die schöne 10km lange Trasse mit ihren Brücken und Tunnels zum Wandern und Radfahren. Während die oben beschriebene Radtour im Brême-Tal auch gut mit dem Rennrad zu fahren ist, braucht man auf dieser Strecke wegen des groben Schotters unbedingt ein Mountainbike.

- **Angaben zur Radtour im Brême-Tal:** 40 km, etwa 600 Meter Anstieg. Dauer: 3 bis 4 Stunden; Beginn und Ende in Ornans.
- Mountainbike-Verleih in Ornans: SYRATU (s. S. 70) oder bei VELOCOTE (Tel. 03.81.57.18.08).75

Zur Brême-Quelle

Die Brême ist die Resurgence eines unterirdischen Wasserlaufs, der 15 km entfernt den *Gouffre de Poudrey* durchströmt. Ein ‚gouffre' ist ein Einbruchstrichter, der eine Höhle senkrecht mit der Außenwelt verbindet. Der Gouffre de Poudrey ist die einzige geologische Formation dieser Art, die im Jura für Besucher zugänglich ist. Man erreicht ihn von Ornans aus über die D 492 (bis zur N 57, dann noch etwa 1 km Richtung Besançon). Vom mageren Weideland des Plateaus steigt man in eine gigantische Höhle von etwa 200 Metern Durchmesser hinab, deren Decke völlig glatt ist, von deren Boden sich dagegen weiße und blaue Stalagmiten erheben.

- **Höhlenführung** mit dramatischem, urfranzösischem ‚son et lumière'-Spektakel: vor- und nachmittags von Anfang März bis Mitte November, Dauer jeweils eine Stunde. Im März, April, Oktober und November mittwochs geschlossen. Tel. 03.81.59.22.57.

Südlich Besançon

Zwischen Ornans und Quingey

Das Tal der Loue wird westlich von **Ornans** noch heiterer, fast lieblich. Den vielen Mäandern des Flusses bis *Quingey* folgt die Straße nur zum Teil. An einer Stelle kommt die Loue dem Doubs bis auf wenige Kilometer nahe, erreichen wird sie ihn jedoch erst nach 50 Kilometern. Aber der Reihe nach: nahe der D 101, ein paar Kilometer westlich von Ornans, verbreitert sich die Loue in einer Biegung. Das langsam fließende Wasser wirkt bläulich: das ist der *Miroir de Scey.*

Die Ruinen des *Châtel-St-Denis* spiegeln sich im Wasser, das von alten Trauerweiden beschattet wird. Damit die Szenerie mit Muße genossen werden kann, wurden ein paar solide Tische und Bänke auf die Wiese gestellt. Beim Picknick, das sich leicht zum Freiluftdîner ausweiten kann, sind diese wirklich nützlich. Auch Schwimmen kann man hier wunderbar. Natürlich auch Angeln, was zumindest jeder Franzose sofort verstehen wird, zumal die Loue und ihre kleinen Zuflüsse zu den besten Fischgewässern Mitteleuropas zählen. Das Châtel-St-Denis, eine malerisch verfallene Burgruine, ist über ein winziges Sträßchen erreichbar, das etwa einen Kilometer vor dem Miroir links abzweigt. Nach einem weiteren Kilometer läßt man das Auto besser stehen und geht noch 1/4 h zu Fuß.

- **Informationen zum Fischen** beim nächsten Office du Tourism ein Ornans, rue P. Vernier (Hauptstraße), von April-September, Tel. 03.81.62.21.50.

Wie im Bilderbuch über einer Biegung der Loue liegt zwei Kilometer südwestlich von **Scey** das *Château von Cléron,* eine im 19. Jahrhundert renovierte spätmittelalterliche Burg mit Park. Leider ist nur der kleine Park zu besichtigen (vom 10.7. bis 20.8., von 14.30-18.30 Uhr).

Neben dem Schloß der Laden der Damen von *Cléron Accueil.* Hier gibt es – wie immer häufiger üblich in Informationsstellen kleiner französischer Orte – nicht nur Infos, sondern auch noch Regionalprodukte. Hier wird z.B. der Kirsch de la

Marsotte zu relativ günstigem Preis verkauft, außerdem feiner selbstgebackener Kuchen.

Lauter Belvédères: Auf der D 103 über **Amondans**, einem Dorf mit schönen Bauernhöfen und einer Käserei (11-12 Uhr und 17-19 Uhr) nach **Lizine**. Zwischen beiden Orten das *Belvédère de Gouille Noire:* in der Tiefe ein Seitental der Loue mit zwei Felsnasen. In Lizine rechts auf die D 135.

Kurz nachdem Dorf noch zwei wunderschöne Aussichtspunkte: Rechts (5 min zu Fuß) das B*elvédère de la Piquette* hoch über der in einem fast unbewohnten Tal hinfließenden Loue. Links direkt an der Straße das *Belvédère du Moulin Sapin* mit Blick auf die baumbestandenen Mäander des Lison. Nach einigen Kilometern kommt die Mündung des Lison in die Loue, die nun unter Felsbändern dahinzieht.

- Über die Brücke nach **Rurey**, hier wieder eine *Cooperative laitière* mit gutem Comté (8-12 Uhr und 17-19 Uhr).

Hotel Truite de la Loue, Quingey

Quingey und Port-Lesney

Beides hübsche, verschlafene Orte mit etwas Sommerfrische-Charakter, über die N 83 Besançon-Arbois schnell zu erreichen. Man würde sich hier nicht wundern, wenn typisch französische Ikonen wie M. Hulot mit Gummistiefeln und Angel aus einem alten Citroen steigen würden.

Mit Blick vom Speisesaal auf die Loue das kleine Hotel/Restaurant *Truite de la Loue*** Ein typisches Logis de France mit 10 Zimmern und einem ordentlichen Restaurant für einen ruhigen Abend in der Provinz – natürlich viele Forellengerichte!

→ *Truite de la Loue*, 25440 Quingey, 2 route de Lyon. Tel. 03.81.63.60.14, Fax: 03.81.63.84.77. Ferien im Januar. RT: So-abend, Mo (Oktober bis April). **Preise**: günstig-mittel.

Lesertipp: Seit die N 83 nicht mehr mitten durch **Quingey** führt, sondern außen herum, ist auch der direkt an der Loue gelegene (neben dem Hotel de la Loue) Campingplatz *Les Promenades**** sehr zu empfehlen (61 Plätze, Tel./Fax: 03.81.63.74.01. 1.5.-31.9. geöffnet).

Luxusnest in der Provinz – Château de Germigney, Port-Lesney

Château de Germigney** - Port-Lesney.** Gut 10 km südlich von Quingey hat ein Schweizer Architekt, M. Schön, das Schloß des Marquis de Germigney mit viel Liebe und Geld in ein kleines Luxushotel verwandelt: Das Hôtel *Château de Germigney* macht seinem Namen Ehre. Der drei Hektar große Park mit reichem altem, mistelbehangenem Baumbestand reicht bis ans Ufer der Loue, dort eine kleine Flußinsel. Im Château sorgen schöne Stoffe, alte Böden, viel Naturstein und geschickte Illumination für eine heiter ländliche Atmosphäre in den Salons, den 17 Zimmern und drei Suiten. Rasch wurde das Haus nun auch Mitglied der Luxus-Hotelkette ‚Relais et Châteaux'. Eine Terrasse lädt zum feinen Frühstück und auch zum großen Essen. Die Küche, regional-raffiniert, aber auch mit provenzalischen Akzenten, und die Weinkarte entsprechen dem Ambiente. Eine so sublime Melange von Raffinesse und ländlicher Eleganz findet sich im Jura nicht noch einmal. Dabei ist das ganze durchaus ländlich, ein integraler Bestandteil des Dorfes, der Park öffnet sich zu den Bauernhäusern. Das Essen hat sich unter Pierre Basso-Moro die letzten Jahre weiter verfeinert ohne verschnörkelt zu werden. Nicht umsonst wurde der Koch 2004 vom Gault-

Château de Germigney, Port-Lesney

Millau als einer der ‚chefs regionaux' ausgezeichnet. Zum Stil gehört auch eine sichere Auswahl der Besten Weine des Jura und feiner Winzer aus Burgund, von der Rhône, aus dem Languedoc und dem Bordelais. Bemerkenswerte Auswahl an halben Flaschen zu sehr anständigen Preisen. Dazu eine große Auswahl an Digestifs, die (wie inzwischen mehr und mehr üblich) auch in großzügig bemessenen halben Portionen (2 cl statt 4 cl) serviert werden – ein ebenso faires wie notwendiges Entgegenkommen. Menus unter der Woche zu 25.-, sonst ab 35 €. Dafür gibt es drei Gänge mit großer Auswahl. Sehr freundlicher Service.

→ Hotel/Rest. *Château de Germigney*, Rue Edgar Faure. 39600 Port-Lesney. Geschlossen im Januar und Februar, RT: Di. Tel. 03.84.73.85.85, Fax: 03.84.73.88.88. www.chateaudegermigney.com. **Preise**: hoch (17 Zimmer von 110-275 €, 3 Suiten 310 €, Halbpension ohne Zimmerpreis 75 €).

- Seit kurzem hat M. Schön vom Château de Germigney in der ehemaligen Dorfkneipe von Port-Lesney ein *Bistrôt* eröffnet, das nach Meinung des caviste in Arbois sehr gut sein soll. Der Mann hat recht. Gleich an der alten Eisenbogenbrücke über die Loue gibt es die Herrlichkeiten der einfachen Küche

Bistrôt de Port-Lesney, ‚le Pontarlier'

in reizvoll-ländlicher Umgebung (schattige Terrasse, Bistro-Bar, rückwärtig ein kleiner Speisesaal), paté maison und croute aux morilles, daube und truite meunière, natürlich auch die unvermeidlichen Froschschenkel. Hier gibt man ehrlich zu, daß sie inzwischen aus der Türkei kommen. Alles kostet so zwischen fünf und 14 € (Menu express 12,50 €) und schmeckt wunderbar – und die Atmosphäre stimmt.

→ *Bistrôt de Port Lesney,* 'le Pontarlier', bei der Brücke am Loueufer. Der Platz ist beliebt, an Wochenenden reservieren: Tel. 03.84.37.83.27. RT: Mo. **Preise**: günstig-mittel.

Baden, Schauen, Lesen: Unmittelbar beim Bistro, unterhalb der markanten Bogenbrücke eine Badestelle für die Dorfjugend, auch als Vesper-, Lese- oder Ruheplatz geeignet.

Chalet Bel Air - Mouchard.** Zwei Kilometer weiter nach Süden weisen Schilder an der N 83 auf das *Chalet Bel Air* hin. Auf den ersten Blick möchte man gleich weiterfahren: Ein schmuckloser Zweckbau der siebziger Jahre, braune Vorhänge im Speisesaal, Tristesse. Passend zur Hässlichkeit des Ortes (der wegen seiner geografischen Position neuerdings zur TGV-Station avancierte). Aber das wäre ein Fehler. Der

Chalet Bel Air, Mouchard

Anbau im Stil eines zu groß geratenen Chalets, ‚Rotisserie' genannt, bietet einen mächtigen offenen Kamin. Dieser wärmt nicht nur Herz und Rücken, sondern mit seiner Hilfe zaubert der Koch Köstlichkeiten der regionalen Küche mit feinen Aromen ohne jede Derbheit. Die Preise sind als Kampfansage an die Schnellgastronomie aufzufassen. Für 9.60 € gab es eine Wachtel mit Comté überkrusteten Polenta-Monden, genauso preiswürdig gegrillten Schinken mit Rotweinsauce, dazu Lauch in Comtécrème auf Gewürzbrot überbacken. Zuvor eine saftige ‚terrine de canard aux pistache' oder einen Salat mit reichlich lauwarmem ‚confit de canard'. Dessert und Weine ebenso gut wie günstig. Und siehe da, es funktioniert: An einem tristen Wintersamstag in der abgelegensten Provinz ist der Laden mittags rappelvoll .

Das Hotel hat noch ein feineres Restaurant, aber nicht umsonst ist immer die Rotisserie besser besucht.

→ *Chalet Bel Air*, Pl. Bel Air, 39330 Mouchard, 9 Zimmer. Tel. 03.84.37.80.34, Fax: 03.84.73.81.18. tourisme@waldamour.com Geschlossen 18.-26.6. und 9.11.-10.12. RT: So-abend, Mo-mittag, Mi (außerhalb der Schulferien). **Preise**: mittel. Lage: Am östlichen Ortsanfang rechts, von der N 83 auf die D 472 einbiegend.

Zur Loue-Mündung bei Dole

In ihrem Unterlauf windet sich die Loue langsam durch eine weltfern und einsam wirkende Ebene, um dann 10 km südlich von Dole endlich in den Doubs zu münden. Zwischen Port Lesney, Arc-et-Senans, Ounans und Mont-Vaudrey ziehen sich weltentrückte Flußlandschaften hin.

Am Rand dieser Ebene, südlich des riesigen Waldgebietes *Forêt de Chaux* liegt **Arc-et-Senans**. Ein idealtypisches Konzept einer Industrieanlage der Aufklärung, zwar nie völlig realisiert, aber durch seine periphere Lage unversehrt erhalten. 1773 wurde durch königlichen Erlaß beschlossen, hier eine Saline zu errichten. Die Ortswahl wurde bestimmt durch die Nähe zum Wald von Chaux, der das notwendige Brennholz für die Salzproduktion liefern sollte. Die Sole wurde in Holzrohren über 23 km aus Salins hergebracht. *Claude-Nicolas Ledoux* (1736-1806), geprägt von den Ideen der Aufklärung, entwarf eine Musterstadt, kreisförmig um die zentralen Salinenanlagen herum angeordnet, welche sich wiederum auf das Haus des Direktors orientierte, der in einem klassizistischen Palais logierte.

Für die Stadt waren neben Kirche und Markt auch öffentliche Bäder vorgesehen. Obwohl nur ein Halbkreis von den Gebäuden der Saline fertiggestellt wurde, findet man hier ein Ensemble, welches schöner und interessanter wirkt als viele bekannte Schlösser. Arc-et-Senans besticht noch heute auf den ersten Blick durch die graphische Strenge und die Klarheit der Ausführung seines Entwurfs, der stark palladianisch geprägt ist. In den vergangenen Jahren wurde die Anlage, die nach der Einstellung der Salzproduktion Ende des 19. Jahrhunderts gelitten hatte, perfekt restauriert. Inzwischen hat sie auch das UNESCO-Weltkulturerbe-Siegel erhalten und dem grenzenlosen Marketing stehts nicht mehr im Wege.

- **Die Saline ist ganzjährig geöffnet**: Oktober bis März: 10-12 und 14-17 Uhr, April bis Juni und September/Oktober: 9-12 und 14-18 Uhr, Juni/Juli: 9-19 Uhr; Führungen Ostern bis Mitte November, Tel. 03.81.57.46.11.

Chissey-sur-Loue

Vier Kilometer hinter Arc-et-Senans in Richtung Dole (D 7) liegt *Chissey-sur-Loue*, schon ein Ort der weiten Ebene zwischen Loue, Doubs und Saône. Die Kirche des ruhigen Dorfes ist die schönste gotische Landkirche im Jura, man betritt sie unter einem frühgotischen Tympanon. Sie ist dem heiligen Christophorus geweiht, der neben den Wanderern auch den Geisteskranken zur Seite stehen soll. Im Mittelalter entwickelte sich hier eine rege Wallfahrt, die von bösen Geistern, Fallsucht und ähnlichen Leiden Befallenen Hilfe bringen sollte. Damit der Gottesdienst ruhig verlaufen konnte, sperrte man die Kranken kurzerhand in das unterste Gelaß des Kirchturmes ein. Die Schlußsteine des Kirchenschiffes stellen groteske menschliche Köpfe dar. Sie tragen alle die übersteigerten Züge von Menschen mit den verschiedensten psychischen Erkrankungen. Die Wallfahrt brachte dem Ort wirtschaftlichen Aufschwung, seinen Einwohnern den Spitznamen ‚les baboons', die Affen.

- In **Mont-Vaudrey** an der D 469 Richtung Arbois das kleine Logis de France *L'Auberge Jurassienne*. Vormals eine gute Regionalküche zu sehr bescheidenem Preis. Nach einem Besitzerwechsel Neueröffnung im Herbst 2004. .

- **Camping**: In der ruhigen Auenlandschaft der unteren Loue liegt direkt am Flußufer bei **Ouhans** der Campingplatz *La Plage Blanche***** (184 Plätze, geöffnet vom 20.3. bis 31.10). Tel. 03.84.37.69.63. Zufahrt: über die D 71, eineinhalb Kilometer in Richtung Montbarrey, dann links ab. Ich fand ihn von der Lage her sehr angenehm, aber einem Leser, der hier mehrere Nächte verbrachte, war es zu laut: „La Plage Blanche liegt an einer recht belebten Straße mit viel LKW-Verkehr." Seine Empfehlung – auch ein Michelin-Tipp: *Camping Les Bords de la Loue**** in **Parcey**, 10 km südlich Dole, Zufahrt über die N5. Ein Platz, der die Campingerwartungen voll erfüllt: direkt am Fluß gelegen, schöner Sandstrand, ruhig und sauber. Tel. 03.84.71.03.82, Fax: 03.84.71.03.42. Vom 1.4.-15.9. geöffnet.

Source du Lison

Bei Nans-sous-Ste-Anne, auf zwei Drittel der Strecke von Pontarlier nach Salins-les-Bains (D 72) liegt ein Ensemble landschaftlicher Attraktionen auf engem Raum beisammen: eine Resurgence, eine Höhle und ein Reculée, ein enger Talkessel.

Die *Source du Lison* (Karte 4) ist nach der *Source de la Loue* die am stärksten sprudelnde Resurgence des Jura, selbst bei Niedrigwasser beträgt die Schüttung noch 600 Liter in der Sekunde. Der Lison fließt kurz danach durch **Nans**, ein hübsch gelegenes Dorf, in dessen Schloß sich Mirabeau 1776 in die junge Frau des alten Marquis de Monnier verliebte. Hinter Nans folgt eine romantische Waldpassage: weit weg von allen Straßen, begleitet vom Fernwanderweg G 590, bis der Lison in die Loue mündet. Ursprünglich entspringt der Lison aber bereits im *Forêt du Scay*, einem Teil des *Forêt de la Joux*, also etwa 15 km südlich der Lisonquelle. Nach kurzer Zeit versickert der Bach jedoch, nimmt unterirdisch weiter Wasser auf tritt kurzzeitig zutage und entspringt dann erneut in der im Folgenden beschriebenen Source du Lison. Der verborgene

Lauf wird durch ein Trockental markiert, das von der D 229 zwischen *Crouzet-Miguette* und *Ste-Anne* auf dem Pont du Diable überquert wird.

- **Camping**: Bei **Levier** (an der D 72 auf halber Strecke zwischen Pontarlier und Salins-les-Bains) der besonders schöne Campingplatz *La Forêt****. Ruhig im Wald gelegen, mit Schwimmbad. Wegen seiner zentralen und doch völlig ruhigen Lage auch gut als Ausgangspunkt für Touren im ganzen Jura geeignet. Zufahrt: Ein Kilometer auf der D 41 in Richtung Septfontaines. 70 Plätze. Tel. 03.84.45.00.40.

Wanderung zur Lison-Quelle

Ausgangspunkt der kleinen Wanderung zur Source ist der Parkplatz am Ende der D 477, zwei Kilometer von *Nans-sous-Source du Lison* entfernt. Nach einer Viertelstunde kommt man zur *Grotte Sarrazine*. Die bis zu 90 Meter hohe Höhle öffnet sich mit einem weiten Bogen in einer Felswand. Die mächtige Höhle kann nur bei geringer Wasserschüttung der ‚resurgence' betreten werden, die hier zutage tritt (um nach Kurzem zu versickern und später unterirdisch in den Lison zu münden).

Der Weg führt im weiteren fast zurück bis zum Parkplatz, dann aber geht es rechts hoch zur eigentlichen Source du Lison. Durch einen kleinen glitschigen Tunnel (zur Zeit mangels adäquater Sicherung gesperrt, dennoch eifrig begangen) hinein in das Höhlenmaul, wo man von einer kleinen Plattform in das gurgelnde Quellwasser hinunterschaut. Unter üppig-grüner, fast regenwaldähnlicher Vegetation in steilen Schleifen hinauf zum Talschluß, dem Creux Billard, einem trichterförmigen Reculée. Der Talkessel liegt immer in grün gedämpftem Licht. Hier tritt der Lison nur kurz ans Tageslicht, um dann einige hundert Meter weiter offiziell in der Source du Lison zu entspringen. Diese Verbindung wurde 1899 auf makabre Weise nachgewiesen, als die Leiche eines Mädchens, das im Creux Billard ertrunken war, nach Monaten in der Source du Lison wiedergefunden wurde.

- **Zur Taillanderie** (Sichelschmiede) unweit von *Nans* (ausgeschildert): Sie rattert und stampft, schüttelt und rüttelt, jault und zischt wie eine Maschine von Tinguely. War aber bis 1969 kleinindustrielle Realität. Hier wurden seit dem frühen 19. Jahrhundert landwirtschaftliche Werkzeuge, wie der Name andeutet vor allem Sensen, geschmiedet. Ein mächtiges Wasserrad treibt Hämmer und Blasebälge an. Heute ein Kindertraum, in der letzten Generation aber noch ganz normale Arbeitswelt. Führung eine Stunde. Juli/August täglich 10-19 Uhr, Tel. 03.81.86.64.18.83

Nozeroy

Auf halber Strecke an der D 471 von Pontarlier nach Lons le-Saunier, 10 km östlich von Champagnole, liegt *Nozeroy*. Das mittelalterliche Städtchen thront hoch und trocken auf einem Hügel über dem weitläufigen Weideland der ‚plateaux'. Mittelalterlich ist durchaus wörtlich zu nehmen, da Nozeroy mit seinen 450 Einwohnern nie über die Dimensionen seiner großen Zeit hinausgewachsen ist. Bis heute stört kein modernes Gebäude die nostalgische Illusion.

Späte Ankunft in orangem Licht:- Wir kamen einmal nach dunkler Fahrt an einem nebligen Herbsttag erst spät in den spärlich beleuchteten Ort – durch die mächtige Porte de l'Horloge. Die wenigen Straßen waren menschenleer und das vom Nebel gedämpfte orange Licht der französischen Straßenlampen ließ die alten Häuser und die Ruinen der Burg noch älter und unrenovierter erscheinen. Dem Mittelalter fühlt man sich hier gewiß näher als in Rothenburg, Riquewihr oder Carcassonne. In dieser Epoche war Nozeroy ein wichtiger Ort, ein Hauptsitz der bedeutendsten Adelsfamilie des Jura, der Chalons, die im 14. Jahrhundert das Fürstentum Orange erbten und so zu den Stammvätern des heutigen holländischen Königshauses gehören.

Bei schönem Wetter ist die Runde um die kleine Stadt sehr lohnend: Weiter Blick ins Land von der Promenade um die Burgruine und entlang der alten Stadtmauer. In der spätgotischen Kirche gibt es neben einem Chorgestühl eine kuriose, aus Strohspitzen gefertigte Altardecke zu bewundern.

i Point Info: 15, pl. des Annonciades, 39250 Nozeroy, Tel. 03.84.51.19.15.84.

Brücke über den Ain

Im Tal des Ain

Nur fünf Kilometer südlich von *Nozeroy* entspringt der Ain (Karte 4), ein wasserreicher Bergfluß, dessen Wildheit leider bald durch eine Serie von 15 Wasserkraftwerken gebändigt wird. Die Quelle des Ain liegt exakt 15 km von der Quelle des Doubs entfernt. Doch während der Doubs mehr als 600 km benötigt, um via Saône die Rhône zu erreichen, schafft der Ain dies in gerader Richtung nach Süden in 190 km. Dabei durchfließt er das nach ihm benannte Département mit der Hauptstadt *Bourg-en-Bresse*.

Zur *Source de l'Ain* führt ein Nebensträßchen ab Nozeroy oder die D 84 von Champagnole über Sapois bis Sirod – hier links auf der D 283 drei Kilometer bis hinter Conte, dort wieder links abbiegen und noch einen Kilometer auf einer Waldstraße. Vom Parkplatz sind es nur wenige Minuten zur Quelle in einem verwunschenen waldigen Talschluß. (Im September 1999 – zum ersten Mal seit 1964 – trockenliegend.) Auf einer schiefen Schotterebene steigt und rutscht man in den Quelltrichter hinunter. Es wird feucht, kühl und düster, die leuchtenden Laubdächer bleiben weit oben zurück. Weiter

Am Ain

hinein in die tiefen Spalten sollte man sich nur mit einem Führer wagen. Ein schöner Aussichtspunkt auf den jungen Fluß kommt etwa ein Kilometer nach der Quelle.

Wenige Kilometer weiter nimmt der Ain die *Lemme* auf, einen Wildbach, der bei *la Billaude* einen Wasserfall bildet.

- **Anfahrt zur Cascade de la Billaude**: von Champagnole knapp 10 km auf der N 5 Richtung Genf nach Süden, dann nach Osten auf die D 279 (Parkmöglichkeiten am Straßenrand).

Von einer Aussichtsplattform bietet sich bereits hier ein schöner Blick auf den Katarakt. Der steile Pfad (Wegzeichen ‚Saut Claude Roy') führt nach einer Viertelstunde im engen felsigen, grünen Tal direkt an die Stelle, an der die *Lemme* in zwei Stufen 28 m in die Tiefe stürzt. Für einige Kilometer folgt die N 5 dann dem wildromantischen Tal der Lemme. Die kleine Lemme erhält Zufluß durch einen anderen Wildbach, die *Saine*, deren kurzer Lauf besonders beeindruckt: Die *Gorges de la Langouette* gehören mit nur 4 Meter Breite bei 47 Metern Tiefe zu den engsten Schluchten Frankreichs. Ein wenig oberhalb der Engstelle, bei *Planches-en-Montagne,* stürzt der Bach über mehrere Wasserfälle.

Bahnhofsrestaurant südlich Pont de la Chaux

- **Anfahrt zu den Gorges de la Langouette:** In *Pont-de-la-Chaux* auf die D16 abbiegen und ca.3 km bis kurz hinter Chaux-des-Crotenay. Dann noch ein kurzes Stück auf der D 127. Von der Brücke La Langouette (Parkmöglichkeit) bietet sich ein dramatischer Blick in die Schlucht. Kurz vor der Brücke führt links ein Weg zu drei belvédères.

Chaux-des-Crotenay – Glückliche Provinz

Etwa 15 Kilometer südöstlich von Champagnole – mitten in weiten, kuhbestandenen Weideflächen – liegt *Chaux-des-Crotenay*, das Dorf mit den juratypischen zinkblechbeschlagenen Dächern.

■ **Zwei (Rad-)Rundwege zu den eher fiktiven Relikten der Gallierstadt Alésia:** Am Ortsausgang von *Chaux* in Richtung *Foncine* biegt eine Schotterstraße links ab (Route forestière de Cornu), die über 7 km nach *Pont de la Chaux* führt. Hier beginnen die beiden Rundwege:

Wanderung: *promenade pédèstre Nr. 25 (la forêt de Cornu)*, 12 km, 4 h.

Mountainbike-Strecke: *Autour d'Alésia* (8 km). An der Strecke ein zauberhafter Picknickplatz an einer Wegkreuzung mit einer Steinplatte unter alten Ahornbäumen.

Rundwege zur Gallierstadt Alésia

Das alte Alésia, *Chaux-des-Crotenay* – soll nach Meinung mancher Archäologen der Ort des historischen Alésia sein. In diese bedeutende gallische Siedlung hatte sich im Sommer des Jahres 52 v. Chr. Vercingetorix mit einer großen gallischen Armee auf der Flucht vor Cäsar zurückgezogen. Es gibt Gründe für die Annahme, daß sich hier die Entscheidungsschlacht zwischen Galliern und Römern abgespielt hat. Chaux liegt auf einem dreieckigen Plateau, dessen steile Flanken an zwei Seiten zu den Flüßchen Lemme und Saine abfallen und das an der dritten Seite durch einen Hügelzug geschützt ist. Hier könnte sich eine große gallische Siedlung befunden haben, von der noch Zyklopenmauern, Grabhügel und Steinmonumente erhalten sind (keine Markierungen). Aber die Fluchtburg wurde zur Falle. Die Römer legten einen doppelten Belagerungsring um Alésia. Als die Gallier nach sechswöchiger Belagerung auszubrechen versuchten, hielt der Ring und für die Überlebenden führte der Weg in die Sklaverei. Allerdings erheben auch andere Orte, so *Alaise*, 20 km nordöstlich von Salins-les-Bains, und *Alise-Ste-Reine* an der Côte-d'Or mit mindestens ebenso guten Argumenten den Anspruch, Erben Alesias zu sein.

Forges de Syam

Forges de Syam (4 km südlich Champagnole): Frühindustrielle Schmiede aus dem 19. Jahrhundert. Heute sind die Werkstätten (50 Mitarbeiter) auf hochwertige Walzarbeiten spezialisiert, wobei das Ausgangsmaterial und ein Teil der Maschinen dasselbe sind wie zu Beginn des vorletzten Jahrhunderts. Um den Vorhof der Anlage gruppieren sich die Arbeiterhäuser und durch das Tor unter dem kleinen Uhrturm betritt man das Fabrikgelände. Das Museum (links im Bild) zeigt Vergangenheit und Gegenwart der Schmieden im Jura. Mai, Juni, September: Sa, Sonn- und Feiertage 10-18h. Juli/ August täglich außer Di 10-18h. Tel. 03.84.51.61.00.

Château de Syam: Oberhalb der Fabrik, in einem Park, die Villa des Hammerherrn (ausgeschildert): Das Château de Syam ist eine maßstabgetreue Kopie der Villa Rotonda von Palladio (deshalb wird sie auch ‚Villa Paladienne' genannt) – nur der Säulenvorbau ist kleiner gehalten. Das weitgehend im Originalzustand erhaltene (sprich auch renovierungsbedürftige) Herrenhaus kann ab Mitte April bis Mitte Oktober von 11 - 18 Uhr besichtigt werden, Di geschlossen. Der stolze Eintritt von 5,50 € lohnt sich. Erbaut 1818 als Wohnsitz des in den napoleonischen Kriegen reich gewordenen Fabrikbesitzers – ein

Château de Syam

kleines Musenreich in der Provinz. Chopin war auch schon hier zu Gast. Besonders schön sind die Tapeten und die Tasteninstrumente. Im Sommer werden im Salon de Thé und auf der Terrasse Kleinigkeiten serviert. Während der Saison finden auch die Schlosskonzerte, Les Vendredis de Syam, statt: jeden Freitag, Beginn 20.30 Uhr (Programm und Reservierung: Tel. 03.84.51.64.14). Eine Übernachtungsmöglichkeit im Schloß und der Traum wäre vollkommen! Wie weit die Planung der Gästezimmer fortgeschritten ist, erfahren Sie unter folgender Telefonnummer: 03.84.51.64.14.

Champagnole (10.000 Einwohner) ist auf den ersten Blick eine der wenigen kleinen Städte des Jura ohne besonderen Reiz. Nach einem Brand 1798 wiederaufgebaut, bietet Champagnole heute das Bild einer provinziellen Industriestadt am Kreuzungspunkt von wichtigen Strassenverbindungen. Etwas genaueres Hinschauen lohnt aber.

i *Office de Tourisme:* Av. de la République, 39300 Champagnole, Tel. 03.84.52.43.67.

- An der Place Camille Rost verkauft die *Fromagerie du Mt. Rivel* gute Comtés. In den bescheidenen Häusern der Hauptstraße (Rue de la République) einige sehr ordentliche Läden: Nr. 21 *Fromagerie Janin,* Nr. 80 *Pâtisserie Petiot,* Nr. 84 *Traiteur/Metzger Saillard.* Weniger verlockend sehen die folienverpackte Massenware und der rissige Comté des *Relais du Fumé* aus (Place Ch. de Gaulle).

- Das neue Hotel *Le Bois Dormant* mit 36 Zimmern wurde an der Straße nach Pontarlier mit viel Holz am Waldrand errichtet. Zimmer zu den Tannen und nicht nach vorne verlangen. **Adresse**: Hotel Le Bois Dormant, Route de Pontarlier, 39300 Champagnole. Tel. 03.84.52.66.66, Fax 03.84.52.66.67. hotel@bois-dormant.com. RT: So-abend. **Preise**: mittleres Niveau.

Grand Hotel Ripotot - Champagnole.** Mitten in der Stadt das *Grand Hotel Ripotot,* eine Institution der jurassischen Gastronomie – seit 1875 im Besitz derselben Familie.

→ *Grand Hotel Ripotot,* 54, rue Maréchal Foch,Geöffnet 1.4.-15.10. Tel. 03.84.52.15.45, Fax 03.84. 52.09.11. **Preise**: mittel.

- 8 km auf der N 5 Richtung Genf die *Auberge des Gourmets* mit üppiger Regionalküche. Geschlossen 21.12.-31.1. So-abend und Mo-mittag vom 1.10.15.4. Tel. 03.84.51.60.60, Fax 03.84.51.62.83. **Preise**: mittel.

Bei **Bourg-de-Sirod** (5 km südlich Champagnole von der Straße nach Syam links ab, noch 2 km) die *Perte de l´Ain.* Hier stürzt der junge Fluß 100 Meter vom *Plateau de Nozeroy* zum *Plateau de Champagnole* hinab. Stromschnellen und Kaskaden, ein kurzes Stück verschwindet er sogar völlig in einer steilen Felspassage.

Vor der kleinen Mairie ein Wanderparkplatz: ein Weg führt nach etwa 500 Metern zur Mündung eines 700 Meter langen Kanaltunnels: das Wasser des Ain wird hier durch den Berg geführt und fast 100 Meter tiefer auf die Mühlen einer Fabrik geleitet. Schöner Blick auf das kleine Schloß des Fabrikbesitzers. Hinter dem Schloß verbirgt sich die Perte de l´Ain, die seit einem Felssturz 1993 nur noch begrenzt einsehbar ist (der Weg überquert den Wildbach nicht mehr). Trotzdem lohnt es sich, noch etwas weiter zu gehen, bis zur engen Schlucht mit dem tosenden Wasser.

Ein anderer Weg führt vom Parkplatz aus durch ein Torhaus aus dem 16. Jahrhundert hinauf zu den (bescheidenen) Relikten einer Burg (15 Minuten) und einer sehr einfachen (verschlossenen) romanischen Kapelle (10 Minuten).

■ **(Rad-)Wanderweg:** Von *Champagnole* nach *Foncine-le-Haut* führt heute ein Wander- und Radweg auf der 29 Kilometer langen kurvigen Trasse der ersten elektrischen Eisenbahn des französischen Jura. Die ‚Tramway Jurassienne' war von 1927 bis 1950 die Verbindung zwischen Champagnole und Foncine-le-Haut. Leider besteht heute keine Möglichkeit, nach der Wanderung mit öffentlichen Verkehrsmitteln wieder an den Ausgangsort zurückzugelangen, aber Rundtour-Abschnitte sind ausgeschildert. (Nicht vergessen: Taschenlampe – wegen der Tunnels!) Einen ausführlichen Prospekt gibt es bei den Tourismusämtern in Champagnole, Nozeroy und Foncine-le-Haut.

Forêt de la Joux – Im Reich des Tannenkönigs

Auf etwa 20 x 30 Kilometer Fläche stehen hier die grössten geschlossenen Tannenwälder Frankreichs, ziemlich intensiv genutzt und doch schön. Hier wurde einst das Holz für die Schiffe der französischen Flotte geschlagen. Die mächtigsten Bäume wurden zu Masten. Jedes Jahr wählen die Förster einen Tannenkönig, die *Sapin du Président.* Es gibt darüber hinaus aber noch etliche andere Riesen, die ebenfalls einen Namen tragen.

La Route des Sapins, die Straße der Tannen, ist ein 40 km langer Weg, der sich von **Champagnole** im Süden nach **Levier** im Norden schlängelt. Immer wieder weite Blicke über das Wäldermeer bis hinunter in die Burgundische Ebene. Viele interessante Hinweistafeln informieren über die Natur, Wander- und Mountainbikestrecken und die zahlreichen gepflegten Rastplätze – ideal fürs Picknick.

In Champagnole zunächst wenige Kilometer auf der D 471 nach *Equevillon.* Dort auf der nun Route des Sapins genannten Straße (zunächst D 21, D 288, dann chemin forestière) weiter durch den *Forêt de la Fresse* nach **Chapois**. Hier geht's bergauf hinein in den *Forêt de la Joux*. Über den *Carrefour du Rond de Sauget* zu den *Sapins de la Glacière*. Ein halbstündiger, markierter Rundweg führt durch eine Waldkathedrale mit Säulen aus Stämmen.

- 3.5 km hinter **Chapois** erreicht die Straße eine Lichtung mit der *Maison forestière du chevreuil:* einfaches, gutes Essen. Mitte September bis Mitte Juni und bei schlechtem Wetter geschlossen. Tel. 03.84.51.40.85. Neben dem Forsthaus ein Arboretum.

Am Forsthaus geht's rechts ab auf der *Route des Sapins par les Crêtes* zum *Belvédère des Chérards* mit grandiosem Weitblick bis in die Saôneebene. Hier steht er, ein wenig rechts von der Straße, der Tannenkönig: 45 Meter hoch und 3.85 Meter Umfang. Grössere Tannen gibt es in Europa nicht.

Über die lange *Route Forestière du Scay* geht es hinunter nach **Levier**. Kurz bevor die D 49 erreicht wird, führt rechts ein Weg (1/2 h hin und zurück) zur *Passage taillé de Chalamont*, einem Keltenweg, später Römerstraße – mit Karrenspuren in den Steinen. Auf dem Weg nach Levier die *Épicéa de Châpeau Paris* und die *Épicèas du Roi de Rome*, Nadelgiganten, die vielleicht noch ein wenig höher hinaus wollen als der Président.

- 2,5 Kilometer hinter Chapois liegt im Weiler **Andelot-en-Montagne** an der D 250 ein altes Gasthaus: die *Chambres d'hôtes Bourgeois-Bousson.* Früher ein kleines Hotel, nun wird es seit einigen Jahren von zwei Schwestern nur noch als Pension betrieben. Liebenswürdiger Empfang, nette Zimmer, einfaches Essen. Ein Refugium im Wald. November bis Februar geschlossen, Tel. 03.84.51.43.77.93.

L'Isle sur-le-Doubs

Den Doubs hinab

Westlich Montbéliard folgt die Route Nationale (erst N 463, dann N 83) mal direkt, mal in einiger Entfernung, den Windungen des Doubs. Der unregulierte Fluß im Wechsel der Jahreszeiten hält einen von der Autobahn fern, zumal die Nationale gut ausgebaut ist. In **L'Isle-sur-le-Doubs**, eine malerische Passage mit verwitterten Rückseiten alter Häuser am Fluß. Noch idyllischer – auch als Radstrecke – ist die Fahrt auf den Départementstraßen, die südlich nahe am Flußufer verlaufen.

Baume-les-Dames

Auf den ersten Blick ein banales Landstädtchen an der Route Nationale. Es lohnt sich jedoch, von der großen Straße abzubiegen. Die knapp 6.000 Einwohner zählende Stadt am Doubs, etwa 30 km nordöstlich von Besançon gelegen, war Sitz einer im 7. Jahrhundert gegründeten Benediktinerinnenabtei. Nach der Legende hat die von ihrem Vater verstoßene blinde Hl. Ottilie (Ste-Odile) aus dem Elsaß hier durch die Taufe ihr Augenlicht wiedergewonnen.

Style classique – in Baume-les-Dames

Im Ortskern finden sich, vor allem an der Place de la République, etliche schöne Häuser des 18. Jahrhunderts mit ihren klaren Linien und ausgewogenen Proportionen, beherrscht von der Pfarrkirche St-Martin aus dem frühen 17. Jahrhundert. Ein Torbogen führt vom Platz in den Bereich der früheren Abtei, deren Struktur mit den ellipsoid um die Kirche angeordneten Filialgebäuden noch gut zu erkennen ist. Die Häuser mit den schönen Kalksteinfassaden gehörten einst den vornehmen Stiftsdamen, die mindestens 16 adlige Vorfahren aufweisen mussten, um hier versorgt zu werden. Die kunstgeschichtlich weniger bedeutende Klosterkirche ist endlich restauriert aber meist verschlossen.

An der Ecke der Place du Général-de-Gaulle und der Place de la Loi das Renaissancehaus mit dem hübschen Erker, der schon auf einem Schild an der Autobahn für Baume wirbt.

Gute Adressen

- In der Rue R.F. Rougemont (die Straße, die rechts nach der Ortseinfahrt in die Altstadt hineinführt) der gute und dabei sehr preisgünstige *Patissier Blanc* mit kleinem Salon de Thé, eine Alternative zum Stopp an der Autobahnraststätte.

- Gegenüber ein kleiner CASINO-Laden, Tante Emma in der Kette. Ein gutes Basisangebot, auch beim Käse, dazu stets einige regionale Produkte, die Sonderangebote der großen Kette, ein freundlicher Patron. Das Rezept geht offensichtlich auf, denn trotz des Siegeszugs der Hypermarchés auf der grauen Betonwiese ist es erstaunlich, wie gut sich das Netz der CASINO-Läden halten konnte. Kaum ein Ort von 2000 Einwohnern, in dem es nicht einen gäbe.

- An der Nationale der unscheinbare **Käseladen** *Corneille* (La Fromagerie). Außer gutem Comté und zwei Morbiers gibt es hier eine ‚cancaillotte' im Glas, die auch Kochkäseskeptiker kaufen sollten. Sie wird in Baume seit 1920 von der Familie Raguin eingedampft – am besten mit Savagnin aus Arbois. Kalt oder warm zu heißen Kartoffeln mit Jurawein – und man wird's wieder kaufen. Wer dagegen die immerhin mit einer Goldmedaille beim Concours Général ausgezeichnete ‚cancaillotte' im Plastiktöpfchen probiert, die im gleichen Regal steht, weiß warum.

An einer Ecke der Place de la République der **Metzger und Traiteur** *Au cochon Franc-Comtois/Myotte Noel* (Tel. 03.81.84.28.21), der seinem Namenspatron, dem Schwein aus der Franche-Comté, alle Ehre macht mit einem wundervollen Jambon à l'os. Fein geräuchert, zart, mit breitem, schmelzendem, doch festem Fettrand. Die Spezialität ist auf einem Schinkenbock befestigt und wird mit dem großen Messer in unregelmäßig dicken Scheiben direkt vom Knochen geschnitten: einmal probieren und adé zu allen Spritz-, Preß- und Formschinken. Ein ordentliches Stück solch animalischer Lebenskraft kostet zudem nicht mehr als die gleichnamigen Fälschungen, die unser Negativbild vom Schinken und seinen Produzenten prägen. Gekochten Schinken vom Bock gibt es nicht nur hier, sondern sagen wir, bei jedem zehnten oder zwanzigsten französischen Metzger. Man muß sich nur die Mühe machen und genau hinschauen, gegebenfalls auch ungeniert wieder hinausgehen. Nicht mit engen Vorstellungen kommen, sondern das, was besonders gut aussieht, mitnehmen

Jambon à l'os aus dem oberen Doubs-Tal

– darin liegt ja immer ein Geheimnis günstiger Einkäufe. Der Besitzer des Ladens produziert unter dem Namen ‚les charcuteries de la Ferme du Montagnon' sehr gute Konserven, die inzwischen überall im Jura erhältlich sind. Huhn in Pilzsauce und Terrinen sind eine sichere Investition, die sich spätestens bei Jambon à l'os aus dem oberen Doubs-Tal Anfällen von spätabendlichem Heißhunger auszahlt. Fein auch die Fagot comtois, eine Trockenwurst mit Pontarlier-Anis. Es gibt hier auch eine große Auswahl an ausgezeichnetem Geflügel. Darunter die guten Hühner von Megret, der für den doppelten Preis auch opulente Bressehühner produziert. Die hatten mindestens 10 m² pro Person zum Leben, an dem sie sich 120 Tage erfreuen durften. Gute Jurakäse der Fromagerie Monnin aus Chantrans und eine schöne Auswahl an Juraweinen.

- Gegenüber dem Patissier an der Ecke Rue du Chapitre, das *Café National.* Hier ist die Zeit in der Vierten Republik stehen geblieben. Die Baskenmütze dominiert, eine Gauloise hängt in fast jedem Mundwinkel, einige bunte Apéritifflaschen stehen auf einem alten Billardtisch, nur der graue Deux-Chevaux mit den schrägen Kühlerrippen und den vorn angeschlagenen Türen steht nicht mehr vor dem Haus. Man fragt sich, wo in

Retrostimmung: Hotel Central, Baume-les-Dames

der kleinen Stadt so viele Gäste herkommen – alle männlich, aus kleinen Gläsern trinkend, rauchend. Sinnestäuschung, wird ein Film gedreht? Man setzt sich, redet, trinkt mit, alles echt. Man hofft, nicht aufzuwachen. Beim letzten Besuch wurden die Gardinen gewaschen, sonst nichts Neues.

- In der Grande Rue in einem klassischen Natursteingebäude das *Hotel Central***. Innen ein schlichtes Haus mit Retro-Stimmung und 10 günstigen Zimmern, eines mit schöner Dachterrasse. 25110 Baume-les-Dames, 3, rue de Courvoisier, Tel./Fax 03.81.84.09.64. **Preise**: niedrig-mittel.

Schleuse am Doubs-Kanal westlich Esnans

Von Baume-les-Dames doubsabwärts

Blumenwiesen, Flußbaden und Picknick – *Baume-les-Dames* ist ein guter Ausgangspunkt für zwei Ausflüge der stilleren Art. Beide führen auf Nebenstraßen stets dicht am Wasser entlang, tief in die Provinz. Provinz wie früher: Blühende Vorgärten hinter alten Lattenzäunen, Stuhl und Tisch vor dem Hauseingang, ab und zu eine Brücke über die Doubs. Da und dort ein Angler, manchmal ein Angler und ein Kahn, oder auch ein alter Kahn ohne Angler, dafür halbvoll mit Wasser. So geht das.

1. Von Baume am Südufer des Doubs entlang – über *Esnans* bis *Laissey*. Als Alternative zur Nationale oder der Autoroute folgt man von Baume-les-Dames dem gewundenen Lauf des Doubs längs des Südufers auf der schmalen D 277 bis *Laissey* (14 km). Der Umweg wird zur Zeitreise. Gleich hinter Baume eine uralte Chausséebrücke über den Fluß, drei vorsintflutliche Schleusen mit Kurbeltoren (aber mit Ampeln). Unmittelbar nach der Doubsbrücke geht es rechts ab auf die schmale D 277. Das Sträßchen führt direkt an einem befestigten Seitenkanal des Doubs entlang. Kaum Verkehr, links flattert die Wäsche

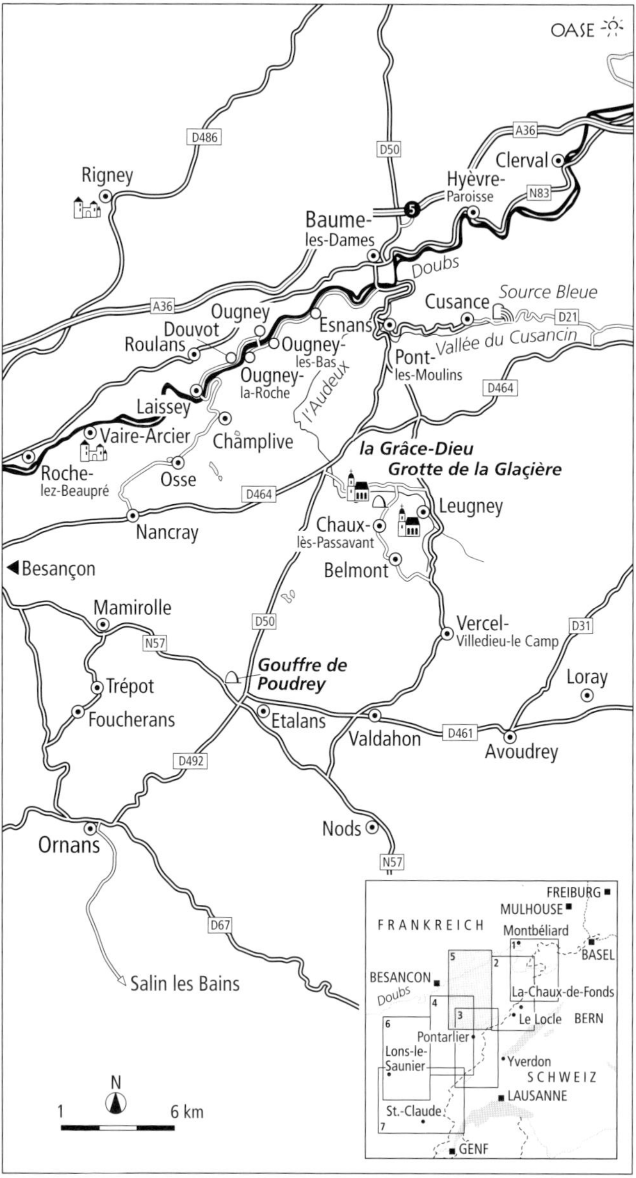

Karte 5: Von Baume-les-Dames doubsabwärts

Am Doubsufer bei Esnans

im Bauerngarten, rechts eine alte Schleuse, auf die ein Hausboot zutuckert, der Fischer auf dem Holzkahn fehlt auch nicht. Lauter namenlose Haltepunkte zum Aussteigen und Durchatmen.

In **Ougney-les-Bas** steht das von handbreiten Rissen durchzogene Gebäude einer kleinen Prieuré des 12.-14. Jahrhunderts gottverlassen vor dem steilen Waldhang. Ein verwettertes, abblätterndes Emailschild, selbst schon historisch, erklärt es zu einem ‚monument historique'. In Ougney eine himmelblau gestrichene Eisenbrücke.

Ausgerechnet in **Ougney-la-Roche**, im kleinsten Weiler am Ende der Stichstraße (am Südufer), ist etwas Betrieb, aber wohl nur während der Sommerferienmonate: ein paar Häuser wurden zur ländlichen Unterkunft ausgebaut. Eine Gruppe von niederländischen Feriengästen übt sich in Landschaftsmalerei, die Staffelei steht auf der Straße, bei Verkehr wird umgebaut. Eine andere Gruppe lagert nahe am Doubs, malend. Die D 277 wird hier am Ende des winzigen Weilers, nach etwa 15 Kilometern am Fluß, plötzlich zu einem unbefestigten Feldweg. Autofahrer müssen umdrehen (zurück nur auf gleicher Strecke, oder ab Ougney über die Doubsbrücke und auf der Nordseite weiter).

Hortensienblüte bei Esnans

Weiter am Nordufer nach **Douvot**, dort ein Picknickplatz am Wasser, gleich neben der alten Schleuse. In **Laissey** dann links hoch durch zwei kleine Tunnels nach Nancray (an der D 464, 16 Kilometer östlich von Besançon).

- **Musée des maisons comtoises der Franche-Comté, Nancray:** 30 sorgfältig restaurierte Bauernhäuser mit ihrer Einrichtung und landwirtschaftlichem Gerät geben auf einem weiträumigen Gelände, etwa 500 Meter oberhalb des Ortes (gute Beschilderung) einen plastischen Eindruck eines vergangenen Landlebens. Bauerngärten, Kräuterbeete und alte Nutzpflanzen erinnern an eine verschwundene Vielfalt. Neuerdings haben sich auch Vertreter alter Haustierrassen dazugesellt. Täglich gibt es handwerkliche Demonstrationen in alten Werkstätten. Es wird Brot gebacken, Butter geschlagen, gekäst, geräuchert, aber auch Steine werden behauen, Werkzeug geschnitzt und eine Trockenmauer geschichtet. Regionalprodukte können eingekauft werden. Dazu gibt es an fast jedem Wochenende eine Sonderaktion. Offene und überdachte Picknickplätze. Öffnungszeiten des Museums: März und November täglich 14-17 Uhr; April bis Oktober: täglich 10-19 Uhr. Tel. 03.81.55.29.77. www.maisons-comtoises.org

■ **Kleine Radtour direkt am Doubsufer:** Die Strecke von *Baume* nach *Laissey* ist auch als Radtour lohnend: autoarmer, malerischer Verlauf am Ufer, hin und zurück 28 km. Picknick in Douvot am Wasser, Einkauf zuvor in Baume.

Im Vallée du Cusancin

Vallée du Cusancin

2. Von Baume über Pont-les-Moulins den Cusancin aufwärts bis zur *Source Bleue*. Eine lohnende Tour mit Möglichkeiten zu Picknick, Flußbaden und Einkehren.

Von Baume aus zunächst wieder über den Doubs, dann auf der D 492 nahe am Flüßchen Cusancin entlang bis nach *Pont-les-Moulins*. Schon der Unterlauf mit kleinen, glitzernden Flußschnellen ist eine Freude. Der Cusancin zieht seine Bögen durch saftige Blumenwiesen, die zum Baden und Picknicken einladen – falls die Kühe nicht ältere Rechte geltend machen. Noch ruhigere und romantischere Stellen kommen dann weiter flußaufwärts im Abschnitt hinter Pont-les-Moulins bis hinauf nach *Cusance*.

- Diese besonders ab Pont-les Moulins verkehrsarme Strecke eignet sich auch sehr gut für eine **Radtour**: etwa 40 km, 300 m Anstieg, Fahrzeit: 3-4 h.

- In **Pont-les-Moulins** (5 km südl. Baume les Dames an der D 492). Von Baume kommend gleich am Ortseingang links, liegt der schöne, kleine **Campingplatz** *De l'Isle** auf einem weiten Wiesengelände mit Bäumen direkt am kleinen Fluß. Angenehme, persönliche Atmosphäre, engagiert geführt von einem Schweizer Inhaber. Geöffnet von Ostern bis Ende September. 50 Plätze. Tel. 03.81.84.15.23.

L'Auberge des Moulins, Pont-les-Moulins

L'Auberge des Moulins - Pont-les-Moulins.** An der Kreuzung in Pont-les-Moulins liegt ein behäbiges Jurahaus mit einem banalen Anbau der sechziger Jahre: *L'Auberge des Moulins.* In dem Vorbau verbirgt sich ein hellrosafarbener Speisesaal. Die Küche, die hier serviert wird, ist durchaus bemerkenswert. Erfahrungen von Lesern bestätigen das. Empfehlenswert ist das Menu, Logis de France, das es zum Glück auch am Wochenende gibt: salade au foies de volaille au vinaigre balsamique oder eine terrine maison marinée au marc de Jura; dann eine émincé de foie de volaille au savagnin, wahlweise eine assiette aux 2 fritures (Karpfen und Forelle) sauce tartare. Wer diese Wahl trifft, ist gut beraten. Eine friture der Extraklasse: krachend-knusprig und doch zart die Hülle, saftig der Fisch! Die Patronne verrät das Geheimnis: halb Bier, halb Milch, wenig Mehl. Zum Schluß eine Auswahl vom Käsewagen und vom ländlich üppigen Dessertwagen! Die zweite Spezialität des Hauses ist das cassolette d'escargots et morillesà la crème d'aneth: unter einer Blätterteighaube duftet ein opulentes Ragout. Der Saal ist immer gut besetzt!

→ *Auberge des Moulins*, 25110 Pont-les-Moulins, Tel. 03.81.84.09.97, Fax: 03.81.84.04.44. auberge.desmoulins@wanadoo.fr. 14 nette Zim-

L'Auberge des Moulins, Pont-les-Moulins

mer, alle mit Bad/Telefon/TV. Geschlossen 20.12.-28.1. RT: Fr, Samittag, So-abend. **Preise**: mittel.

Nach dem Campingplatz in Pont-les-Moulins geht's gleich links ab auf die D 21, die nun den Cusancin begleitet bis zu dessen beiden Quellen, der *Source Bleue* und der *Source Noire* (knapp 15 km lang). Vor **Guillon-les-Bains** diverse lauschige Plätze am (bergbachkalten) Fluß, der immer wieder langsam fließende Passagen hat, in denen man auch einige Schwimmzüge machen kann. Einzelne Stellen im Cusancin sind sogar fast poolgroß ausgewaschen und mehr als metertief, Eschen und Erlen halten das Ufer, das Wasser ist glasklar. Die saftigen Weiden reichen bis an den Bach, an der Brücke lehnen zwei Fahrräder, da und dort führt ein Feldweg zum Ufer. Angler wechseln mit vereinzelten Sommerfrischlern, die einen Schirm aufgespannt haben. Aber selbst an einem heißen Julitag kommt sich hier niemand in die Quere. Im Gegenteil: zwei Stunden später trifft man die beiden von der Wiese weiter oben im Tal im Garten des Restaurants Thiebaud (s.u.).

Bereits vor Guillon einige angelegte Picknickplätze, dann flußaufwärts gesehen hinter Guillon-les-Bains, liegt linkerhand ein größerer möblierter Picknickplatz. Unter den bemoosten

Forelle satt – in Cusance

Ästen einer uralten Esche steht einer von vier Tischen, die zu einem bukolischen Essen einladen. Die Erfrischung danach: über große Steinplatten geht's in den träge dahinfließenden Fluß. Wassertemperatur im Hochsommer um 15 Grad….

- Weiter oben im Tal am Ortsanfang von *Cusance* weist rechts ein kleines, selbstgemaltes Schild zu einer **Forellenzucht**. In drei Teichen, die vom abgeleiteten Flußwasser durchströmt werden, tummeln sich mehrere tausend Regenbogen- und Bachforellen.

- Im Weiler **Cusance** in einem efeubewachsenen Haus das kleine Restaurant *La Source Bleue*, am Wochenende ein typisches Familienziel, Plastikstühle und Straßentische davor. Potenziell am reizvollsten wäre der kleine, verträumte Wirtsgarten über der Straße, auf einer schattigen Wiese am Bachgelegen, leider wird hier nicht serviert. Die Küche ist einfach-ländlich, aber aufrecht wie die Stimmung, viele Forellengerichte (die alten Fischkästen hängen zappelvoll im Bach). Passanten können sich im Garten am Bach aber zum Picknick niederlassen, sofern sie Getränke von der Restaurantkarte bestellen, was bei der Weinauswahl kein Problem sein sollte.

→ *La Source Bleue*, 25110 Val de Cusance. RT: Mo, Di. Tel. 03.81.84.12.82. **Preise**: günstiges bis mittleres Niveau.

- Nur ein paar Meter weiter noch ein Gasthaus mit dem Charme ruhiger Provinz: Restaurant *Thiebaud* – reizvoll wegen der halbschattigen Terrasse hinter dem Haus. Drinnen wirkt das im Gegensatz zur ‚Source Bleue' demonstrativ rot gestrichene Haus mit angebautem Pavillon arg gestrig und verwinkelt. Im Lauf der Jahre kam wohl immer wieder was dazu – und das Alte blieb. Bar, kleiner Speiseraum und Salle de Réunion. Es gibt ordentlich zubereitete, einfache Gerichte: crudités, Jambon de montagne (Bergschinken), natürlich auch hier Forellen aus dem Bach, auch eine Fischplatte mit diversen frittierten Fischen. Wer mag, bekommt Froschschenkel (grenouilles). Frisches Bier, ordentliche Weinauswahl.

→ Rest. *Thiebaud*, Val de Cusance, 25110 Cusance. Tel. 03.81.84.05.57. 7 Fremdenzimmer. RT: Mo-abend. **Preise**: mittleres Niveau.

Die Kraft der Einsamkeit

Die **Source Bleue** entspringt links im Wald, ein schwarzblauer Wasserspiegel unter einem Felsen, unweit davon ein Badeplatz für den Hochsommer. Die **Source Noire** kommt rechts aus einer Grotte unter einer hohen Felswand hervor. Die ganze Szenerie hat, wie so oft im Jura, etwas von der entrückten Friedlichkeit der Landschaftsbilder des 19. Jahrhunderts. Auf der D 21 weiter in einem sanft ansteigenden Waldtal, besonders eindrucksvoll im Frühjahr und während der Laubfärbung. Weiter bis zur Kreuzung der D 21 mit der D 27 (ca. 5 km), dann nach links über Crosey-le-Petit und Lomont-sur-Crête (10 km, meist eben), schließlich (nach der zweiten Abzweigung nach Villers-St-Martin) rechts ein kurzes Stück auf einem Waldweg. Nun in einer guten halben Stunde zu Fuß auf die *Fente de Babre*, einen Felssporn hoch über dem linken Ufer des Doubs.

Von dort oben weiter Stendhal-Blick auf Baume-les-Dames und das Flußtal entlang. In wenigen Kilometern zurück nach Baume. „Er stand aufrecht über seinem Felsen und betrachtete den Himmel, die Augustsonne umloderte ihn. Im Feld unter dem Felsen zirpten die Grillen; wenn sie schwiegen, war alles Stille um ihn. Zehn Meilen in die Runde lag zu seinen Füßen das Land. Von Zeit zu Zeit flog ein Sperber aus dem Felsennest über ihn hinweg. Und zog schweigend seine weiten Kreise. Julien folgte unwillkürlich dem Raubvogel; seine ruhigen, mächtigen Bewegungen packten ihn, er beneidete das Tier um diese Kraft, um diese Einsamkeit.“ *(Stendhal, Rot und Schwarz, erschienen 1830)*

Alternativ kann man bei Crosey-le-Petit geradeaus fahren, steil hinunter ins Tal des Doubs. Auf einer winzigen Straße-links nach Roche-les-Clerval und Hyère-Magny. Diese Strecke führt sehr schön am Fluß entlang, dann noch 4 km auf der N 83 bis Baume-les-Dames.

Zur Eisgrotte ‚Grotte de la Glacière'

An der D 50 ca. 20 km südlich von Baume-les-Dames liegt eine der kuriosesten Sehenswürdigkeiten des Jura, die *Grotte de la Glacière*. Mitten im Wald öffnet sich eine 66 m tiefe Höhle. Die kuppelförmige Wölbung (die einige blumenblätterförmige Stalaktiten aufweist), ist nach oben hin zur Nordseite offen. Hier fällt im Winter kalte Luft ein, die Feuchte der Höhle kristallisiert aus und es bildet sich Eis. Im Sommer bleibt die Temperatur in der Höhle dank minimaler Luftzirkulation unter dem Gefrierpunkt, so daß das Eis nicht schmilzt. Im Mittelalter bauten die Mönche der benachbarten Abtei ‚De la Grâce-Dieu' das Eis ab und trieben im Sommer einen regelrechten Handel damit, so daß die einst bis zu 30 Meter starke Eisschicht stark reduziert ist. Da auch die Umweltverschmutzung ihren Niederschlag hinterlassen hat, ist der optische Eindruck der Kuriosität zu bescheiden, um den happigen Eintritt zu rechtfertigen, zumal das Ambiente des Eingangsbereichs an einen Rummelplatz erinnert.

- **Führung** durch die Eisgrotte: Anfang März bis Ende Nov., vor und nachmittags. Tel. 03.81.60.44.26.
- **Anfahrt**: Von Baume über die D 50 Richtung Valdahon, in Orsans auf der idyllischen D 120 nach Westen, nach 2 km links ab auf die D 421.

Die Kirche von Leugney

An der D 50, knapp 2 km südlich von Orsans liegt weltvergessen der Weiler *Leugney*. Einige Häuser, ein zusammengesunkenes Gehöft, eine Kirche umgeben von einem viel zu großen Friedhof. Aber was für eine Kirche. Ein gedrungener romanischer Turm, ein frühgotisches Schiff. Das Innere ländlich barockisiert. Die Glockenseile hängen in die kleine Eingangshalle hinunter, das eiserne Kreuz auf dem Kirchhof erscheint exakt im Bogen der geöffneten Kirchentür, ein grotesker Kopf glotzt vom steinernen Turmdach hinunter. Die Mischung von Stille und immergrüner Landschaft wirkt an diesem Platz zwingend: Fast eineinhalb Jahrtausende christlicher Tradition konzentriert auf einen winzigen Ort. Im späten sechsten Jahrhundert bauten Missionare aus dem Wallis wohl die erste hölzerne Kirche, seit achthundert Jahren steht nun dieser Turm.

„Es war ein Oktobermorgen. Ein Himmel über den dicke graue Wolken zogen, gab den Blick nur bis zu den Hügeln frei und verlieh der Landschaft ein melancholisches Aussehen. Die Pflaumenbäume waren kahl, das Laub der Apfelbäume gelb und von den Nussbäumen segelten die Blätter wie im Gleitflug herab, weit ausholend und langsam zuerst, dann, wenn der Fallwinkel weniger schräg wurde, mit einem Mal herunterschießend wie Sperber. Die Luft war feucht und lau. Von Zeit zu Zeit kam ein Windstoß. Das eintönige Dröhnen der Dreschmaschinen steuerte seine dumpfe Note bei. Der Sommer war zu Ende. Der Herbst begann."

„Ich meine die Tage, an denen euer Vater sich einen antrinkt. Ich freue mich jedes Mal, wenn ich sehe, daß meiner seine Halbstiefel einschmiert, um nach Vercel oder nach Baume auf den Markt zu gehen. Dort ißt er dann gut mit den Bauern aus den Bergen oder dem Tiefland; er trinkt ein paar Klare, ein paar Apéritifs oder Flaschenwein. Auf dem Rückweg halten dann alle bei einem Wirtshaus an, und bevor er nach Hause kommt, trinkt er noch einen Absinth bei Fricot. Meine Mutter geht ihn dann holen."

Louis Pergaud, Krieg der Knöpfe, erschienen 1912.

Vom Zauber der Provinz – Belmont

Louis Pergauds Heimatdorf *Belmont* liegt drei Kilometer westlich der D 50. Von Orsans (Richtung ‚Grotte de la Glacière' nach 100 Metern rechts ab) führt ein Sträßchen nach Süden nach Belmont. In seinem Roman ‚Krieg der Knöpfe' werden Zauber und Schatten der Kindheit in der Provinz liebevoll geschildert: „Am darauf folgenden Donnerstag fuhr Vater Bacaillé schon frühmorgens in Begleitung seines Sohnes zum Markt nach Baume. Im Vorderteil des Kastenwagens, vor den sie Bichotte, die alte Stute gespannt hatten, lag als Sitzgelegenheit ein Strohbündel, dahinter, auf frischem Streu, ein kleines, sechs Monate altes Kalb, ganz in einen Sack eingehüllt, aus dessen zusammengeschnürter Öffnung sein Kopf erstaunt in die Welt schaute. Vater Bacaillé, der es an den Metzger in Baume verkauft hatte, wollte die Gelegenheit, die der Markttag bot, wahrnehmen, um das Tier selbst zum Käufer zu bringen.

Da es ein Donnerstag war, an dem nachmittags kein Unterricht stattfand und er Geld einnehmen würde, durfte sein Sohn mitfahren. Bacaillé strahlte. Solch ein Glücksfall ergab sich nicht oft. Er stellte sich schon im Voraus alle Freuden dieses Tages vor: Er würde im Wirtshaus essen, ein Gläschen Fruchtsaft oder auch einen Schluck Schnaps aus dem Becher seines Vaters trinken, er würde sich Lebkuchen kaufen und eine Trillerpfeife."

In Belmont hat sich in den letzten 100 Jahren, außer daß die Pferde von Traktoren ersetzt wurden, nicht viel geändert. Im alten Schulhaus wurde Pergaud geboren (nicht zu besichtigen). Einige Meter weiter ein kleines Museum, das an ihn und seine Zeit erinnert. Im Juli/August täglich geöffnet, sonst nur an Sonn- und Feiertagen. Auskunft: Tel. 03.81.60.44.15.

Gute Adressen

Valdahon (32 km auf der D 50 südlich Baume): Das gesichtslose Landstädtchen ist eine Enttäuschung, der Besuch lohnt nur wegen des einfachen guten Essens in einem ebenso gesichtslosen Hotel:

- Das *Relais de Franche-Comté*** ist ein renovierter Zweckbau der siebziger Jahre mit preisgünstigen ordentlichen Zimmern. Die Karte irritiert auf den ersten Blick durch viele Gerichte, die in drei Sprachen angeboten werden. Dann fallen jedoch drei Menus zu bescheidenem Preis auf. Das Menu du Terroir bietet regionalen Schinken, Forelle mit Arbois-Sauce und ein gutes Dessert. Ein Beispiel dafür, daß genaues Hinsehen lohnt.

→ *Relais de Franche-Comté* (Logis de France), 25800 Valdahon, 1, rue Charles-Schmitt (an der D 32 von Norden kommend), Tel. 03.81.56.23.18. Fax: 03.81.56.44.38. **Preise**: mittel. RT: Fr-abend/ Sa-mittag, außer Juli und August; So-abend vom 1. Nov. bis Ostern. Ferien von Mitte Dezember bis Mitte Januar.

Ferme Auberge du Rondeau - Lavans. Eine der besten Fermes-Auberges im Jura. Die Bauernfamilie nimmt das Signum der Ferme, das mindestens so oft mißbraucht wird wie im Badischen die Straußenwirtschaft, ernst. Praktisch alles, was auf der Karte steht, kommt aus der eigenen Produktion. Für 15-25 € gibt es alles an Käse und Fleisch, was das Land hergibt. Sehr feine chèvres. Die holzgetäfelte Stube ist gemütlich ohne Rustikalkitsch, die Zimmer haben Hotelstandard. Im Hofladen kann fast alles (v.a. ein exzellentes krustiges Brot) auch mitgenommen werden. In Lavans (Richtung Vuillafans) links ab, 2 km den Schildern folgen, bis man von der liebenswürdigen Besitzerin empfangen wird. Biobetrieb seit 1961!

→ *Ferme Auberge du Rondeau*, Lavans, Tel. 03.81.59.25.84, Fax: 03.81.59.29.31. RT: So-abend, Mo. Ferien von Ende Oktober bis Ende Februar. **Preise**: günstig-mittel.

- In **Loray**, einem unscheinbaren kleinen Ort im Weideland, wo der Jura zu den Lomont-Bergen und zum Doubs hin langsam ausläuft, versteckt sich ein Bilderbuch-Logis-de-France, das seine Existenz ganz sicher nicht den Touristen, sondern der (dem Haus und ihrem guten Geschmack) treuen lokalen Kundschaft verdankt. *Robichon*** ist hübsch, aber nicht kitschig, die Küche bodenständig, aber nicht zu deftig.

→ Hotel *Robichon*, 22, Grande Rue, 25390 Loray. RT: So-abend und Mo. Tel. 03.81.43.21.67, Fax 03.81.43.26.10, **Preise**: mittel.

Blick von der Pont Battant, Besançon

Besançon

Besançon ist die Hauptstadt der Franche-Comté. Die Siedlung war als ,Vesontium' schon eine wichtige römische Stadt. Bereits um das Jahr 180 brachten die Heiligen Ferréol und Ferjeux das Christentum nach Vesontium. Die Stadt blieb auch in gallorömischer Zeit noch bedeutend, bevor sie in den Wirren des frühen Mittelalters nahezu unterging. Der Tiefpunkt war 926 mit der Brandschatzung durch die Ungarn erreicht. Unter dem Erzbischof Hugues de Salins wurde ab 1031 ein planmäßiger Wiederaufbau der heruntergekommenen Stadt begonnen. Von der drückenden Abhängigkeit vom geistlichen Herren konnten sich die Bürger im Jahr 1290 befreien, als ihnen Rudolf von Habsburg (auf der Basis gefälschter älterer Urkunden) die Reichsfreiheit verlieh.

Im 16. Jahrhundert ist der Name ,Granvelle' eng mit Besançon verbunden. Nicolas Granvelle, bürgerlicher Herkunft aus Ornans, wird mächtiger Kanzler Kaiser Karls V. Er läßt sich in Besançon ein Renaissance-Palais errichten. Sein Sohn, der Kardinal Granvelle, wird der engste Vertraute des spanischen Königs Philipp II. In dieser Zeit fällt ein kräftiger Abglanz

Grande Rue, Besançon

höfischen Lebens auf die Stadt. Bei der Eroberung der Franche-Comté durch Ludwig XIV. kommt 1674 auch Besançon endgültig zu Frankreich. An Stelle von Dole, das sich so vehement gegen die neue Herrschaft wehrte, wird Besançon die neue Regionalhauptstadt, erhält die Universität und wird unter Vauban zu einer der mächtigsten Festungen des Landes ausgebaut. In dieser Zeit entsteht ein bis heute intaktes, bemerkenswertes Stadtensemble. Theodor Fontane, der 1870 als Kriegsgefangener in Besançon war, berichtet dazu: „Die Stadt macht einen sehr guten Eindruck, wohl zumeist deshalb, weil sie einen bestimmten Charakter, ein Gesicht für sich hat... Seine Quaderhäuser mit keinem anderen Fassadenschmuck als einem Balkon oder einem Bogen am Fenster sind freilich weder sonderlich originell noch pittoresk; desto mehr jedoch sind es seine Kirchen."

So besticht Besançon nicht durch Einzelnes, sondern durch ein großes geschlossenes Stadtbild im Style classique des 17. und frühen 18. Jahrhunderts. Dabei ist die Stadt, auch durch ihre große Universität, belebt – dennoch absolut untouristisch. Der Reichtum Frankreichs (wie auch Italiens oder Spaniens) an historischer Substanz wird einem klar, wenn man realisiert,

Klassische Fassade in Besançon

daß der Tourismus es in diesen Ländern gar nicht nötig hat, sich einer solchen Stadt anzunehmen.

Dabei beschränken sich Besançons Reize nicht nur auf die historische Ausstattung. Die Stadt hat als erste in Frankreich ein Glasfasernetz zur Telekommunikation; in einem Zeitschriften-Ranking belegte Besançon bei der Lebensqualität den ersten Platz, mit hervorragenden Bewertungen zu Nahverkehr und Luftqualität. Schon Stendhals Julien Sorel war von Besançon angetan: „Endlich erblickte er auf einem fernen Berg schwarze Mauern: die Zitadelle von Besançon. Besançon ist nicht nur eine der hübschesten Städte Frankreichs, man begegnet in ihr auch einer Menge Menschen von Herz und Geist. Ganz früh am nächsten Morgen machte Julien sich mit niedergeschlagenen Augen auf den Weg zur Kathedrale. Der Anblick der Gassen und des tätigen Treibens, das in der Stadt anhob, tat ihm wohl.“ *Stendhal, Rot und Schwarz (1830).*

Der Charme des Stadtbilds wird unterstrichen durch die außerordentliche Lage des alten Besançon innerhalb einer extremen Schleife des Doubs, dessen Lauf hier etwa die Konturen einer Flasche nachzieht. An Stelle des Korkens schließt ein mächtiger Felsen, der zur riesigen Zitadelle ausgebaut wurde, die Stadt vom Hinterland ab. Sehr deutlich zeigt sich diese Lage von Bord eines der kleinen Ausflugsboote (bateaux-mouches), die beim Pont de la République abfahren und die Stadt umrunden. Umrunden ist wörtlich gemeint, denn ein 375 m langer Tunnel unterhalb der Zitadelle verbindet die beiden Schenkel der Schleife des Doubs an der engsten Stelle miteinander.

- **Mediterranes Licht** liegt über der Universitätsstadt am Doubs. Mitte September ist es südlich warm. Die Quais sind voll von jungen Menschen, in den Straßencafés findet sich kaum ein freier Platz.

- **Doubsrundfahrt um Besançon**: Anfang Juli bis Mitte September; Dauer der Rundfahrt 1h 15min, Auskunft: Tel. 03.81.68.13.25.

Sehenswerte Bauwerke

Besançon leuchtet (wieder). Der helle Kalkstein, aus dem die alte Stadt gebaut wurde, wurde im letzten Jahrhundert mit einer grauen Schmutzschicht überzogen. Seit zehn Jahren hat sich die Stadt ein umfassendes Renovierungsprogramm geleistet. Nun laden die Straßen mit ihrem Reichtum an klassischen Fassaden wieder zum Flanieren und zu Augenspaziergängen ein.

Geht man die **Grande Rue** vom Fluß kommend hinauf, sind besonders sehenswert: Nr. 68, das klassizistische *hôtel Terrier des Santans* mit hübschem Innenhof. Nr. 86, der frühere *couvent des Carmes* mit Arkadenhof und nebenan Nr. 88, der *couvent des Grandes Carmes* mit einem Springbrunnen am Eingang. Das schönste Gebäude in der Grande Rue ist das *Palais Granvelle* (1534-42). Die vielfach gegliederte Renaissance-Fassade wird von einem dreifach gestaffelten Dach überragt, der Innenhof ist mit Portici und Arkaden geschmückt. Im *Musée Granvelle* im Inneren des Gebäudes ist nach langem Umbau endlich der erste Teil des *Musée du Temps* eröffnet worden. Von der Antike bis zur Mikrotechnologie werden das Phänomen Zeit und die Instrumente zu seiner Erfassung präsentiert. Tel. 03.83.87.81.61. Durch den Innenhof wird die **Promenade Granvelle** erreicht, eine Stadtoase par excellence. Unter großen Linden, Kastanien und Platanen steht ein schmiedeeiserner Musikpavillon vor

Brasserie Granvelle, Besançon

einem vermoosten Tropfsteinbrunnen nach dem Geschmack der vorletzten Jahrhundertwende.

- Und hier auch der geeignete Ort für eine kleine Pause: *Brasserie Granvelle* und schräg gegenüber die neue und moderne *Brasserie 1802* – beide mit einladender großer Terrasse. Mittags servieren beide Lokale einfache preiswerte Gerichte – die letztere vielleicht eine Spur geschmackvoller. Wer nicht auf einer der Brasserieterrassen Platz nehmen möchte, findet auf der Place Granvelle auch bequeme Bänke im Schatten der Platanen.

Wieder zurück auf der **Grande Rue**, im Kern der alten Stadt reiht sich eine ganze Zeile geduckter spätgotischer Häuser (Nr. 129-134). Im Haus Nr. 140 wurde 1802 *Victor Hugo* geboren, der große Romancier des 19. Jahrhunderts. Hugo kommt in Frankreich etwa die gleiche Verehrung zu wie Goethe bei uns und kein noch so kleines Städtchen, das nach ihm nicht eine Straße benannt hätte, kaum ein Bücherschrank, der nicht eines seiner Werke enthielte. Victor Hugo wurde allerdings nur zufällig in Besançon geboren, weil sein Vater als Offizier dort stationiert war, er hatte später auch keine besonders herzliche Beziehung zu seiner Geburtsstadt. Schräg gegenüber, im Haus Nr. 1 der place Victor-Hugo, erblickten 1862 *Auguste* und 1864 *Louis Lumière* das Licht der Welt, die ihnen Jahrzehnte

Fassadenbild mit Victor Hugo

später die Erfindung des lichtempfindlichen Films verdanken sollte. Einige Meter weiter stehen in einem winzigen, bei Hunden offensichtlich geschätzten Park *(square archéologique A.-Castan)* römische Säulenreihen, Relikte des Säulenumgangs eines Nymphäums. Noch etwas weiter die *porte noire*, ein von der Zeit gezeichneter Triumphbogen des 2. Jahrhunderts. Dahinter liegt dann, unmittelbar unterhalb der Zitadelle, die *Kathedrale St-Jean*. Der romanische Bau mit zwei Apsiden und dem barocken Turm beherbergt zwei bemerkenswerte Kunstwerke. Zum einen eine Muttergottes mit den Heiligen von Fra Bartolomeo (1512 in Rom gemalt), zum anderen einen runden frühchristlichen Marmoraltar, die Rose de St-Jean (in der Sakramentskapelle im linken Seitenschiff).

Auch in der übrigen Altstadt gibt es zahlreiche andere schöne Straßen und Plätze, so etwa die **Place J.-Cornet**, die an der parallel zur Grande Rue verlaufenden Rue des Martelots liegt. Deren Verlängerung, die **Rue des Granges** ist ebenfalls einen Spaziergang wert, wie die kleine **Rue Ernest Renan,** die von der Place Victor-Hugo abgeht. In der Rue des Granges 31 die *Brasserie de Commerce*, ein hoher verspiegelter Art-déco-Saal mit einem riesigen bunten Kronleuchter.

Relais Castan, Besançon

- **Aussicht**: Auf den Befestigungen der Altstadt führen Wege den Fluß entlang. Von den Quais der Neustadt *(Quai Veil, Quai de Strasbourg)* wirkt die strenge Schönheit der ‚hôtels' hinter den imposanten Mauern der Vaubanschen Anlage besonders bestechend. Von de Promenade Micaud aus, zwischen Pont de la République und Pont Brégille, schöner Blick über den Doubs mit seinen kleinen Inseln auf die Altstadt unterhalb der Zitadelle. Am Quai de Strasbourg die wunderschöne Synagoge im maurischen Stil.

Gute Adressen in Besançon

i Verkehrsbüro Besançon: 2, Place 1ère Armeé Française, in einem Glaspavillon an der Doubsbrücke. Tel. 03.81.80.92.55, Fax: 03.81.80.58.30. Das Büro verschickt auch eine Informationsbroschüre über die Stadt mit einer Hotel- und Restaurantliste. Die homepage www.Besançon.org mit übersichtlichem Hotel- und Stadtplan.

Unterkommen

*Relais Castan****. In einer Ecke der Place A.-Castan (mit kleinem vergessenem Stadtpark) wurde vor einigen Jahren ein ‚hôtel' des 17./18. Jahrhunderts zu einem Hotel

Hotel du Nord, Besançon

mit 10 Zimmern umgebaut. Jedes Zimmer wurde individuell restauriert und dekoriert. Blumenstoffe, feine Holztäfelungen, schöne Spiegel, verschiedenfarbiger Marmor in den Bädern schaffen eine heiter-luxuriöse Atmosphäre. (Obacht: Das Versailles-Zimmer ist wirklich nur was für Hochzeiter oder andere Romantiker!) Aber schauen Sie selber – die verschiedenen Charakterzimmer sind im Hausprospekt und auf der homepage abgebildet. Der Frühstückssalon, in dem ein bemerkenswert feines Frühstück serviert wird, geht auf einen grünen Innenhof hinaus.

→ *Relais Castan*, 6, Square Castan, 2500 Besançon. Ferien eine Woche Ende Dezember und drei Wochen im August. **Preise**: hoch. Tel. 03.81.65.02.00, Fax: 03.81.83.01.02. www.hotelcastan.fr

Viel einfacher, aber gepflegt ist das *Hotel du Nord*** in einem schönen alten Stadthaus in der Rue Moncey (zwischen der Grande Rue und der Rue des Granges).

→ *Hotel du Nord*, Rue Moncey, 8-10, 2500 Besançon. Trotz Innenstadtlage kostenloser Parkplatz. 44 Zimmer, **Preise**: mittel. Reservierung empfohlen. Tel. 03.81.81.34.56, Fax: 03.81.81.85.96. www.hotel-du-nord-Besançon.com

Mungo-Park, Besançon

Einkehren

Reizvoll vor allem bei schönem Wetter, wenn auf der Terrasse auf den Festungsmauern über dem Fluß serviert wird: Restaurant *Mungo-Park*. Nach wie vor das führende Restaurant in Besançon und eines der drei ersten in der Franche-Comté. Der seltsame Name stammt von einem schottischen Entdeckungsreisenden des 18. Jahrhunderts, er wurde vom Besitzer während eigener Wanderjahre entdeckt. In entspanntem Ambiente wird eine inspirierte Küche mit regionalen Akzenten geboten. Dennoch könnte etwas mehr Innovation nicht schaden. Man ist ja immer hin und her gerissen zwischen der behaglichen Liebe zum Gewohnten, Feinen und der Suche nach Neuem, aber in dieser Liga hat man den Anspruch, beides vereint zu finden. Die Weine sind akzeptabel kalkuliert, darunter Arbois Chardonnay von Rolet (vgl. dort), ein Étoile Montbourgeau (vgl. dort) und ein erdig-intensiver Chardonnay und der wunderbare Trousseau vieilles vignes ‚Les Bérangères' des großen Winzers Jacques Puffeney aus Montigny.

Bemerkenswert der freundliche Umgang mit Kindern. Ohne Zögern und Aufpreis wurde für zwei Kinder von zehn und

Poker d'As, Besançon

dreizehn Jahren eines der Menüs geteilt serviert. Eine gute Alternative zum Steak-Frites-Kindermenü. Allerdings bieten immer mehr gute französische Restaurants kleinen Gästen ein Essen zu fairen Preisen. Beide Seiten haben etwas davon. Den Restaurateuren droht sonst eine ganze Generation von Fastfood-Freunden und die Kinder lernen, daß es jenseits von McDo auch noch etwas gibt. Erstaunlich, wie lange Kinder schon im Vorschulalter ruhig sitzen bleiben können, wenn die Vorfreude erst mal geweckt ist.

→ *Mungo-Park*, 11, rue Jean-Petit (gegenüber der großzügig verglasten Markthalle). Tel. 03.81.81.28.01, Fax: 03.81.83.36.97. RT: So, Mo. **Preise**: gehoben - hoch.

An der Square Saint-Amour liegt das kleine Eckrestaurant *Poker d'As*. Hier geht die Familie am Sonntag zum Mittagessen. Es ist voll, aber nicht chaotisch, turbulent ohne Hektik und vor allem, es schmeckt, allen und offensichtlich. Als Vorspeise gab es eine Kürbissuppe mit Comté-Croutons, dann Schweinefilet mit glacierten Zwiebeln und Birnen, Kartoffelgalette oder ein Geflügelcurry und ein Dessert. Offener Rosé oder Gamay aus dem Jura (knackig und aromatisch, wie man sich einen einfachen Beaujolais wünscht). Es ist korrekt gedeckt und wird sehr professionell serviert, selbst zum kleinsten Menü gibt es amuse-bouche und friandises (Gebäck). Die vielen feinen Digestifs werden alle auch in halben Portionen und dies zum jeweils halben Preis serviert!

→ *Poker d'As,* Square Saint-Amour 14. **Preise** mittel (15.50 – 40 €). Tel. 03.81.81.42.49, Fax: 3.81.81.05.59. Ferien von 14.7.-11.8. RT: So-abend, Mo.

- Auf dem Weg zur Square Saint Amour in der rue Morand Nr. 6 *La ferme du boulanger* ein außergewöhnlicher Bäckerladen mit vielen exzellenten Broten und großen runden tartes. An schönen Holztischen gibt es Kaffee.

- An der Square Saint Amour das *Café poste* in einem alten Post- und Telegraphenamt. In einem schönen fin-de-siècle-Haus ein gutgestylter Laden des Pariser Edelschneiders Kenzo.

Einkaufen

Die **Grande Rue** durchzieht die Altstadt der Länge nach auf den Spuren einer alten Römerstraße. Praktisch alle Häuser wurden – überwiegend im *style classique* – aus dem grauen Jurakalkstein errichtet. Die Straße lädt schon durch die Eleganz ihrer Fassaden zum Flanieren ein. Mittlerweile finden sich etliche gute Adressen in dieser anziehenden, historischen Umgebung.

- *Baud*, der beste **Patissier** der Stadt, hat seine mittlerweile deutlich in die Jahre gekommenen, patiniert-pastellfarbenen Räume gleich am Anfang der Grande Rue. Zur luxuriösen, teuren Patisserie gibt es hier eine große Auswahl feiner Tees, im Bambussiebchen am Tisch aufgegossen. (Die Tees werden auch verkauft.) Die ‚Tarte aux citron vert' ist reich an Aroma, aber ohne Säure auf der Zunge und nicht bitter. Die köstlichen Patés und Terrinen, deren Preise allerdings die Grenze überschritten haben: 4.- € für 100 Gramm paté en croute?!, werden auch zum Wein im Salon serviert. Der Jambonpersillé' ist aus zartmürbem Schinken mit feinstem Petersilienfondant ohne das übliche Knoblauchkonzentrat, eine ‚Paté de Foie de Veau' konzentriert im Fleischaroma, saftig ohne viel Fett. Ladenzeiten: Mi bis Sa 7.30-19.30 Uhr, So 7.30-12.30 Uhr, feiertags 7.30-13 Uhr.

Baud - ‚der' Patissier von Besançon

- Nr. 66 *La Viennoise*: Guter Patissier mit Salon de Thé.

- In der Nr. 91 der elegante Salon de Thé von *Etienne Estèves*. Allerfeinste Schokoladen- und Crèmeteilchen, feine Tees. Gute Einkehr in liebenswürdigem Ambiente.

- Im Hinterhof der Grande Rue Nr. 103 das kleine nette Restaurant *Au Vieux Comtois*. Für 9 € Gratins und ein Salat .

- **Pâtissier Confiseur** *B. Cointet*, Grande Rue 120. Allerfeinste Törtchen, Teilchen und Confiserie. Hier paßt das Klischee: ein kleiner Laden mit großem Angebot, liebevoll und kunstvoll dekoriert.

- In der rue des Granges 51 *La petite Boutique*, ein winziger Lebensmittelladen. Höchste Qualitäten vom witzigen Inhaber mit Charme verkauft.

- An der Place de la Revolution 20 (bei der Markthalle) der ausgezeichnete **Poissonnier** *Gobin* mit einer großen Auswahl an frischen Austern und coquillages (Meeresschnecken und Muscheln), einem soliden Fischangebot und Weinbergschnecken. Tel. 03.81.81.39.23. Ab Mo-nachmittag bis So-vormittag.

Confiseur B. Cointet, Besançon

Jenseits des Flusses zweigt rechts von der Verlängerung der Grande Rue über den Pont Battant hinweg an der Place Jouffray d'Abbans eine Straße ab: die **Rue Battant.** Diese Straße mit ihren würdevoll gealterten Häusern ist das Herz eines der ältesten Viertel von Besançon. Hier lebten die Winzer (les bousbouts), deren Weinberge sich hinauf bis zur heutigen Stadtautobahn erstreckten. Neben dem diskreten Charme der alten Vorstadt locken hierher zwei Läden und ein Markt:

- In der Rue de la Madeleine (einige Meter geradeaus ab Place Jouffray d'Abbans) der edle Traiteur- und Metzgerladen von *Bonnet.* Bestechende Auswahl feiner terrines, patés und galantines, dazu bestes Fleisch und Geflügel unter einem Himmel heiterer Hinterglasbilder animalischer Sujets.

- In der Rue Battant 12 dann die *Fromagerie la Ferme Comtoise* Im Frühherbst fällt der Laden besonders auf, weil in seinem Fenster ein Zettel hängt, auf dem erklärt wird, warum der Mont d'Or, der echte Vacherin, erst ab Anfang November gut ist und daher auch vorher nicht verkauft wird. Andernorts wird er bereits ab September angeboten. Erst der November-Vacherin wird nämlich aus der Milch von Kühen hergestellt, die nur reifes Heu gefressen haben und kein frisches Gras mehr. Erst dann ist er so cremig, fein und nicht zu fett, eben wie er idealerweise sein soll. Drinnen gibt es eine Musterkol-

Fromagerie la Ferme Comtoise, Besançon

lektion allerbester Jurakäse. Neben dem Comté in drei Altersklassen von Marcel Petite zum sehr fairen Preis hier einen Tomme (weicher runder Kuhkäse), einen Brebis (hier flacher, kleiner Schafskäse) und einen Chèvre aus dem Haut-Doubs (hinter Vesoul, also nicht mehr im Jura, aber in der Franche-Comté). Diese Käse findet man selten in der Region, hier sind sie perfekt gelungen, keine experimentellen Arbeiten. Außerdem gibt es eine rare Fourme de Montbrison (feine Variante der Fourme d'Ambert, des zylindrischen Blauschimmelkäses von der Kuh aus der Auvergne), einen Salers, manchmal einen sensationellen sousmaintrain (gereifter roher Kuhmilchfrischkäse aus dem Lyonnais ähnlich einem großen St-Félicien) sowie selbstgeschöpfte Crème double. Der Knochenschinken ist gut, ebenso die Saucisse de Morteau (die aber im Gegensatz zum Käse sehr teuer verkauft wird). Am besten passen dazu die wunderbaren Juraweine von François Reverchon aus Poligny (vgl. dort), die es auch hier zu kaufen gibt. (Ladenzeiten: Di bis Sa 8-12.30 und 15-19.30 Uhr, So 9-12.30 Uhr. Tel. 03.81.81.38.78, Fax 03.81.81.84.71).

- In der rue Battant 82 die *Maison des Saveurs du Terroir Comtois*. Ein schöner Laden mit regionalen Produkten wie Käse, Würste, Wein, Honig, Holzartikel. Leichter Ökotouch und faire Preise.

Maison des Saveurs du Terroir Comtois, Besançon

- **Märkte**: Die Hallen an der *Place de la Révolution* und die blaue Gußeisenhalle hinter dem *Musée des Beaux-Arts* sind endlich renoviert. Die Glasstahlkonstruktion ermöglicht reizvolle Durchblicke, das Angebot ist eher durchschnittlich. Alles Wesentliche gibt es auf gutem Niveau. Erwähnenswert ist vor allem *Le Vin*, ein caviste mit einem feinen Angebot anspruchsvoller Weine auch in den unteren Preisklassen: so viele reizvolle Flaschen zu 5-10 € zu finden, macht Spaß. Besonders gut: ein Beaujolais blanc (konzentrierter Chardonnay) und ein nicht chaptalisierter Beaujolais. Le Vin hat noch ein kleines Bistro-Restaurant in der rue Battant 97. Hier gibt es eine Reihe sehr interessanter Weine glasweise. Tel. 03.81.81.48.18.

- Am Sonntagmorgen gibt es alle wesentlichen Dinge auch auf dem winzigen Markt am *Pont Battant* zu kaufen, unter der mächtigen Kirche im style classique – freilich viel konzentrierter und bequemer als auf dem großen Werktagsmarkt. Hervorragendes Angebot: mächtige Brote, krustig und großporig, von bestem Geschmack, ausgesuchte Käse, köstlicher gekochter und geräucherter Schinken, gebratene Hühner, Gemüse, eingeweckte Schnecken. Natürlich haben die Traiteurs und die Patissiers an Sonntagen ebenfalls von 8 bis 12.30 h geöffnet.

Die Zitadelle mit den Museen

118 Meter über dem Doubs dominiert die gewaltige Zitadelle Besançon und seine weite Umgebung. Die drei hintereinander liegenden Befestigungssysteme sicherten einst den einzig möglichen Zugangsweg zur Stadt. Vom westlichen ‚chemin de ronde' hat man den schönsten Blick auf die Stadt, den Fluß und das gegenüberliegende *Fort Chaudanne*. Andere Möglichkeiten zum Panoramapicknick gibt es noch an vielen Stellen.

- In der Zitadelle befinden sich mehrere **Museen**. Ein *Musée Populaire Comtois* zeigt Kunsthandwerk und Volkskunst aus der Region, darunter schöne Marionetten und eine hübsche Kollektion von Kirchturmhähnen. In einem separaten Gebäude (Section d' agriculture traditionelle) befindet sich eine umfassende Sammlung alter landwirtschaftlicher Geräte und Maschinen. Das *Musée de la Résistance et de la Déportation* zeigt Photos und Dokumente von Naziterror, Kollaboration und Widerstand.

- Ein **Zoo** mit Aquarium wird ergänzt von einem interessanten Noctuarium, welches europäische Nachtsäugetiere zeigt und von einem Insektuarium, in dem 30 lebende Insektenspezies vorgestellt werden.

- **Zu Fuß** zu erreichen ist die Zitadelle direkt von der Kathedrale aus über die Rue des Fusillés-de-la-Résistance, die sich den steilen Hang hochwindet.

- **Öffnungszeiten**: Von Ostern bis Allerheiligen 9-18 Uhr, im Juli und August 9-19 Uhr. www.citadelle.com

Park und gekieste Vorfahrt – Château de Salans

Am Doubs zwischen Besançon und Dole

Château de Salans - Salans. Auf halbem Weg zwischen Besançon und Dole – beide mit schöner kompakter historischer Innenstadt, liegt der winzige Weilers **Salans** (bei St. Vit an der D 203, nur ein paar hundert Meter vom Doubs entfernt). Eine unbeschwerte Gegend für Radler oder einfach so, für zwei, drei Tage Stadt, Land, Fluß. Dazu eine Unterkunft, die man nur seinen besten Freunden verrät: Im *Château de Salans* werden 3 Zimmer und eine Suite vermietet, Stil Bed & Breakfast von der feineren Art... Das Schloß von Salans (16. und 17. Jh.) liegt, wie es sich gehört, am Ortsrand unweit der frühgotischen Dorfkirche in einem großzügigen Park, mit gekiester Vorfahrt und stillen Bänken unter alten Bäumen. Üppige Rhododendren, Rosen und Pfingstrosen blühen. Die Gastgeberin hat gewechselt, der Charme ist geblieben: nun ist Mme Guillemin der gute Geist des Hauses. Die Zimmer sind hell und historisch – mit Blick in den gepflegten Park – gepflegt und jedes individuell möbliert, aber nicht mit Plüsch und Plunder vollgestellt. Die Stimmung im Haus ist gediegen, aber nicht gekünstelt. Das Schloß und

Château de Salans

seine Geschichte: Schloß Salans wurde nach der Revolution verkauft, nachdem der letzte Erbe hingerichtet worden war. Der neue Eigentümer, Baron de St. Juan, baute das Schloß im neo-klassizistischem Stil um und sein Sohn verwandelte den Barockgarten in einen Landschaftsgarten. 1992, nach umfangreichen Renovierungsarbeiten wurde es wieder geöffnet: im Juli und August Besichtigung möglich (Sa, So und feiertags von 14-18 Uhr) – und rund ums Jahr als B&B!

→ *Château de Salans*, 39700 Salans, Tel. 03.84.71.16.55, Fax: 03.89.79.41.54. Angemessener Preis für B&B (gutes Frühstück mit hausgemachten Konfitüren): 2 Zimmer und eine Suite zu 95-110 Euro, für 2 Pers. inkl. Frühstück. Man spricht Deutsch und Englisch. Eine Oase – im Sommer unbedingt frühzeitig reservieren!

Etappe am Doubs – Hotel de la Marine, Ranchot

In **Ranchot** (6 km westl. Salans): *Hotel de la Marine***, ein einfaches Logis de France in ruhiger, recht unspektakulärer, aber irgendwie doch ansprechender Lage gleich neben dem Doubs-Kanal. Die 26 einfache Zimmer sind eher eine Zugabe für restlos Erschöpfte, zu den Vorzügen des Hauses gehört das bodenständige Restaurant mit seinem Sommergarten. Der ist allerdings derb mit Plastikstühlen möbliert, drinnen im Speisesaal wirkt das Haus deutlich freundlicher, über Mittag stellen sich die üblichen Verdächtigen aus der Region ein, ein paar Prokuristen und Angestellte, Techniker und Pensionäre, man kennt sich. Es gibt zwei, drei günstige Menüs und eine Standardkarte mit Erwartbarem in durchaus akzetabler Qualität; eine Bar für den Sandwich und ein kurzes Bier wäre auch noch da. Familiäre Atmosphäre.

→ *Hotel de la Marine*, 26, Grande Rue, 39700 Ranchot, Tel. 03.84.71.13.26, Fax: 03.84.81.37.70. **Preise**: niedrig-mittel.

- In **Rochefort-s-Nenon** (8 km östlich von Dole) das Familien-Hotel/Restaurant *Fernoux-Coutenet*. Einfaches Logis de France mit reichhaltigem, günstigem Menu. Die Einrichtung

An der Grotte d'Osselle

ist etwas stilvoller als das Äußere. Freundliche Wirtsleute. Im Ort Kirche mit schönem Comtoiser Dach und kleines Schloß mit markantem Wehrturm.

→ Hotel/Restaurant *Fernoux-Coutenet,* rue Barbière, Tel. 03.84.70.60.45, Fax 0384.70.50.89. Geschlossen Sa-mittag und So von Oktober bis Mai. **Preise**: mittel.

- In **Baverans** (ca. 5 km östl. Dole): Hotel Restaurant *Mon Plaisir,* Tel. 03.84.72.22.50. Ein Relikt im Abseits, verträumt-verwildert-verlottert, aber zäh. Museal wie die Schilder, die von der Nationale her verlässlich dorthin weisen. Wenn überhaupt, dann am ehesten für einen kuriosen Zwischenstop oder auf einen Sandwich im schattigen Garten. Innen nostalgisch-einfach. Übernachtung nur in Ausnahmefällen.

Kathedrale Nôtre-Dame, Dole

Dole

Dole liegt zwar schon an der Peripherie der Franche-Comté, dennoch war die Stadt über Jahrhunderte die Hauptstadt des Landstrichs. Erst nach der Eroberung der Franche-Comté durch Frankreich ging das Hauptstadt-Privileg an Besançon. Dem alten Parlament der Franche-Comté in Dole gehörten überwiegend Bürgerliche an, es übte die Rechtsprechung auch über den regionalen Adel aus, was stets zu heftigen Konflikten führte. Die 1423 gegründete Universität war für ihre juristische Fakultät bekannt. Wiederholt versuchte Frankreich mit Gewalt, die Comté zu annektieren. So wurde Dole 1636 während mehrerer Monate belagert, die Stadt hielt jedoch stand. 1668 und endgültig 1674 gelang es den Truppen Ludwigs XIV. dann doch, Dole einzunehmen.

Am 27. Dezember 1822 wurde in Dole *Louis Pasteur* geboren. Die kultische Verehrung, die Pasteur in Frankreich genießt, ist ein besonderes Phänomen. Jede Stadt hat ihre Rue Pasteur, zahllose Denkmäler erinnern an ihn. Pasteur hat große wissenschaftliche Meriten. Er entdeckte Hefen als Ursache der alkoholischen Gärung, entwickelte die erste Tollwutimpfung

Geburtshaus von Louis Pasteur, in Dole

und führte die Asepsis als Behandlungsprinzip in die Medizin ein. Pasteurs Verklärung ist jedoch wohl auch ein Reflex eines laizistischen Zeitalters, das sich seine eigenen Götter sucht. Aus seinem Elternhaus wurde heute, behutsam renoviert, ein kleines Museum (rue Pasteur). Sein Vater war Gerber und das kleine Haus mit den Lohegruben im Keller gibt ein gutes Beispiel von der Enge des Lebens am Gewerbekanal, wie es im vorletzten Jahrhundert üblich war. (1.11. bis 31.3. nur Sa/So 14-18 Uhr)

Rundgang

Die Altstadt von Dole besteht aus vielen, zum Teil sehr reizvollen Häusern des 15. bis 18. Jahrhunderts, die sich längs enger, gewundener Gassen um die Kathedrale gruppieren. Zahlreiche Details belohnen den aufmerksamen Blick: Portale, Treppenhäuser, Türmchen, Innenhöfe, Arkaden, Brunnen, kleine Statuen, schmiedeeiserne Arbeiten: fast jedes Haus hat seine Besonderheit. Wenige Häuser sind aufwendig saniert, kaum eines ist überrenoviert, eher etliche vom Verfall bedroht. Doch so ergibt sich ein gewachsenes Stadtbild, das, weit weg von Disneylandhaftem, auch der Vergänglichkeit einen Platz

einräumt. Betrachtet man alte Fotografien (und nicht die idealisierenden Stahlstiche), so bemerkt man, daß auch vor über 100 Jahren die damals schon alten Häuser meist alles andere als gut renoviert waren.

Die *Kathedrale Nôtre-Dame*, hoch über dem Fluß gelegen, ist mit ihrem 75 m hohen Turm eine weithin sichtbare Landmarke. Nachts spektakulär illuminiert. Die Kirche wurde im 16. Jahrhundert erbaut, im Innern ein barocker Orgelprospekt und zehn Apostelstatuen aus dem 15. Jahrhundert. Jede Viertelstunde schönes Geläut, um 12 Uhr zum dramatischen Konzert anschwellend.

Von der *Place aux Fleurs* aus (an der Rue des Arènes, unweit der Markthalle) Blick auf die vielfach gestaffelten Häuser der Altstadt und die Kathedrale. Hier beginnt ein kleiner Rundgang durch die Altstadt: Aufwendige Fenstergitter und ein feines Portal am Hôtel de Froissard und dem Karmeliterkonvent (Ancien Couvent des Carmélites), beide Gebäude sind in der Rue Mont-Rolland, rechts von der Rue des Arènes abbiegend.

Weiter im Uhrzeigersinn gehend, kommt man am alten Jesuitenkolleg (rue du Collège de l'Arc) mit reizvollem Innenhof

vorbei. Einige Schritte weiter links noch ein hübscher kleiner Innenhof in einem Haus von 1738. Nun nach rechts weiter in der Rue Boyvin im Haus Nr. 6 ‚Jura-Musique' der alte Garten des ‚Couvent des Tiercelines' und dann steht man auch schon wieder an der Kathedrale.

In der Verlängerung der Grande Rue der *Pont du Pasquier* über den Canal du Rhône au Rhin und die Brücke über den Doubs. Von beiden Brücken Blick auf die gestaffelten Häuserreihen der Altstadt. Schöne Passagen mit alten Platanen an Fluß und Kanal. Sehenswert ist jedoch nicht ein bestimmtes hôtel oder ein Innenhof, außerordentlich ist das Ensemble, die untouristische Selbstverständlichkeit, mit der eine alte Stadt sich hier zeigt. Diesem Eindruck können Autos (es gibt keine richtige Fußgängerzone) und die üblichen Schaufensterauslagen oder Leuchtreklamen erstaunlich wenig anhaben. An einem trüben Spätherbsttag wirkt die kalkgraue Stadt ein wenig wie die Bühne einer längst vergangenen Welt.

Einkaufen

- Vorzügliche Käse (regional und national) bei der *Fromagerie Comtoise* in der winzigen Rue d'Enfer im Schatten der Kathedrale. Hier gibt

RESTAURANT
Le Bec Fin
Le Bec Fin
Salle de Réunion
Le Bec Fin
Salle des Chevannes
Le Bec Fin
RESTAURANT

es auch eine umfassende Auswahl an Juraweinen und interessante Burgunder (z.B. von den Joblots).

- Ein guter **Metzger/Traiteur:** *J. M. Rameaux* in der Grande Rue.

- Ein guter **Patissier**: *P. Benetot* (oranges confites) mit einem Salon de Thé in der rue de Besançon Nr. 26.

- Unweit davon in der Nr. 26 der exzellente **Traiteur und Patissier** *Jean Ramel ‚Le Porcelet'*. mit allem an Salaten und patés, plats cuisinés und gutem Frischfleisch, was man in der Provinz nur erhoffen kann.

- Auf der anderen Straßenseite im Haus Nr. 13/15 der **Bäcker** *(Mon pain)* mit feinen süssen Teilchen.

- Gegenüber dem Hauptportal der Kathedrale findet sich eine hübsche gußeiserne **Markthalle**, deren Angebot besser geworden ist. Auch die **Poissonnerie** *St. Georges* aus Lons ist nun vertreten (Di-, Do-, Sa-morgens, Fr-mittags).

Einkehren

In der Küchenszene von Dole ist einiges in Bewegung. *Joel Cesari*, der sich in der Grande Rue 35 in einer frühgotischen Kapelle niedergelassen hatte, zog Anfang 2004 vor die Stadt in die ‚La Chaumière' (3 km Richtung Genf/Pontarlier, s.u.).

- Im *Templiers* mit seinem schönen Gewölbe und neuerdings auch auf einer Terrasse vor dem Haus gibt es nun (weiter unter der Leitung von Cesari) eine nett servierte anständige Bistroküche.

→ *Les Templiers*, Grande Rue 35, Tel. 03.84.78.78, Fax: 03.84.72.12.52. **Preise**: mittel. RT: So-abend.

Gegenwärtig ist das *Bec Fin* die Nummer Eins in Dole und weiter Umgebung. Von der düster-engen Gasse direkt neben Pasteurs Elternhaus steigt man hinab in einen Gewölbekeller, der sich auf der anderen Seite des Hauses zum Fluß öffnet. (Im Sommer wird dort auch auf einer etwas hingesetzt wirkenden Holzterrasse serviert). Hier haben sich Romuald Fassenet, früher Sous-Chef bei Jeunet in Arbois und seine Frau, 1ère sommelière de France, ihren Traum erfüllt: Große Küche zum fairen Preis in historischem cadre. Für 24 €

Auch der Hund der Besitzerin frühstückt an der Bar - Hotel Cloche, Dole

eine Suppe von Kastanien mit Kürbis. Hecht auf Ratten (die feinen Kartoffeln der Länge nach halbiert so daß sie wie die Nager aussehen, die auch in Frankreich ‚rattes' heißen), zum Schluß köstlicher Ananas-Carpaccio. Für etwas mehr (33 €) gibt es einen Kuchen von Pilzen und Schnecken mit einer Linsen-Tuile, Zander auf endives caramelisées, sehr gute Käse und feines Schokodessert. Dazu für nur 25 € der sensationelle Lagen-Chardonnay ‚Curon' der Domaine de la Tournelle aus Arbois, neben den Labets die Hauptprotagonisten der neuen großen Weißweine des Jura. Reduktiv ausgebaute Konzentrate, die es in allem, außer beim Preis, mit großen Burgundern aufnehmen können. 2004 ist Romuald Fassenet MOF geworden, meilleur ouvrier de France. Jedes Handwerk ermittelt alle drei Jahre in einem aufwendigen concours landesweit seine Besten. Es gibt nur wenige dieser Titel in jeder Sparte und wer es geschafft hat, wird sein Berufsleben lang damit werben.

→ *Bec Fin*, 67, rue Pasteur, Tel. 03.84.82.43.43, Fax: 03.84.79.28.07, fassenet.romu@wanadoo.fr. Geschlossen 5.-21.1.,17.-26.3., 6.-15.10., RT: Mo (Juli/August), Di-mittag, Mi. **Preise**: mittel-gehoben.

- Im Hotel *Cloche* am Innenstadtrand, mit Blick auf einen Stadtpark(platz), kann man günstig und nett wohnen. Ein leicht angestaubtes Haus des 19. Jahrhunderts zwischen zwei Straßen gelegen, der Kleinstadtboulevard wird gegen Abend ruhig. Unterschiedliche, zum Teil renovierte Zimmer, nett z.B Nr. 109 mit grand lit. Sehr freundliche Besitzerin, im Erdgeschoß klassische Bar, in der man besser das Frühstück selbst zusammenstellt als das Standard-petit-dejeuner zu bestellen. Parken nebenan, am Wochenende kostenlos.

→ *Hotel Cloche*, 1, place Grévy. Tel. 03.84.82.06.06, Fax 03.84.72.73.84. lacloche.hotel@wanadoo.fr. Geschlossen 24.12.-2.1. **Preise**: mittel.

- An der *place Grévy* vor dem Hotel samstags gute Austern-, Käse- und Gemüsestände. Gleich dahinter beginnt in der rue de Besançon die Altstadt, 5 Minuten zur Kathedrale, in einer halben Stunde eine ganze Stadt.

- An der Ausfallstraße nach Genf liegt das Hotel *La Chaumière* mit seinem Restaurant *La Découverte*. Seit Winter 2004 unter der Leitung von Joel Cesari (s.o.), hat sich hier einiges getan. Sehr gepflegte Zimmer, freundlicher Empfang und eine immer besser werdende Küche.

→ *La Chaumière*, 346, av. du Maréchal Juin. RT: Sa-mittag, So und Mo-mittag. Geschlossen: 1.-7.5., 31.8-7.9., 20.12.-13.1. **Preise**: gehoben.

Château-Chalon

Juraweinland

Das Weinbaugebiet des Jura erstreckt sich in der Linie *Besançon-Lyon* über 70 km am Westabhang der Juraberge. Es reicht von nördlich von *Arbois* bis südlich von *Lons-le-Saunier.* Bei klarem Wetter sieht man von den höchstgelegenen Rebzeilen aus weit im Westen die burgundische Côte-d'Or, den Gegenhang der breiten Saône-Ebene. Im Rebland wachsen aber nicht nur hochinteressante Weine. Die Region ist eine wunderschöne, kleinräumige, vom Weinbau geprägte Landschaft, dazu etliche geschlossen erhaltene kleine Stadtensembles und als landschaftliche Höhepunkte die großartigen Talabschlüsse der *Reculées* mit ihren Höhlen und Wasserfällen. Dies alles ist bis heute fast industriefrei, ohne große Durchgangsstraßen. Selbst die ‚grandes surfaces', die ebenso uniformen wie großflächigen Super-, Mega- und Hypermärkte der französischen Provinz (die allerdings auch interessante Einkaufsorte für Lebensmittel sein können) sind rar, nur ein kleiner Saum zieht sich um Lons-le-Saunier. Ein gutes Ziel also für ein langes Wochenende, zumal eine auf jedem Preisniveau vorzügliche Gastronomie wartet.

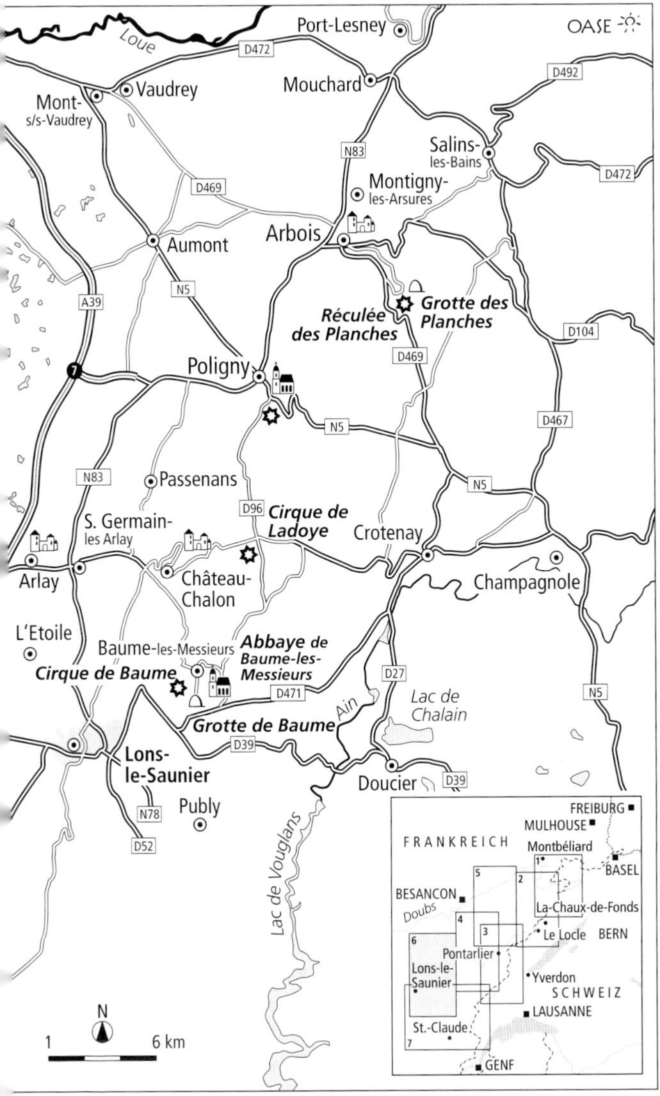

Karte 6: Juraweinland

Seit Plinius dem Jüngeren, also etwa 100 v. Chr., ist im Jura Weinbau beschrieben. Im späten Mittelalter und der frühen Neuzeit war Jurawein sehr gefragt. So loben ihn Briefe der französischen Könige François I und Henri IV, eine Ehre, die freilich mit einigen Weinregionen Frankreichs geteilt werden muß. Mit der Reblaus kam der Niedergang. Standen Ende des 19. Jahrhunderts fast 20.000 Hektar unter Reben, so sind es heute noch 1.500 Hektar (bei steigender Tendenz). Das relativ kleine Weinbaugebiet (etwa 1 % der französischen Ernte) zeichnet sich durch eine vielfältige Produktion mit einer ganzen Reihe bemerkenswerter, manchmal nur hier angebauter, Rebsorten und Weinspezialitäten aus.

Die Region teilt sich in die Bereiche *Arbois* (800 ha), *Côtes du Jura* (700 ha), *Étoile* (80 ha) und *Château-Chalon* (50 ha).

Um die wunderschöne alte Stadt **Arbois** (vgl. dort) wird vorwiegend Rotwein erzeugt. Arbois ist in Frankreich zudem sehr bekannt als Stadt der Jugend Pasteurs und als der Ort, wo er seine Untersuchungen zur alkoholischen Gärung durchführte. 1936 wurde hierhin die erste ‚Appellation contrôlée' überhaupt verliehen. Die ‚Appellation Château-Chalon' ist für den Vin Jaune reserviert, der aber auch im Rest des Jura-Weinbaugebietes erzeugt werden darf.

Étoile produziert Weißweine und Vin Jaune. Seinen Namen hat dieses Weingebiet eher von den sternförmigen Fossilien, die sich im Gestein finden als von den fünf Hügeln, die es in Sternform umgeben.

Unter der ‚Appellation Côtes-du-Jura' versammeln sich alle übrigen Weinberge des Jura, was aber nicht zu dem Schluß verleiten darf, hierbei handele es sich um die weniger guten Lagen oder Winzer. Im Gegenteil, es werden einige der feinsten Weine des Jura unter dieser Appellation hergestellt, so etwa die Weißweine von *Jean Macle* oder *Jean Berthet-Bondet*, welche die dem Vin Jaune vorbehaltene ‚Appellation Château-Chalon' nicht tragen dürfen. Gleiches gilt für die Weine von *Xavier Reverchon* aus Poligny und die Weine der *Domaine Labet* in Rotalier.

Aus den **Rotweinreben** *Poulsard* und *Trousseau* entstehen vor allem in Arbois reizvolle, einem guten Beaujolais bzw. einem leichten Burgunder ähnliche Weine. Die Poulsard ergibt helle, fruchtige, rosé ähnliche Weine, während die‘ Trousseau’ vollere, recht tanninbetonte Weine liefert, die ein gutes Alterungspotential haben. Auch Pinot noir (Spätburgunder) wird zunehmend angebaut, vor allem in Arbois und im südlichen Jura. Meist dient er zur Sektproduktion oder geht in Assemblagen auf. Neuerdings werden aber auch interessante reine Pinots ausgebaut. Verglichen mit der Bedeutung der Juraweißweine, sind die Rotweine der Region insgesamt jedoch nur von begrenztem Interesse.

Die Juraspezialität: Vin Jaune

Der bekannteste Wein des Jura ist der *Vin Jaune*. Vin Jaune ist eine der großen internationalen Weinspezialitäten, von der Substanz nicht weniger bedeutend als ein großer Sauternes oder ein weißer Burgunder der allerhöchsten Kategorie. Vin Jaune darf nur aus der Savagnin-Traube gekeltert werden. Die Savagninrebe wird ausschließlich im Jura angebaut. Sie entstammt wohl einer Selektion von regionalen Wildreben, verwandtschaftliche Beziehungen zu Traminer und Tokajer sind eher konstruiert. Die besondere Qualität des Vin Jaune entwickelt sich während einer mindestens sechs Jahre und drei Monate dauernden Lagerung im kleinen Faß. In dieser Zeit wird der verdunstende Wein nicht nachgefüllt, so daß sich im Faß ein Hohlraum bildet, in dem ein Gespinst spezieller Hefen das eigene Aroma des Vin Jaune erzeugt. Der Wein nimmt den Schleier, „il prend le voile“. Woanders entstünde Essig, im Jura wird es Vin Jaune.

Nach der Legende entstand die Weinspezialität aus Versehen. Anstatt, wie üblich, den verdunstenden Wein nachzufüllen, hatte man ein Faß im Keller vergessen. Nach Jahren hatte sich im Hohlraum über dem Wein ein Hefeschleier gebildet und der Inhalt des Fasses besaß ein bislang nie gekanntes hochfeines, konzentriertes Aroma, das entfernt an Sherry erinnert. Der Alkoholgehalt liegt etwa bei 13 %. Die Trauben für den Vin Jaune müssen ein bestimmtes Mostgewicht haben, der durchschnittliche Hektarertrag liegt bei nur 20 hl (= 2000 Liter), einem Bruchteil des Üblichen. Schließlich darf der Vin Jaune nur in eine spezielle 0,62 Literfassende Flasche *(Clavelin)* abgefüllt werden. Deren Inhalt entspricht dem durchschnittlichen Volumen, das nach sechs Jahren und drei Monaten Faßlager von einem Liter dieser Weine übrig bleibt. Für die Rettung dieser Sondergröße gegen das Diktat der genormten Flaschen bedurfte es, wie die Winzer stolz bemerken, eines Beschlusses des Europaparlaments.

In der ‚Appellation Château-Chalon', die ausschließlich dem Vin Jaune vorbehalten ist, sind die Regeln noch strenger: Jeden Herbst prüft eine mit Winzern und Mitarbeitern des INAO (s.u.) besetzte Kommission, ob die Voraussetzungen erfüllt sind, Vin Jaune zu produzieren. 1980 und 1984 wurde die Ernte deklassiert. Die Aromenvielfalt eines guten Vin Jaune mit reifen Fruchttönen und dem Duft nach Morcheln und grünen Nüssen ist faszinierend, am ehesten vielleicht einem der wenigen ganz großen Sherrys vergleichbar.

Mit bestem Comté und frischen Nüssen im Herbst ein Traum, nicht weniger gut zu einem Coq au Vin Jaune. Vin Jaune entwickelt sich über Jahrzehnte, seine Lagerfähigkeit ist praktisch unbegrenzt. Allerdings steht vor dem Vergnügen eins eher hoher Preis (ab 25 € pro Flasche beim Winzer), zudem entfaltet sich Vin Jaune in der Regel erst viele Jahre nach der Flaschenfüllung zu seiner ganzen Größe. Einmal versuchen sollte allerdings jeder Weinliebhaber den ‚Vin Jaune'. Gelegenheit hierzu bietet sich im Jura zum einen in Restaurants, wo man ihn auch glasweise bekommt, zum anderen bei guten Winzern, bei denen es möglich ist, auch den Vin Jaune zu degustieren. Auch der Winzer lebt vom Verkaufen. Dies durch Mitnahme einiger Flaschen (auch einfacherer Weine) anzuerkennen, fällt bei den erwähnten Adressen zum Glück nicht schwer.

Jura Chardonnays, Strohwein, Sekt und Marc

Eine interessante, vielfach noch unterbewertete Spezialität des Jura sind Chardonnay-Weißweine, oft mit einem Anteil an Savagnin-Trauben, die unter den ‚Appellationen Arbois', ‚Côtes-du-Jura' und ‚Étoile' verkauft werden. Diese Weine sind gehaltvoll ohne alkoholisch zu sein, mit einer feinen Bodennote (goût du terroir) und von langer Haltbarkeit. Sie werden weniger kühl als die meisten anderen Weißweine getrunken und halten sich geöffnet über mehrere Tage. Die besten von ihnen haben viel vom Vin Jaune, sind natürlich unkomplizierter trinkbar und weniger teuer. Die Essenz des Herbstes findet man in der Kombination von Walnüssen, Comté-Käse und Jura-Weißwein von Jean Macle und Jean-Berthet-Bondet in Château-Chalon, Luc Aviet und Jacques Puffeney in Montigny-les-Arsures, der Domaine du Montbourgeau und der Domaine de l'Etoile in Étoile, von Xavier Reverchonin Poligny und der Domaine Labet in Rotalier – zu Preisen zwischen 6 und 11 €.

- Der *Vin de Paille* ist eine andere Spezialität aus dem Jura. Es ist eine artifizielle Trockenbeerenauslese. Die überreifen Trauben (verschiedener Rebsorten) werden nach der Lese (ursprünglich auf Strohmatten, heute oft an Drähten) während zwei bis drei Monaten getrocknet, erst danach gepreßt und vergoren. Der daraus resultierende Wein ist edelsüß und voll raffinierter Fruchtaromen, auch entsprechend teuer. Paßt zum Aperitif, zu Blauschimmelkäse, Foie Gras und dunklen Schokoladen-Desserts.

- In keiner Region Frankreichs, außer der Champagne, werden relativ mehr hochwertige **Sekte** hergestellt als im Jura. Die Qualität der Grundweine ist nirgends höher. Das Preisniveau hingegen liegt weit unter dem der berühmten Verwandten. Meist werden weiß vinifizierter Pinot noir und Chardonnay zusammen verwendet. 1995 erhielt der Jurasekt vom INAO (Institut National des Appellations d'Origine) das Recht, eine eigene Appellation (Crémant du Jura) zu führen, in Frankreich immer noch so etwas wie ein Adelsprädikat für ein Produkt.

- Im Jura-Weingebiet wird traditionell auch einer der besten Marcs produziert. ‚Marc' ist ein Destillat aus Treber, also aus den Rückständen, die nach dem Abpressen der Trauben übrigbleiben – Häute, Kämme, Kerne; bei uns Trester, in Italien Grappa genannt. Hefeschnäpse, also Destillate aus Weinhefen sind dagegen eher eine südbadische Spezialität. Auch der Jura-Marc ist seit einigen Jahren mit einer eigenen Appellation ausgezeichnet. Mindestens 50° stark und lange in Jura-Weinfässern gelagert, ist Jura-Marc ein idealer Digestif, der meist weicher schmeckt als es die hohen Alkoholprozente erwarten lassen.

Wird Marc mit reduziertem Traubenmost im Verhältnis eins zu zwei gemischt, so entsteht *Macvin*, ein Apéritif, der dem ‚Pineau des Charentes' des Südwestens (Bordelais) entspricht. Als Apéritif, zum Dessert oder mit einer guten Melone sehr reizvoll. In der Regel werden hochwertige Weinmoste und sehr gute Marcs verwendet. Die Macvins sind kein neumodisches Entsorgungsprodukt von Überschußweinen, sondern haben eine jahrhundertealte Tradition.

Weinwissen bringt Freude

Während Weine aus dem Jura in Frankreich auf der Karte fast jedes guten Restaurants auftauchen, sind sie in Deutschland so gut wie unbekannt. Ist man im Jura unterwegs, lohnt es sich, ein wenig auf die regionale Weinkultur zu achten. Zum einen ist der Weinbau eng mit der Landschaft verbunden, zum anderen ist die regionale Küche stark vom Wein beeinflußt und läßt sich mit noch mehr Vergnügen genießen, wenn man den passenden Wein dazu auswählen kann. Natürlich sind die (meist seriösen und nur selten aufs Verkaufen teurer Flaschen gerichteten) Ratschläge des Wirtes oder auch des Weinkellners (sommeliers) eine wichtige Orientierungshilfe. Mit etwas Grundwissen in der regionalen Weinlandschaft geht's aber schneller und macht mehr Spaß. Meist lohnt es sich, den lokalen Wein zum Essen der Gegend zu nehmen, selbst wenn man diesem eigentlich eher skeptisch gegenüber steht oder andere persönliche Favoriten auf der Karte entdeckt. Ein ordentlicher Regionalwein ist in der Regel am billigsten und gibt einen authentischen Eindruck der bodenständigen Küche. Dies gilt zunehmend auch in den feinen Restaurants, die ja inzwischen oft eine regional orientierte Küche bieten und deren Weinkarten einen repräsentativen Überblick über die besten Winzer der Region geben.

Ein sicherer Weg zum guten Winzer führt über gute Restaurants. Dort kann man nach besonders typischen Weinen der Gegend fragen, nach dem Essen nennt der Wirt oder Weinkellner auch gerne weitere ähnliche oder auch im Stil konträre Weine. Es lohnt sich auch, die Weinkarte während des Essens zu behalten, um die oftmals sehr umfangreiche Liste in Ruhe zu studieren. Fast jedem Wirt oder Sommelier macht es Freude, ergänzende Erklärungen zur Weinliste zu geben, mitsamt Adressen und Telefonnummern. Oft ist es auch einfacher, mit der Empfehlung eines angesehenen regionalen Restaurants bei einem bekannten Winzer einen Einstieg zu finden. Von mangelnden Sprachkenntnissen sollte man sich nicht vom Weinprobieren abhalten lassen, mit Grundbegriffen aus dem Wörterbuch und einem Block fürs Aufschreiben schwieriger Namen kommt man auch ganz schön weit.

Im folgenden werden Winzer vorgestellt, die die besten Weine des Jura produzieren. Alle Juraweine (außer dem Poulsard und dem Crémant) gewinnen durch Reifung. Gerade die relativ günstigen Weißweine der Côtes-du-Jura (besonders wenn sie Savagnin enthalten) haben ein beträchtliches Reifungspotential, sind dabei allerdings auch nach zwei bis drei Jahren meist schon gut trinkbar. Zudem halten sie sich in der geöffneten Flasche einige Tage, wobei sie eine interessante Entwicklung durchmachen. Die weißen Juraweine sollten nicht zu kühl getrunken werden, zehn Grad ist zu kalt, oft schmeckt der fast zimmerwarme Rest im Glas besonders gut.

Empfehlenswerte Jura-Weingüter

- **Jean Macle.** Eine Referenzadresse für den Weinbau des Jura. Das Weingut liegt mitten im alten Abteistädtchen *Château-Chalon*. Hier, in einem der schönsten kleinen Orte Frankreichs, hoch über dem Herz des jurassischen Weinbaugebiets (die ‚Vin-Jaune-Appellation' trägt nicht umsonst diesen Namen, Vin Jaune aus Château-Chalon nennt sich also Château-

Chalon) ist Macle auch Bürgermeister. Seine Erscheinung hat biblische Strenge, etwas Prophetenhaftes im Habitus. Seine Erzeugnisse sind (dementsprechend?) von einer ganz besonderen Konzentration und Klarheit. Der Côtes du Jura hat schon viel vom Vin Jaune. Der Vin Jaune Macles ist das Idealbild dieses eigenwilligsten unter den großen Weinen Frankreichs: von faszinierender aromatischer Intensität, fehlt ihm die kantige Derbheit, die den Vin Jaune in seiner Jugend meist kennzeichnet. Der Marc von Jean Macle ist 20 Jahre im Faß gereift. Macle versiegelte seine Flaschen bis vor kurzem in traditioneller Weise von Hand. Neue Vorschriften haben dem leider ein Ende gemacht.

Adresse: *Jean Macle*, 39210 Château-Chalon, Rue de la Roche, Ortsmitte (von Voiteur kommend in der ersten Linkskurve geradeaus), Tel. 03.84.85.21.85, Fax: 03.84.85.27.38. Tägl. 9-12 Uhr und 15-19 Uhr nach telefonischer Vereinbarung.

- **Jean Berthet-Bondet**. Die Domaine wurde erst 1985 gegründet. Im einstigen Verwaltungsgebäude der hochadeligen Abtei *Château-Chalon*, unter alten Bäumen am Rande des Ortes gelegen, besitzt das Gut einen herrlichen Gewölbekeller. Berthet-Bondet ist mittlerweile als einer der besten Winzer des Jura anerkannt. Wie immer ist das Erfolgsgeheimnis eine Summe verschiedener Faktoren: geringer Ertrag, sorgfältige Lese, lange, kontrollierte Gärungszeiten, saubere Kellertechnik. Dazu das Quantum Intuition und Persönlichkeit, welches die großen von den nur guten Winzern unterscheidet. Der Côtes du Jura ‚Tradition' von Berthet-Bondet ist eine Cuvée aus 70 % Chardonnay und 30 % Savagnin, geschliffen und doch juratypisch kräftig. Der Crémant mit komplexen, reifen Fruchtnoten hat ein feines, langanhaltendes Mousseux. Der Marc ist nach sieben Jahren Faßlagerung trotz seiner (nach der Appellation vorgeschriebenen) 50 % Alkohol weich und edel.

Adresse: *Jean Berthet-Bondet,* 39210 Château-Chalon, am Ortseingang rechts (von Champagnole kommend), Tel. 03.84.44.60.48, Fax: 03.84.44.61.13. Montag bis Samstag 9-12.30 und 15-19 Uhr nach telefonischer Vereinbarung.

- **Domaine de Montbourgeau**. Das Weingut liegt in bukolischer Landschaft unweit von *Lons-le-Saunier*. Die Zufahrt führt durch ein altes Tor über eine Lindenallee (danke, lieber Leser) den Hang hinauf zu einem kleinen Herrenhaus. Die ‚Appellation L'Étoile' ist einer der kleinsten selbstständigen Anbaubereiche Frankreichs. Das Spektrum der Weine unterscheidet sich etwas von dem in anderen Bereichen des Jura. Der Crémant wird hier besonders gepflegt und Rotweine gibt es praktisch nicht. Der Crémant von Jean Gros hat ein besonders feines und dichtes Mousseux, ist dabei duftig ohne jede Süße, sehr trocken, aber nicht kantig. Der Étoile-Weißwein (100 % Chardonnay) hat genau den reizvollen Ton von frischen Walnüssen und eine erdige Würze, welche die guten Jura-Chardonnays von ihren Vettern in Burgund unterscheidet. Seit mehr als 10 Jahren, nach dem frühen Tod von Jean Gros jr., vinifiziert seine Witwe die Weine der Domaine. Man wird hier stets besonders liebenswürdig empfangen.

Adresse: *Domaine de Montbourgeau,* Jean Gros, 39570 L'Étoile, am Ortsende rechts (Richtung Quintigny), Tel. 03.84.47.32.96, Fax: 03.84.24.41.44, tägl. 9-12 und 15-19 Uhr (möglichst nach telefonischer Vereinbarung).

- **Château de l'Étoile**. Das Château ist – wie so oft in Frankreich – kein Schloß im eigentlichen Sinn, sondern eine Domaine mit stattlichem Wohnhaus. Das Anwesen liegt auf einem Hügel mit Blick über die gleichnamige Appellation. Diese ist mit ihren 80 Hektar allerdings auch einigermaßen gut überschaubar. In Deutschland wurden im staatlich verwalteten oder genossenschaftlich dominierten Weinbau hochwertige Kleinlagen ohne Rücksicht auf Unterschiede des Mikroklimas oder der Böden häufig mit minderen Nachbarlagen vereint, um mehr Fläche unter gutem Namen vermarkten zu können. In Frankreich verfolgte man eine andere Politik: Hier wurden die Unterschiede zwischen verschiedenen Lagen intensiv geprüft, das einflußreiche INAO schuf dann neue, oft kleine, Appellationen und Unterappellationen. Daß es auch bei diesem Verfahren keine alle Beteiligten zufriedenstellende Lösung gibt, liegt auf der Hand. Aber der Trend ging stets in Richtung

Qualität und Regionalisierung, unabdingbare Voraussetzung, sich im Weinbau gemässigter Zonen in Hochlohnländern zu behaupten. Hier im Château de l'Étoile baut die Familie Vandelle ihre soliden Weißweine und Vin Jaunes sowie exzellente Crémants aus.

Adresse: *Château de l'Étoile,* Vandelle et Fils, 39570 L'Étoile, auf einem Hügel über dem Ort, Tel. 03.84.47.33.07, Fax: 03.84.24.93.52, tägl. 8-12 und 14-18 Uhr.

- **Xavier Reverchon**. In *Poligny* hat sich Reverchon in den letzten zehn Jahren einen Ruf als qualitätsorientierter Winzer erworben. Seine Weißweine sind bei geringem Ertrag konzentriert und fein, etwas weniger oxydativ als die Weine seiner traditionellen Kollegen. Besonders hervorzuheben der Côtes-du-Jura Vieilles Vignes ‚Les Boutasses', stark vom Savagnin geprägt, ein idealer Begleiter zum berühmten Käse aus Poligny, der capitale du Comté. So eine Flasche, ein großes Stückreifer Comté, eine gute Baguette in warmer Herbstsonne: Kultur ist nicht nur im Theater oder im Museum zu Hause.

Adresse: *Xavier Reverchon,* 39800 Poligny, 2, rue du Clos, Tel. 03.84.37.02.58, Fax: 03.84.37.00.58. Mo bis Sa 10-12 und 15-19 Uhr, möglichst nach telefonischer Vereinbarung.

In **Montigny-les-Arsures** (von Besançon kommend, 3 km vor Arbois auf der N 83 nach links, dann noch 1 km) finden sich gleich mehrere interessante Winzer. Allerdings sind diese in der Streusiedlung nicht immer leicht zu finden, zum Teil Hinweisschilder, sonst fragen:

- **Jacques Puffeney**. Puffeney ist ein freundlicher älterer Mann, vom Habitus dem Klischee des französischen Winzers ähnlich. Seinem unscheinbaren Haus ist – wie so oft in Frankreich – nicht anzumerken, daß es einen der angesehensten Weinbaubetriebe der Region beherbergt. Kaum daß ein Schild an der Tür auf die Domaine hinweist. Hier gibt es den besten Poulsard. Die Rebe beweist hier, daß sie es doch zu ein wenig mehr als dem kleinen hellen Roten bringen kann. Außer dem feinen Trousseau (Cuveé Vieilles Vignes ‚Les Bérangères') und sehr kräftigen, fast rustikalen Chardonnay, aber auch sehr guten Vin Jaune.

Adresse: *Jacques Puffeney,* 39600 Montigny-les-Arsures, rue St-Laurent, Tel. 03.84.66.10.89, Fax: 03.84.66.08.36, täglich – möglichst nach telefonischer Vereinbarung.

- **Lucien Aviet.** Ebenfalls in *Montigny-les-Arsures.* Aviet macht seinem Beinamen ‚Bacchus' von Statur und Temperament her alle Ehre. Dies sollte aber nicht täuschen, er ist ein grundsolider Handwerker, der großartigen Vin Jaune macht. Besonders gut sind seine weißen Arbois-Weine (vor allem eine Savagnin-Cuvée), die wie leichtere, aber nicht banalisierte Vin-Jaune-Varianten wirken. Dies alles wird produziert in einem Keller, der den Charme längst vergangener Zeiten besitzt. Trotz alter großer Holzfässer und einem Bollerofen wirken die Weine alles andere als muffig oder zu oxydativ. Obwohl die enorme Verbesserung der Qualität vieler Anbauregionen (zum Beispiel im Languedoc-Roussillon) eng mit dem Einsatz modernen Technik verbunden sind, ist es irgendwie beruhigend, zu sehen, daß es noch Winzer wie Lucien Aviet gibt (oder etwa Auguste Clape in Cornas an der Rhône), die in einem Ambiente, das eher an ein Heimatmuseum erinnert, großartige Weine machen.

Adresse: *Lucien Aviet,* 39600 Montigny-les-Arsures, Tel. 03.84.66.11.02. Mo-Fr 8-20 Uhr, nach telefonischer Vereinbarung.

- Ein weiterer interessanter Betrieb in *Montigny-les-Arsures* ist der von **André und Mireille Tissot**. Die beiden machen feinduftige, üppige Chardonnays und einen sehr guten Vin Jaune, dazu eine Palette von Marcs. Seit einigen Jahren ist ihr Sohn Stéphane verantwortlich für die Vinifikation. Er hat das Gut weit nach vorn gebracht. Seine Lagen-Chardonnays sind mit denen der Domaine de la Tournelle und der Labets an der Spitze der Region und die konzentrierten Rotweine suchen ihresgleichen im Jura.

Adresse: *André und Mireille Tissot*, 39600 Montigny-les-Arsures, an der Straße nach Arbois. Täglich außer So/Feiertage geöffnet von 9-12.30 Uhr und von 13.30-19 Uhr. Tel. 03.84.66.08.27, Fax 03.89.66.25.08. Die Tissots verkaufen ihre Weine auch in einem eleganten neuen Laden an der place de la Liberté, dem Hauptplatz von **Arbois** (täglich 9-12.30, 14.30-19 Uhr).

Mittlerweile ist auch in die konservative Weinszene des Jura Bewegung gekommen. Bisher war Jurawein immer dem oxydativen Vin-Jaune-Stil verhaftet. Die besten Chardonnays der großen traditionellen Winzer werden in ehemaligen Vin-Jaune-Fässern ausgebaut und sind stets von einer gewissen Strenge. Dabei kommen im besten Fall großartige Weine heraus, die weltweit wirklich einzig sind. Aber es wäre doch erstaunlich, wenn man hier, kaum eine Stunde von den Weinbergen Burgunds entfernt, nicht auch komplexe moderne Weine machen könnte. Etliche Winzer haben in den letzten Jahren diese Herausforderung angenommen und sie haben sie mit Bravour gemeistert. Die *Domaines Labet* aus Rotalier, *de La Tournelle* aus Arbois und *Michel Gahier* aus Montigny beweisen, daß der Jura mehr kann als typische Juraweine zu erzeugen.

- **Evelyne und Pascal Clairet** haben 1997 in *Arbois* die **Domaine de la Tournelle** gegründet. Auf 7 ha bauen sie Chardonnay und Savagnin an. Minimale Erträge, späte Lese, extrem lange Vergärung mit Spontanhefen und bis zu 30 Monate Faßlager auf der Hefe führen zu konzentrierten Weinen, deren Opulenz nicht durch neues Holz unterstützt werden muß. Beim Ausbau wird auf Reduktion geachtet, es kommen keine traditionellen Jurahefen zum Einsatz. Die Finesse und Komplexität des Lagen-Chardonnays ‚Curon' und des Savagnin ‚Solstice' (mit 14% natürlichem Alkohol kraftvoller als mancher Vin Jaune) finden ihr Pendant erst ganz weit oben in der burgundischen Elite. Da kostet soviel Weinvergnügen aber drei bis fünfmal soviel. Selbst der Basiswein der Clairets ‚Terres et Gryphées' ist ein feiner Chardonnay der Extraklasse.

Adresse: *Domaine de la Tournelle, E u. P. Clairet,* 5, petite place, Arbois, Tel. 03.84.66.25.76.

- **Michel Gahier** geht in *Montigny-les-Arsures* den gleichen Weg. Sein Basis-Chardonnay mit dem schönen alten Viadukt von Montigny auf dem Etikett ist für 6 € ein Geschenk.

Adresse: Michel Gahier, pl. de l'eglise, Tel. 03.84.66.17.63

- Die Domaine **Alain et Josie Labet** liegt in *Rotalier* 20 km südlich von Lons-le-Saunier. Hier laufen die Juraweinberge am Abhang des Revermont, dieser weltvergessenen Hügellandschaft, langsam aus. Traditionell wurde hier polyculture betrieben. Die Bauern hatten neben dem Wein auch Obstbäume, etwas Vieh, Bienen. Dabei gibt es ein reizvolles terroir mit kleinen, sehr sonnenexponierten Steillagen. Die Labets haben dessen Vorzüge zu nutzen gewußt. Sie lesen spät, sorgfältig von Hand natürlich, lassen ebenfalls sehr lange spontan vergären und füllen sehr spät ab. Barriques werden nur sehr dosiert eingesetzt. Das Ergebnis sind Weißweine von einer Dichte und Komplexität, aber auch von solcher Finesse, daß sie den Gedanken an ganz große Burgunder aufkommen und mit Scheu die Frage nach dem Preis stellen lassen. Dann kommt die zweite angenehme Überraschung. Da die Weinwelt den Stars und Moden nachläuft und die ganz große preistreibende Nachfrage nicht in erster Linie von der Qualität abhängt, macht es auch noch beim Bezahlen richtig Spaß, hier einzukaufen.

Schön an diesen Weinen ist auch, daß sie ihr enormes Potential selbst in ihrer Jugend nicht nur dem Spezialisten offenbaren. Es sind Trinkweine und nicht Optionsweine, wie so vieles, was sich in der Oberklasse tummelt. Sensationell der Lagen-Chardonnay ‚Fleurs de Marne - Les Beaumettes' (11.40 €), aber auch der ‚Varrons' (10.50 €) und der ‚einfache' Côte du Jura ‚Fleurs' (8.50 €) machen sehr viel Freude. Die Labets produzieren auch einen wunderschönen ‚Vin de Paille', der ebenfalls vom neuen Stil profitiert. Nicht oxydativ angehaucht, schmeckt man die ganze Finesse der superkonzentrierten Trauben. Es ist wohl der letzte vin de paille im Jura, vielleicht in ganz Frankreich, dessen Trauben noch auf Stroh und nicht an Drähten oder in Trockenkammern einschrumpeln. 18 €/0.375 l sind dafür ein Freundschaftspreis. Die Domaine ist seit 1893 in Familienbesitz und einige der Rebstöcke, die der Urgroßvater damals pflanzte, tragen immer noch. Bemerkenswert freundlicher Empfang durch Madame, sehr großzügige Probe im Keller des schönen südjurassischen Bauernhofs.

Adresse: Domaine *Alain et Josie Labet*, Place du Village, 39190 Rotalier. Tel. 03.84.25.11.13, Fax 03.84.25.06.75, möglichst vorher anrufen.

- Im gleichen kleinen Ort *Rotalier* macht auch die **Domaine Ganevat** von sich reden. Ihr Chardonnay Vieilles Vignes ‚Les Grands Teppes' ist ein Traum an dezenten, feinsten Aromen, mundfüllend, aber ohne jede Aufdringlichkeit.

Adresse: *Domaine Ganevat*, La Combe, 39190 Rotalier.

Hinweise zur Weinprobe

Bei all diesen Winzern ist es möglich, zum Degustieren vorbeizukommen. Es ist allerdings empfehlenswert, sich ein oder zwei Tage zuvor telefonisch anzumelden. Wem dies sprachliche Probleme bereitet, der kann natürlich auch einmal einen Hotelier bitten, das Telefongespräch zu führen.

Eine Ausnahme ist das Haus *Rolet*, das in **Arbois** an der Rue de l'Hôtel de Ville direkt neben dem Hotel von Jean-Paul Jeunet einen Verkaufsraum mit großzügigen Öffnungszeiten unterhält. Rolet gehört mit 65 Hektar eigenen Reben zu den größten Besitzern im Jura. Trotzdem werden hier feine, individualisierte Weine auf hohem Niveau produziert, so ein Côtes-du-Jura blanc mit deutlicher Savagninnote, ein bemerkenswerter Trousseau und guter Crémant. Hervorzuheben sind die besonders günstigen Preise. Man wird kompetent beraten und erhält rasch einen Überblick über den regionalen Wein auf ungleich höherem Niveau als etwa bei dem Juraweinkönig Henri Maire, dessen Verkaufsraum sich um die Ecke an der Place de la Liberté befindet. Natürlich kann dies das Vergnügen der Degustationen bei den verschiedenen Winzerpersönlichkeiten nicht ersetzen, aber bei begrenzter Zeit oder völlig fehlenden Französischkenntnissen ist ein Besuch bei Rolet eine seriöse Kurzversion der jurassischen Weinreise.

Eine weitere Möglichkeit, in kurzer Zeit einen ersten Überblick zu bekommen, bietet das Sortiment vom *Château d'Arlay* (vgl. dort).

Weinhandel unter den Arkaden von Arbois

Arbois

Überragt vom weithin sichtbaren Turm der Kirche ‚St-Just' liegt Arbois am Rand der Weinhänge, die sich den Abhang des jurassischen Plateaus entlang erstrecken. Arbois ist nicht nur eines der Zentren des Weinbaus im Jura (mit reichlich Verkaufsstellen von Gütern und Genossenschaften), sondern auch eine der schönsten Kleinstädte des Landes. Im Gegensatz zu vielen anderen hübschen Landstädtchen ist Arbois nicht von dem üblichen Ring an hypermarchés und Plattenbausiedlungen umgeben. Lediglich eine Umgehungsstraße führt in großem Bogen um den Ort herum. So bietet die Stadt, in einer Senke gelegen, von allen Seiten ein reizvolles Bild. Dieses läßt sich bei einem Picknick stundenlang genießen, etwa wenn es einem gelungen ist, den bemoosten, alten Rastplatz an dem Sträßchen, welches von Montigny-les-Arsures nach Arbois führt (D 249), zu finden.

Stadtrundgang: Ein kleiner Weg entlang dem Flüßchen Cuisance zeigt auch die Rückseite der alten Häuser und des Schlosses, alte Mühlen, Gärten und Höfe. Das Zentrum von Arbois ist die place de la Liberté. Hier und in den davonabge-

Lycée Pasteur, Arbois

henden Straßen Grande Rue, rue de l'Hôtel-de-Ville und rue Jean Jaurès liegen die Bürgerhäuser des 18. Jahrhunderts, zum Teil mit markant-wuchtigen Arkaden und schmiedeeisernen Arbeiten.

Sehenswert

i Office du Tourisme Arbois - Hôtel de Ville, Tel. 03.84.66.55.50, Fax: 03.84.66.25.50, www.arbois.com

In der Rue de Corcelles 83 (Fortsetzung der Grande Rue) liegt die *Maison de Louis Pasteur.* Die Eltern Pasteurs waren 1827 von Dole nach Arbois umgezogen und der Vater hatte sich auch hier als Gerber niedergelassen (vgl. auch unter Dole). Zeit seines Lebens verbrachte der nun weltberühmte Gelehrte den Sommer in Arbois. In seinem Elternhaus sind die Inneneinrichtung und das Labor, in dem die legendären Experimente zur Untersuchung der alkoholischen Gärung durchgeführt wurden, unverändert geblieben. Öffnungszeiten: Anfang April bis Mitte Oktober täglich – nur mit Führung. Tel. 03.84.66.11.72.

Das *Rathaus* in einem alten Konventsgebäude in der gleichnamigen Straße rue de l'Hôtel-de-Ville, beherbergt in seinem

Patissier Hirsinger, Arbois

Gewölbekeller ein Musée de la Vigne et du Vin, Anfang Julibis Mitte August, außer Dienstag.

Schräg gegenüber dem Hôtel de la Poste (vgl. oben) ragt der mächtige Turm der spätgotischen *Église Saint-Just* 60 m hoch auf, einer der größten typischen clocher comtois mit der geschwungenen Haube und den Mustern aus buntlasierten Biberschwänzen. Im Inneren eine Muttergottes mit Kind vom Ende des 14. Jahrhunderts und der Grabstein des capitaine Morel, Verteidiger der Stadt bei einer Belagerung durch die Franzosen 1595, der nach Übergabe der Stadt unter Bruch des gegebenen Wortes von diesen gehängt wurde.

Vom Kirchplatz romantischer Blick auf die Stadtkulisse, geht man 200 m über die rue de Faramond (im rechten Winkel von der Kirche ab) weiter, vom *pont des Capucins Panorama* der alten Häuser und Türme vor den Weinhängen. Vom Pont de St-Just neben der Kirche Blick auf den Wasserfall am alten Wehr und die auskragenden Rückfronten der alten Häuser.

Einkaufen

Es gehört zu den kleinen Wundern des französischen Alltags, daß sich trotz des Vordringens der hypermarchés in fast jeder

Reinrassige Schokolade – Patissier Hirsinger, Arbois

Kleinstadt ein guter Patissier halten konnte. Beobachtet man die Kundschaft dieser Läden, wird einem, ähnlich wie beim Besuch des Traiteurs in Pontarlier (vgl. dort), rasch klar, woran dies liegt. Nicht nur gestyltes Publikum, sondern vielmehr die Leute von nebenan kaufen hier ein. Sinn für Qualität gehört zur Lebensart einer breiten Schicht. Zum Geburtstag oder auch mal nur so zum Wochenende ist eine Torte zu 20 bis 30 € eher Regel als Ausnahme.

Direkt an der place de la Liberté die alte **Patisserie** *Hirsinger*. In einer Einrichtung im Louis-XVI-Stil verkauft Madame hier feinste Teilchen, Luxuspralinen und herrliche fruits confits, gelées des fruits und glacierte Maronen. In der Adventszeit gibt es schweinchenrosafarbene Jesulein in verschiedenen Größen. Im Hintergrund wirkt in der vierten Generation Monsieur, auch ein MOF, in der Backstube (das französische Wort ‚atelier' = Werkstatt entspricht eher dem Ambiente); köstlicher Duft zieht durch den Laden. Die kleine Herrlichkeit hat natürlich ihren Preis. Der liegt bei 5-6 € pro 100 g für die meisten der Köstlichkeiten. Aber wirklich feine Patisserie muß teuer sein, der Preis für die verwendeten Grundprodukte ist schon sehr hoch und schließlich kostet

Fabrikware der ‚Premiumklasse', wie Industrieprodukte von Marketingleuten heute genannt werden, auch nicht weniger. Für einen der besten Zuckerbäcker des Landes sind die Preise mehr als fair. Der Laden kann sich übrigens mit dem kleinen runden trikolorefarbenenen Emailschild der Association Prosper Montagne schmücken, immer noch ein sicherer Hinweis auf Spitzenqualität handwerklicher Provenienz. Im Sommer gibt es unter den Arkaden vor dem Laden auf schönen alten Holzstühlen und an liebevoll gedeckten Metalltischchen einfachen Kaffee und die besten Croissants weit und breit. Dazu ein Joghurt von der Ferme des Combes aus der Cremerie von nebenan. Ein bißchen Geduld bitte, denn Madame muß auch im Laden bedienen. Hirsinger hat in der Nebensaison Mi/Do geschlossen.

Neben der Patisserie eine **Laiterie**, deren Besuch lohnt. *M. Borel*, zusammen mit seiner charmanten Frau, hat neben den regionalen Käsen in Spitzenqualität ein breites Angebot der großen französischen Käse, darunter einige in herausragender Qualität. Feine Dinge wie die Schnecken im Weckglas der ‚escargotière Bonvalot', Essig und Senf von Fallot in Beaune und am Wochenende das Brot des Pariser Bäckers Poilane runden das Angebot ab. Es mutet zunächst etwas seltsam an, ein Brot zu kaufen, das eine 500 Kilometer lange Reise hinter sich hat. Aber Poilane-Brote sind etwas Besonderes. Außerdem ist auch in Frankreich gutes Brot keine an jedem Ort verfügbare Selbstverständlichkeit mehr. Poilane backt aus frisch auf Steinmühlen gemahlenem Getreide guter Provenienz (manchmal sehr) krustige große Weizenbrote mit großporigem, doch festem Inneren. Die Brote schmecken am ersten Tag schon köstlich und halten sich ohne Schimmelanflug mehr als eine Woche. Ob zu feinem Essen als Hauptbeilage, zum Käse oder auch nur mit guter Butter, das Brot schmeckt immer wunderbar. Ähnlich wie in Deutschland die Brote der Hofpfisterei aus München, sind Poilane-Brote inzwischen in Frankreich landesweit erhältlich. Ein Hinweis darauf, daß es vielen Menschen doch nicht egal ist, wessen Brot sie essen. Statt über die weiten Transportwege zu klagen, sollte man sich

Sommelier Stéphane Planche, Les Jardins de St-Vincent, Arbois

Gedanken darüber machen, wie es so weit kommen konnte, daß solches Brot nicht mehr überall Standardware ist.

- Und noch ein **Traiteur**: Neben dem Hôtel de la Poste (s.u.) der Metzger- und Traiteurladen von *M. Guyon*. Außer guten Würsten ist hier das Angebot an feinen hausgemachten Konserven verlockend. Von Terrinen über Morchelrahmsauce, Hühnern in Pilzsauce, Enten im eigenen Fett bis hin zu einem Kalbsragout gibt es alles. Die Gerichte sind in Gläsern eingemacht, man sieht, was man kauft. Adresse: Beim Rathaus, vgl. unten, neben Hôtel de la Poste.

Seit zwei Jahren ist Arbois um eine Attraktion reicher. In der Grande Rue 49, gleich unterhalb des Hauptplatzes (pl. de la Liberté) gibt es nun *Les Jardins de St-Vincent*. Stéphane Planche, meilleur sommelier du Jura/Franche-Comté 2001, der Weinkellner bei ‚Jeunet', hat hier einen Laden eröffnet, in dem man ihn immer finden kann, wenn nebenan nicht serviert wird. In elegant-modernem Ambiente werden die Besten des Jura vorgestellt. Aber auch eine persönliche und sehr fundierte Auswahl der neuen Größen aus Burgund und von der Rhône, aus dem Languedoc und von der Loire, ist zu finden. Stéphane Planches Neigung gehört, wie man rasch merkt, den Winzern, die neue Pfade betreten ohne daß er dabei die seriös gebliebenen (und nicht ins spekulative und hypertrophe abgeglittenen) Altmeister geringschätzte. Es wird großzügig probiert und eingeschenkt. Ambiance conviviale. Wenn man im richtigen Augenblick kommt, eine sehr persönlich geführte Weinreise. An einem vorweihnachtlichen Abend betritt man den Laden als einziger Kunde. Es wird rasch etwas zum Probieren angeboten, man fragt nach einem Winzer, schon wird eine andere Flasche zum Degustieren geholt. Es kommen ein, zwei, drei andere Paare, teils wohl mit dem Hausherrn gut bekannt. Die Probeflaschen wachsen zur Batterie an. Diskussionen kommen auf, Fragen werden beantwortet, neue gestellt. Man sucht ein Restaurant. Nein, da besser nicht, kennen Sie.... Sie müssen unbedingt.... Darf ich anrufen? Ein Tisch wird reserviert.

NB: Faire Preise, die bei den Juraweinen kaum über dem Preis beim Winzer liegen. Gelegentlich Degustationen mit guten Winzern (seit September 2004 im Internet). 9.30-12.30 und 14.30-18.00. Geschlossen Mo und Mi. Tel. 06.20.87.44.63.

- **Lesertipp für fruchtige Weine**: *Château Béthanie* (Fruitière Vinicole d'Arbois, die lokale Genossenschaft). Moderate Preise bei durchgängig fruchtigen Weinen. An der Ecke der place de la Liberté. Filiale in Arc-et-Senans, gegenüber der Saline Royale.

- **Eine geschichtliche Reminiszenz:** Die Genossenschaft in Arbois ist bei weitem die älteste des Landes. Sie wurde von den stets als besonders aufsässig und individualistisch bekannten Winzern 1903 nach einem legendären Steuerstreik, der die 3. Republik in Unruhe brachte, gegründet.

Wohnen & Einkehren

- Gegenüber dem Hôtel de Ville findet sich in einem schönen Stadthaus des 18. Jahrhunderts das *Hôtel Jean-Paul Jeunet*. Aus dem ehemaligen Postgasthof wurde eine Gourmetadresse. Im heiter-festlich und doch ein wenig rustikal wirkenden riesigen Speisesaal wird serviert – ideales Ambiente für ein langes, ent-

Hotel Jean-Paul Jeunet, Arbois

spanntes Mahl: helle, geraffte Vorhänge, mächtige grauweiß gekalkte Deckenbalken und im Kamin brennt Feuer.... Vor fast zwanzig Jahren hat Jean-Paul Jeunet von seinem Vater übernommen, Madame kümmert sich seither um den Service und das Hotel. Unter den Jeunets wurde das Haus zu einer der bekanntesten Küchen des Jura, zudem ein angenehmes Hotel. Trotz vieler kritischer (und etlicher begeisterter) Anmerkungen von Leserseite: Jean Paul Jeunet ist immer noch die Nr. 1 im Jura. Er ist der einzige, der die große Inszenierung beherrscht: heiterer Saal, üppige Blumenarrangements, angenehmer Service. Nur der Empfang ist nicht immer souverän. Amuse-bouches und friandises sind opulent, die Tellerdekoration kunstvoll. Wenn der Saal voll ist mit den (wie meist) richtigen Leuten, macht sich eine gediegene Luxusatmosphäre breit wie bei den großen Restaurants in Burgund. Und was gibt´s zu Essen? Da reicht die Spanne vom Banalen (häufiger) bis zum Genialen. Gleich wie, wenn man eine mousseline de brochet höchster Finesse und mit feinstem Hechtaroma mit den zartesten (und endlich nach was schmeckenden) Flußkrebsen auf dem Teller hat, ist alles andere relativ. Man müsste nur ahnen, was heute genial sein wird. Ziemlich sicher weiß man das bei den Weinen, die Stéphane Planche (s.S. 182) ausgesucht hat. Fast alles, was im Jura interessant ist und eine sehr respektable Selektion aus dem Rest des Landes. Vaut le voyage.

Die Preise sind eben noch akzeptabel, vor allem, wenn man sich an die glasweise angebotenen Weine hält. Auch in dieser Restaurant-Kategorie gilt, daß der regionale Wein zum Essen immer eine gute und meist auch die günstigste Wahl ist. Der ausgezeichnete Sommelier steht einem außerhalb der Essenszeiten in seinem schönen Weinladen um die Ecke zur Verfügung. Meine eigenen Erfahrungen sind also überwiegend positiv: Jeunet spielt zwar mit Aromen und Kontrasten, ohne jedoch in narzißtische Überdrehtheit abzugleiten. Die Inspiration gourmande zu 45 €, aber nicht am Wochenende. Mittags gibt es für 3 € mehr noch ein Glas Wein und den Kaffee dazu. Die weiteren Menus sind ebenfalls sehr interessant, darin die großen Klassiker des Hauses wie ‚foie gras au caramel de macvin', ‚écrevisses en cappuccino avec champignons des bois', ‚truite fario en crépinette au jésus de Morteau' oder den legendären ‚gigot de poularde au Vin jaune et morilles'. Die Zimmer des verwinkelten schönen Hauses sind mehr oder auch weniger geschmackssicher renoviert, alle aber ordentlich. Das Frühstück ist genauso auf der Höhe wie das Essen. Ein Haus, ideal als Etappe auf der großen Reise, schön für das Wochenende zum Entspannen und eine gute Station zum Kennenlernen der Region.

→ *Hotel Jean-Paul Jeunet*, 9, rue de l' Hôtel de Ville, 39600 Arbois. Tel. 03.84.66.05.67, Fax: 03.84.66.24.20. Ferien im Dezember und Januar. RT: Di und Mi (außer abends im Juli/August). **Preise**: sehr hoch.

- Zum Übernachten viel günstiger: *Les Messageries*, rue Courcelles Ecke Grande Rue. Altes Postgasthaus mit weinberankter Natursteinfassade, schlichte Zimmer. Ruhiger nach hinten, weg von der Hauptstraße, aber trister Hof und unrenovierte Zimmer. Also doch besser nach vorne, vor allem auf den hübschen kastanienbestandenen Platz hinaus. Ab dem späteren Abend kommt eh kaum noch ein Auto vorbei. Morgens kann man sich gestört fühlen oder, besser, man genießt das Erwachen der Kleinstadt. Freundlicher Empfang. Leider wird der gute

Hotel des Messageries, Arbois

Eindruck beim Frühstück etwas getrübt: Es ist unmöglich, es auf der schönen Terrasse am Platz einzunehmen. Wegen Überlastung wird dort erst ab 10 Uhr serviert, nicht mal eine Tasse Tee darf man mit hinübernehmen.

- Die Sommeralternative: *Hirsinger*. 26 Zimmer zu 27-58 €. Die Zimmer für 27 € museal mit Cabinet de Toilette (nur Waschbecken/WC. Geschl. Dezember und Januar. Tel. 03.84.66.15.45, Fax 03.84.37.41.09. **Preise**: niedrig-mittel.

- Neu ist eine sehr gute Eßadresse in Arbois hinzugekommen: *La Balance* am Ortseingang rechts (von Besançon kommend). Wo die Straße sich zum Plätzchen weitet, liegt hinter dem Kalkbassin eines Brunnens der schlichte Saal in heiteren Standardfarben. Thierry Moyne realisiert eine ambitionierte Küche zu kompetitivem Preis. Zu den Menus gibt es auf Wunsch eine Auswahl von 5 Weinen (Vin Jaune und anderes Teure). Eine sehr lohnende Adresse in einem an Attraktionen schon reichen Ort.

→ *La Balance*, 47, rue de Courcelles. Tel 03.84.37.45.00, Fax 03.84.66.14.55. RT: So-abend/Mo. **Preise**: mittel-gehoben.

Auberge du Grapiot, Pupillin

- **Lesertipp**: Restaurant *Au Petit Jurassien*, Grande Rue, 73, **Preise**: niedrig. Tel. 03.84.37.48.73. „Reell. Fast nur Franzosen als Gäste".

Bukolische Landpartie: Drei Kilometer südlich von Arbois liegt **Pupillin**, die alte Weinbaugemeinde wird über die D 246 erreicht, die südlich von Arbois wunderschön durch bukolisch-heiteres Rebland führt. Früher waren die Winzer Pupillins auf den *Poulsard* (s.S. 164) spezialisiert, der hier immer noch ‚Ploussard' geschrieben wird. Mittlerweile wird das ganze Spektrum der Juraweine erzeugt. Am interessantesten der Exzentriker *Pierre Overnoy,* ein Pionier biologischen Anbaus und niedriger Erträge. Er hat nun seinen Betrieb an *Emmanuel Houillon* übergeben, der zu den Topwinzern des Jura zählt. Adresse: Rue du Poulsard, Tel. 03.84.66.14.60.

In Pupillin ein Muß: Die *Auberge du Grapiot*, ein Natursteinhaus mit dunkelroter Kletterrose. Hier gibt es die beste Regionalküche im Menu du Terroir für bescheidene 15.25 €. Für Liebhaber der fetten Leber üppigste Portionen zum beutelschonenden, aber gesundheitsgefährdenden Preis. Reservieren sinnvoll.

→ *Auberge du Grapiot, rue Bagier* (Ortsmitte links von Arbois aus), RT: Mo, Januar und 1. Juliwoche. Tel. 03.84.37.49.44. **Preise**: mittel.

Die Reculées

Auf alten Straßen in Traumtäler: Der Jura steigt in zwei Stufen von Westen nach Osten, von der Saône-Ebene zu der Gipfelreihe entlang der Schweizer Grenze auf. Bei gutem Wetter kann man diese Gliederung von Westen her, besonders gut etwa hinter Dole, erstaunlich deutlich wahrnehmen. Die erste Stufe, an deren Fuß die Weinberge des Jura hinaufziehen, trennt die Ebene vom *plateau jurassie*n, welches 20-30 Kilometer breit, in kleineren Stufen zum hohen Jura hin verläuft. Übrigens ist die Oberfläche des Plateaus keineswegs eben, sondern hügelig, zum Teil felsig, manchmal auch an die *Causses* des Massif Central erinnernd. Dahinter erheben sich dann die Bergketten der *montagne jurassienne*, die zur Schweizer Seite hin dramatisch abfallen, oft über 1000 Meter in die Tiefe. In die erste Stufe sind, vor allem zwischen Arbois und Lons-le-Saunier, etliche kurze Täler tief eingeschnitten. Sie enden in steilen Felsenkesseln, den ‚cirques'. Diese Täler werden ‚reculées' genannt, sie sind vielleicht die originellsten landschaftlichen Sehenswürdigkeiten des Jura.

Von Nord nach Süd werden im Folgenden die vier bedeutendsten Reculées beschrieben. Allen ist gemeinsam, daß sie von uralten, wunderschönen, winzigen Sträßchen erschlossen werden, die nur sehr langsam und vorsichtig befahren werden sollten – aber diese Landschaft kann man ohnehin nur mit Muße erleben. Am spektakulärsten sind das *Reculée des Planches* und der *Cirque de Baume*, aber auch das *Culée de Vaux* und der *Cirque de Ladoye* lohnen einen Besuch.

Die Reculée des Planches

Die Straße ins Reculée des Planches verläßt *Arbois* zunächst als D 107 und biegt in *Mesnay* als D 247 nach rechts ab. Dem Oberlauf des Flüßchens Cuisance entlang, in *Planches-les-Arbois* über eine Steinbrücke nach links, nach knapp 1 km kommt der Parkplatz an der **Grotte des Planches***:* Aus ihrem Eingang entspringt in einer Kaskade die Cuisance. Abhängig vom Wasserstand bietet die Höhle ein sehr unterschiedliches Bild.

Bei Schneeschmelze oder nach starken Regenfällen wird sie von einem reißenden unterirdischen Fluß durchströmt, über dem der Besucher auf schmalen Stegen dahinbalanciert. Eine Reihe von Bassins wechselt auf den begehbaren 800 Metern der Höhle mit Stromschnellen ab. Während Trockenperioden-werden die Folgen der Arbeit des Wassers im Stein sichtbar: polierte Rinnen, Treppen und Riesentöpfe, die von Strudeln und darin rotierenden Steinen ausgehöhlt wurden.

- **Führungen** täglich von Ostern bis Ende September, vor- und nachmittags, ganztags vom 10.7. bis 20.8., von Ende September bis 11.11. nur sonn- und feiertags, Tel. 03.84.66.13.74.

In *Planches* nach links über die winzige D 339 und 2 km steil hinauf zur D 469, nach zwei Kilometer entlang der Kante des Reculées erreicht man einem kleinen Tunnel und das *Belvédère du Cirque du Fer à Cheval* – der Aussichtspunkt ist vom Parkplatz fünf Minuten entfernt: Fast 200 Meter über dem Talboden ein grandioser Blick über die lotrecht abfallende Wand ins Reculée hinunter.

Von *Poligny* aus kommt man auf der N 5 nach zwei Kilometern zum Vorort **Vaux-sur-Poligny**. Die Kirche des Ortes mit ihren bunten Burgunderziegeln ist Relikt einer cluniaziensischen Klosteranlage. Hinter Vaux klettert die Straße die Flanke des *Culée de Vaux* hoch und erreicht rasch das Belvédère der *Monts-de-Vaux* (Parkplatz). Gleich daneben das ehemalige Relais-et-Châteaux-Hotel:

- Hostellerie *Monts de Vaux* mit teurer Traditionsküche. Ein einigermaßen günstiges Menu gibt es nur mittags. Dafür wird dann auch versichert: „le chef n'utilise que des produits frais" (der Chef verwendet nur frische Produkte). Zur Ehrenrettung des Hauses tragen gepflegte Zimmer mit dem Charme einer vergangenen Zeit und ein schöner parkartiger Garten bei. Inzwischen weht hier wieder ein frischerer Wind und das Haus gehört nun zum Verbund der Romantikhotels. À suivre.

→ *Hostellerie Monts de Vaux*, 39800 Poligny, Tel. 03.84.37.12.50, Fax: 03.84.37.09.07, mtsvaux@hostellerie.com. Ferien Ende Oktober bis Ende Dezember, RT: Di-abend, Mi-mittag. **Preise**: hoch.

Etwa 10 km weiter südlich liegt der **Cirque de Ladoye**. Von *Monts-de-Vaux* aus nimmt man die D 256 E, dann in Plasne links ab auf die D 96: allerkleinste Bummelstraßen, die zwischen Weidezäunen über die Hochfläche führen. An der Kreuzung der D 96 mit der D 5 (Parkplatz) ein Belvédère hoch über dem Cirque de Ladoye mit beeindruckendem Blick in die Tiefe. Fährt man einige hundert Meter auf der D 5 in Richtung Château-Chalon, steigt links die D 204 steil in der Wand des cirques hinunter nach *Ladoix-de-la-Seille*, um dann weiter dem bukolischen Tal zu folgen. An der Kreuzung mit der D 70 (Postkartenblick auf Château-Chalon) links ab zum Cirque de Baume. Hier kommt man zunächst in den winzigen Ort *Baume-les-Messieurs*, der zur Hälfte aus der gleichnamigen Abtei besteht (s.u.).

Cirque de Baume

Dieser dreifach verzweigte Talabschluß (knapp 10 km östlich von Lons-le-Saunier) ist eine der größten landschaftlichen Sehenswürdigkeiten ganz Frankreichs. Die hohen Felswände wirken wie aus dem Karst des Plateaus ausgesägt. Der Kontrast zum tiefgrünen Talboden mit seinen gewundenen Bachläufen und der Abtei von Baumes-les-Messieurs entspricht einem Idealbild romantischer Landschaftsauffassung. Dennoch bleibt der Besucherandrang, verglichen mit dem Rummel am Pont-du-Gard oder am Mont-St-Michel, minimal. Außerhalb der französischen Sommerferien und einiger weniger Sonntagnachmittage läßt sich hier, wie an vielen Stellen des Jura, der Illusion eines Zeitsprungs nachträumen.

Die Abtei Baume-les-Messieurs

Die Abtei wurde schon im 6. Jahrhundert vom irischen Wandermönch St. Kolumban gegründet. Von hier aus vollzog sich im Jahr 910 die Gründung von Cluny und im hohen Mittelalter gehörte Baume zu den angesehensten Benediktinerabteien. Im 17. Jahrhundert war Jean de Watteville Abt,

eine Persönlichkeit, die der Phantasie von Alexandre Dumas entsprungen sein könnte. Als Offizier in spanischen Diensten, flieht Watteville nach einem Duell, wird Mönch, ein Dasein, dem er sich aber nicht auf Dauer verschreiben kann. Bei der Flucht aus dem Kloster erschießt er den Prior. Nach einem weiteren Duell zieht er sich nach Konstantinopel zurück, tritt zum Islam über und steigt zu hohem militärischen Rang auf. Schließlich bietet er den Venezianern als Gegenleistung für die Absolution und die Abtei von Baume als Pfründe die Übergabe seiner Truppen an. Das Geschäft kommt zustande und Watteville verbringt den Rest seines langen Lebens als Fürstabt in Baume. Während der Eroberung der Franche-Comté durch Ludwig XIV. setzt er wieder aufs richtige Pferd und trägt durch diplomatische Finessen zum Erfolg dieser Kampagne bei. Die Revolution bedeutete ein Jahrhundert später dann auch das Ende für dieses Kloster, dessen Realität sich weit von den Idealen des Mittelalters entfernt hatte.

Die weitgehend erhaltenen Anlagen der Abtei beeindrucken eher durch das Gesamtensemble als mit kunsthistorischen Sternen. Die schlichten Gebäude gruppieren sich um vier Höfe herum. An der Kirche ein schönes Hauptportal, im Inneren zahlreiche Grabplatten, in der Chapelle de Chalon eine Steinplastik des Hl. Paul aus dem 15. Jahrhundert, im linken Seitenschiff das Grab Jean de Wattevilles. Das beste Werk in der Kirche ist ein polychromer flämischer Flügelaltar des frühen 16. Jahrhunderts.

Die Gebäude sind vielfach gestaffelt, teils bewohnt, teils halbverfallen, verwirrend verschachtelt mit vielen wunderschönen Details. Spitzbögen, Erker, Pfeiler und gotische Fenster, darüber immerwieder die Steilwände des Cirque. Angewitterte Steinbänke zwischen bemoosten Mauern, wildem Wein, Buchs und alten Rosenbüschen laden zum Picknick ein. Ein Platz, an dem man mit einem Buch oder dem Zeichenblock einen ganzen warmen Herbstnachmittag verträumen kann.

- Im ersten Hof der Abtei ein kleines **Musée de l'Artisanat jurassien** mit einer Schmiede und einer Küferei. Die Kirche ist täglich geöffnet von Ostern bis Allerheiligen; Führung durch die Abtei täglich Juli/August; Musée de l'Artisanat jurassien: Anfang Juli bis Mitte September.

Wohnen und Einkehren in Baume-les-Messieurs

- *Abbaye Moyen Age* – Die Abbaye vermietet drei riesige Zimmer. Leserstimme: „Wer jedoch üppig oder gar plüschig ausstaffierte Räume liebt, ist hier absolut fehl am Platz. Spartanische Einrichtung." Hotelgäste der Abbaye können im zugehörigen sehr guten Restaurant *Gothique* essen, das leider nicht für Passanten geöffnet ist.

→ Zimmervermietung *Abbaye Moyen Age* (Monsieur Broulard), 39210 Baume-les-Messieurs. Tel. 03.84.44.64.47.

→ Leser empfehlen das Restaurant *Le Grand Jardin* gegenüber der Abtei: gute regionale Küche, sehr freundliche Bedienung, günstige Preise. Tel. 03.84.44.68.37.

Abstecher in den Talkessel

Vor der Abtei rechts über eine alte Steinbrücke, die *Seille* überquerend, dann nach wenigen hundert Metern nach links auf die schmale D 70E1. Dem Flüßchen folgend geht es hinein in den eigentlichen *Cirque de Baume*. Nach 2½ km ist der Talschluß erreicht. Hier steigen die Kalkfelsen fast 200 m senkrecht empor. Das nur einige hundert Meter breite Tal wirkt auch im Sommer stets ein wenig dumpf und feucht. Hier öffnen sich die *Grottes de Baumes*. Eine Folge von bis zu 80 m hohen Sälen führt über viele Stufen in den Berg hinein. Die Grottes des Baumes sind eine alte ‚resurgence' des *Dard*. Nach starken Regenfällen funktionieren sie auch heute noch als Überlauf des unterirdischen Wassersystems. Unterhalb des Eingangs zur Grotte werden die Steinstufen zu einer mächtigen, moosiggrünen Treppenkaskade.

- **Führung** vor- und nachmittags von Anfang April bis Ende September. Tel. 03.84.44.61.58.

Ein paar hundert Meter vor der Höhle steigt das Sträßchen in engen Schleifen hoch zum Rand des Plateaus, um gleich darauf das berühmte *Belvédère des Roches de la Baume* zu erreichen. Die Kante des Felsabbruchs ist wie mit dem Messer geschnitten, so daß man erst mit dem letzten Schritt (ans sichere Geländer) den atemberaubenden Tiefblick wahrnimmt. Es gibt sie doch, die Stellen, die ganz alleine eine Reise lohnen würden.

Rechts vom Belvédère steigt ein in den Felsen gehauener Weg in den Cirque hinunter: die *Échelles de Crancot*, die *Jean de Watteville* vor gut 300 Jahren anlegen ließ. Es ist eine lohnende kleine Tour, das kaum befahrene Sträßchen, das man eben hochfuhr (mit vielen schönen Blicken) ins Tal hinunter zu wandern und über die Treppe wieder auf die Hochebene zurückzukehren.

Vorsicht Wegelagerer: Wie immer, gerade auch zu touristisch ruhigen Zeiten, sollte an solchen Plätzen nichts Verlockendes im Auto zurückbleiben. Auch hier erinnern Beete kleiner Glassplitter an diese Alltagsweisheit.

Eine Rückkehr in die Ebene ist möglich über die D 471, direkt am Belvédère rechts (etwa 10 km bis nach Lons-le-Saunier). Dabei gibt es noch ein Belvédère mit schönem Blick auf die burgundischen Berge jenseits der Saône-Ebene als Dreingabe. Eine gute Alternative wäre der Weg über *Crancot* nach *Baume-les-Messieurs.* Zunächst auf der D 471 nach links bis Crancot, dort wieder links ab und auf der D 4, dann auf der D 70, hinunter nach Baume, dabei Blick auf die Abtei im Grün des Talbodens vor weißgrauen Felswänden.

Poligny

Auch Poligny ist wieder eines dieser historisch reichen und doch unmuseal wirkenden Städtchen, die den Jura prägen. Solche handlichen Orte öffnen sich dem Besucher von ihrer Größe her leicht. Dazu gehört, daß stets ein Parkplatz zu finden ist, wo das Auto auch mal stehen bleiben kann, ohne daß es leergeräumt wird. Bei aller Übersichtlichkeit, es gibt auch in Poligny genug zum Sehen und Einkaufen für ein paar angenehme Stunden. Unübersehbar aber auch hier eine schleichende Erosion der ehemals so stabilen Institution ‚heile, französische Provinz'. Manches Bistrot im Zentrum wirkt schlicht abgehalftert, geschlossene Ladenlokale und heruntergekommene Bausubstanz fällt auf, abends ziehen billig gekleidete Jugendliche schwankend durch die Gassen. Nicht nur, aber eben auch in Poligny bekommt der Mythos von ‚la douce France' einige Kratzer.

Die Stadt mit knapp 5.000 Einwohnern liegt unter einer steilen Felswand der ersten Jurastufe. Sie wird überragt vom riesigen Kreuz, ‚la Croix du Dan'. Von dort oben Blick über die Stadt. Anfahrt zum Kreuz: Zuerst über die D 68, dann nach links auf der D 256 zum Parkplatz, dann noch einige Minuten zu Fuß.

Sehenswert

In der Stadt selbst ist die *Stiftskirche St-Hippolyte* in der Rue du Collège eine Besichtigung wert. Über dem Hauptportal eine gotische Madonna und ein Relief des Hl. Hippolyt, am rechten Seiteneingang eine Piéta. Im gotischen Kirchenschiff befinden sich etwa 20 ausdrucksstarke Steinskulpturen der burgundischen Schule des 15. Jahrhunderts, dazu am Eingang des Chores eine Kreuzigungsgruppe.

Die romanische Kirche von *Mouthier-Vieillard* liegt noch im Ort Poligny auf einem von alten Linden beschatteten Platz. Zu erreichen von der Straße nach Lons aus: links ab in die Rue Nôtre-Dame. Erhalten sind von der einst mächtigen Kirche nur der Chor und ein Teil des Querschiffs (12. Jahrhundert), sowie ein mit Fratzen gespickter oktogonaler spitzer Turm aus dem 13. Jahrhundert. Im Inneren ein spätgotischer Alabasteraltar. Führung 15. Juni bis 15. September vor- und nachmittags, sonst auf Anfrage bei M. Jeannin, 1bis, Place Nôtre-Dame, Tel. 03.84.37.15.91)

Das *Hôtel-Dieu* (ebenfalls von der Straße nach Lons links ab in die Avenue Foch) ist ein Krankenhaus des 17. Jahrhunderts, ähnlich dem berühmten Hôtel-Dieu in Beaune. Ein hübscher Kreuzgang und eine alte Apotheke mit Faiencegefäßen warten im Innern. Kostenlose Besichtigung, Anmeldung am Eingang.

Einige Schritte neben der Grande Rue liegt der *Ursulinenkonvent*, mit einem arkadengesäumtem Innenhof aus dem späten 17. Jahrhundert.

Das Raumgefühl einer Stadt: Das Wichtigste aber bleibt in Poligny wie in allen anderen Jurastädtchen auch das scheinbar plan- und ziellose Umherlaufen in den alten Straßen. So erschließt sich am besten das dichte, langsam gewachsene und immer noch relativ unversehrte Raumgefühl einer alten kleinen Stadt.

Gute Adressen in Poligny

i Verkehrsverein im Ursulinenkonvent. Di bis Sa 9-12 und 14-18 Uhr; Juli und August auch So und Mo. Tel. 03.84.37.24.21, Fax: 03.84.37.22.37.

Poligny - Capitale du Comté

- **Comté einkaufen:** Poligny ist die *Capitale du Comté*. Obwohl die Milch meist von höhergelegenen Weiden stammt, sitzen hier im Tal einige der großen Produzenten, Genossenschaften und Affineurs (Reifebetriebe). Bei den etlichen kann man Comtés verschiedenen Reifegrades probieren und kaufen (vgl. auch das Käsekapitel am Buchende). Das Probieren gehört zum Kauf, oft wird einem gleich eine großzügig bemessene Lamelle über die Theke gereicht.

- Wer noch mehr über den Comté erfahren möchte, geht in die *Maison du Comté* in der Av. de la Résistance, wo historische und moderne Gerätschaften zur Käseherstellung ausgestellt sind und die entsprechenden Verfahren audiovisuell demonstriert werden. Anschließend kleine Käseprobe. Di-Fr 14-17, In den Schulferien Di-So 14-17, Juli/August 10-11.30 und 14-18. Viele Informationen zum Comté und seiner Heimat unter: www.lesroutesducomte.com und www.comte.com

Am südlichen Rand der Stadt, unter den Bäumen der romanischen Kirche von **Mouthier-Viellard** warten Picknickplätze – und fürs Baguette gibt's gleich gegenüber in der *Fromagerie Vagne* feinsten Comté. Vagne, ein Affineur mit eigenem Reifekeller, ist der Spezialist für Comtés der

Fromagerie Vagne, Poligny

Luxusklasse, die freilich kaum teurer als die Standardware verkauft werden. Der Sohn des Hauses (Ph. Bouvret) hat seine Liebhaberei professionalisiert und verkauft unter dem Namen ‚Essencia' Juraweine, darunter seltene Gelegenheiten an uralten Vin Jaunes zu fairen Preisen, aber auch gute Burgunder, sowie Weine der neuen Stars aus dem Languedoc und von der Loire, kurz, alles was interessant ist in der Szene. Seit kurzem gibt es eine Filiale in Château-Chalon. Mo bis Sa 8.30-12.15, 14-19 Uhr, 24 place Nôtre-Dame, Tel. 03.84.37.08.46, Fax: 03.84.37.38.06. www.essencia.fr

An der zentralen *Place des Déportés*, trotz des traurigen Namens ein schöner, ovaler von Platanen beschatteter (Park-)Platz, finden sich gleich **drei gute Einkaufsquellen für Käse**:

- *Fruitière Juramonts*, eine große Genossenschaft mit hervorragenden Produkten. Dann *Arnaud*, ein Affineur und gleich an der Ecke der kleine Laden *Jura Spécialités/JeanCasile*. Hier wirkt seit vielen Jahren eine alte Frau. Die Einrichtung wurde mittlerweile den EU-Hygienevorschriften angepaßt. Der Käse, zwei Comtés, Vacherin und Morbier, hat sich nicht geändert, ebensowenig die hervorragende Rosette (Trockenwurst) und der Schinken. Überall gibt es sehr gute Qualität, darunter ein-

fachen Comté (nicht ‚extra' oder nur als Gruyère bezeichnet), für die Küche oder das Butterbrot aber bestens geeignet.

- Besonders schöne Häuser hat die Grande Rue aufzuweisen, in der man auch einige gute Läden findet. So den **Metzger** und *Traiteur Yves Brelot* (Nr. 88). In seinem in elegantem Grau frisch renoviertem Laden gibt es nicht nur ordentliches Fleisch, sondern auch alles für das opulente Picknick. Von den Trockenwürsten und céléri remoulade über feine Terrinen (auch mit Fisch und Gemüse) bis hin zu einem köstlichen ‚gratin dauphinois' (Kartoffelgratin) mit reichlich Comté.

- Daneben die **Patisserie/Salon de Thé** *Greusard (La Gourmandise)* mit extrafeinen Teilchen, etwa einem triangle d'or, Schokolade mit in Marc eingelegten Rosinen.

- Ein ordentlicher **Provinzgasthof** (Logis de France) ist das Hotel *Paris***. Das Ambiente wirkt ein wenig angestaubt, aber die Liebenswürdigkeit der Besitzer und die niedrigen Preise lassen gut darüberhinwegsehen. Kleines Hallenbad. Kein Restaurant mehr.

→ Hotel *Paris*, 7, rue Travot, 39800 Poligny. Tel. 03.84.37.13.87, Fax 03.84.37.23.39. info@hotel-de-paris.fr. 22 Zimmer. **Preise**: günstig.

Radtouren und Lieblingsstrassen

Drei der schönsten Reculées können auch auf einer Radtour besucht werden: Von **Poligny** auf der kleinen D 68 mit schöner Aussicht in die Ebene zunächst steil hinauf nach *Plasne*. Über die mit Steinmäuerchen abgegrenzten Weiden des Plateaus auf der D 96 zum *Cirque de Ladoye* (vgl. dort), rechts ab und auf der D 5 nach Westen, nach knapp einem Kilometer steil hinunter in den Cirque und nahe der hier entspringenden Seille entlang: auf der D 204 nach Süden bis zur Kreuzung mit der D 70. Wunderschöner Blick hinauf nach Château-Chalon (vgl. unten), zudem ein guter Picknickplatz. Auf der D 70 weiter nach Süden in den Cirque de Baume und dann nach *Baume-les-Messieurs* (vgl. dort).

Von der Abtei auf der D 210 steil hinauf zur D 4 (dabei Blick auf Baume) und dann rechts zur D 471. Auf dieser etwa 2 km Richtung Lons-le-Saunier (bis zum ‚Belvédère les Roches de Baume', vgl. dort). Nun auf einem winzigen Sträßchen (ohne D-Nummer) wieder hinunter nach *Baume*. Auf der D 70 bis *Voiteur*. Rechts auf der D 5 durch die Weinberge hoch nach Château-Chalon (vgl. dort). Schließlich direkt hinter dem Ort links ab auf das winzige Sträßchen über die weite Hochebene zurück nach Plasne und Poligny.

Angaben zur Radrundtour: Ausgangsort *Poligny*, Länge etwa 65 km, 900 m Anstieg, 5-7 h. Unterkunft nahe der Rundtour: Fünf Kilometer südlich von Poligny zweigt links die D 57 von der N 83 ab. Bald ist man in *St. Lothain*. Die Kirche (mit romanischer Krypta) dominiert den Ort.

- In St. Lothain eine reizvolle Unterkunft und deftiges Essen in der *Maison du Haut* mit 5 Zimmern zu bescheidenem Preis, aber ausreichendem Komfort. **Adresse**: *La Maison du Haut* (Silvie und Michel Nicod), Les Bordes, 339230 Saint Lothain, Tel. 03.84.37.35.19, Fax 03.84.37.04.65. www.maisonduhaut.com. Geschlossen: Oktober.

- Wenige Kilometer weiter wartet in **Passenans** eine andere Art von Beherbergungsbetrieb auf den Touristen: Die *Domaine*

Frontenay

*du Revermont*** erinnert von außen an eine Tagungsstätte des DGB aus der Zeit, als er noch doppelt soviel Mitglieder hatte. Aber das Land ist schön, der Blick weit und alles ruhig, zudem wurde innen liebevoll renoviert. Dazu eine ordentliche Küche, die auch von Lesern gelobt wird.

- *Domaine du Revermont* (Michel Schmitt), 39230 Passenans. 28 Zimmer. **Preise**: mittel-gehoben. Tel 03.84.44.61.02, Fax 03.84.44.64.83. schmit-revermont@wanadoo.fr. Geschlossen: Januar und Februar.

- **Lieblingsstraße**: Wer es einfacher haben möchte, kann einem (Auto-)Tourenvorschlag eines Leser folgen, dem die D 57 südlich von Poligny schlicht als „die schönste Strecke im Jura" erschien: Zunächst auf der N 83 südwestlich von Poligny in Richtung Lons-Le-Saunier ausfahren, dann nach fünf Kilometern auf der D 57 über *St. Lothain, Passenans, Frontenay, Blandans* nach *Domblans* (Angaben zum Einkehren und Unterkommen vgl. auch die Radtour oben).

Zwischen Passenans und Château-Chalon versteckt sich einer der unbekanntesten und schönsten Winkel des Jura. Das Dorf **Frontenay** streckt sich mit seinen gepflegten Natursteinhäusern und Gärten breit am Hang hin. Es soll da ein schönes

Schloß Frontenay

Schloß geben, berichtet ein Leser. Im Ort mehrere stattliche Häuser, kleine Herrensitze, aber das Schloß kommt erst noch, sagen die Schilder. Hoch über Frontenay eine gotische Kirche inmitten eines uralten, aber nicht aufgelasssenen Friedhofs, der kaum merklich in den lichten Wald übergeht. Eine Allee starker Linden führt entlang der Grabsteine, fast aufgereiht sind sie, ähnlich den Sarkophagen der Alyscamps in Arles. Mit dem Auto sollte man besser nicht dem abgewetterten Parkplatzschild folgen, sonst findet man sich auf dem Friedhof wieder. Dicht oberhalb der Kirche, auf dem Fahrsträßchen aber nicht ganz nahe, liegt endlich das Schloß, frühneuzeitlich noch, ein wenig Burg (von hier oben wurde einmal die ökonomisch so wichtige Salzstraße gesichert), aber nicht abweisend. Und dieser Eindruck besteht zu Recht. Denn jeder wird auf Schloß Fontenay willkommen geheißen und darf den weiten Blick ins Land genießen, ist zu Besichtigung und oft kostenlosen Veranstaltungen eingeladen. Tafeln im Torhaus erläutern mehrsprachig die Historie des Ortes und weisen auf das Programm hin. Das Gebäude wurde im 19. Jahrhundert in der Manier Viollet-le-Ducs ergänzt, der Schloßhof mit den beschnittenen Akazien wird von einer gewaltigen Zeder überragt.

Salins-les Bains

Salins-les-Bains – Vergangene Größe

Über mehr als einen Kilometer erstreckt sich das Städtchen (4.000 Einwohner) im tief eingeschnittenen Tal der *Furieuse.* Grau ist hier unten die dominierende Farbe nicht nur an kurzen Herbst- und Wintertagen.

Salins hat kaum reizvolle Einkaufs- und Einkehrmöglichkeiten, nur im Gewölbekeller des Hôtel des Bains findet sich ein bemühter Gegenakzent: ein kräftig angekitschtes Bistro, dessen ordentliche und preiswerte Küche regional orientiert ist. Die Tagesgerichte sind auf der riesigen Schiefertafeln neben dem Eingang angeschrieben. *Le P'tit Blanc,* Montag bis Freitag geöffnet.

Seit der Römerzeit wurden die Salzvorkommen in der Gegend ausgebeutet. Salz war bis in die Neuzeit kostbar und viele Städte entwickelten sich am Ort der Förderung oder an den Transportwegen. So zählte auch Salins im 17. Jahrhundert mehr Einwohner als heute. Die Salinen waren im Mittelalter im Besitz der Grafen von Chalon, dann gehörten sie der spanischen und der französischen Krone. Heute wird die Sole nur noch zu medizinischen Zwecken verwendet. Die alten Salinen sind in einem interessanten Museum zugänglich gemacht worden. Stollen aus dem 12. Jahrhundert führen in den 250 m mächtigen Salzstock hinein, aus dem mit Bohrungen und Pumpen die Sole gewonnen wurde. Diese wurde dann in großen, mit Holzkohle beheizten Pfannen getrocknet. Das imposante schloßartige Verwaltungsgebäude der Salinen in der Ortsmitte beherbergt heute ein überdimensioniertes Hôtel de Ville.

Führungen von Ostern bis Mitte September 9, 10, 11, 14.30, 15.30,16.30, 17.30, sonst 10.30, 14.30, 15.30 Uhr. Geschlossen am 1. November.

- **Fort-St.André:** Hoch über Salins liegt das Fort-St-André. 1674 nach Plänen Vaubans erbaut, ist es ein gutes Beispiel der Militärarchitektur des 17. Jahrhunderts. Von den Mauern aus sehr schöner Blick auf Salins. Zu erreichen (4 km) über die D 467 Richtung Pontarlier, nach rechts auf die D 94, nochmal nach rechts auf die D 271, dann dem Schild nach.

Führungen: Anfang Juni bis Mitte September 10 und 11 Uhr, von 14-17 Uhr stündlich. Montag geschlossen.

Weiter auf der D 94 nach *Arbois* mit schönen Weitblicken hinüber nach Burgund und hinunter auf Arbois. Etwa 5 km vor Arbois zweigt rechts die gewundene D 54 ab, über die man noch aussichtsreicher ins Tal hinunterkommt.

- **Belvédère**: Einen lohnenden Weitblick über das Tal von Salins bis hin zu den hohen Jurabergen und zum *Mont Blanchat* man vom Belvédère am *Mont Poupet* (10 km, zunächst auf der D 492 etwa 6 km Richtung Nans, dann links auf die D 273, schließlich nochmal links auf eine Forststraße). Nach Westen sieht man von hier oben im Dunst hinter der Bresse-Ebene auch die Hügel Burgunds und die Berge des Beaujolais.

- Einige Kilometer vor Salins – auf der D 72 von Pontarlier kommend - in **Cernans** die *Charcuterie Thaurins* mit gutem Kochschinken vom Bock und selbsteingedosten Konserven. Gegenüber die *Fromagerie traditionelle* mit gutem Mont d'Or und einem köstlichen Rohmilchweichkäse à la Reblochon.

Château-Chalon

Der winzige Ort (156 Einwohner) liegt auf einem schmalen Felssporn, 200 Meter über dem Tal der *Seille* – auf halbem Weg der Luftlinie zwischen Poligny und Lons. Château-Chalon hat nicht nur eine wunderbare Lage, sondern auch eine reiche Geschichte: Schon in gallo-römischer Zeit war der gut zu verteidigende Platz befestigt. 869 erstmals erwähnt, war später die Abtei von Château-Chalon eines der angesehensten Klöster Frankreichs. Aus dem Benediktinerinnenkonvent wurde im Lauf des Mittelalters eine hochadelige Institution.

Von der Abtei steht nur noch das Verwaltungsgebäude (vgl. Weingut Berthet-Bondet). Relikte der Burg sind das schöne Tor, das den Ort zur äußersten Spitze der Felsnase hin abschließt und die von Efeu überwucherten, mit Bäumen bestandenen Mauerreste vor diesem Tor. Hier erreicht man auch die Kanzel, von der sich eine grandiose Aussicht über die Weinhänge bietet, im Tal fließt die Seille zwischen alten Bäumen hinaus in die Ebene. Diesen Blick muß man kaum mit vielen Menschen teilen, selbst hier bleibt der Besucherandrang in juraüblichen Grenzen.

Im Ort ist die *Kirche St-Pierre* aus dem 10. Jahrhundert sehenswert. Der geduckte Bau mit seinem Vordach ist im wesentlichen romanisch, weist aber im Mittelschiff bereits erste Zeichen der nahenden Gotik auf. Die engen Gassen Château-Chalons sind flankiert von Winzerhäusern mit ihren gedeckten Kellerabgängen.

Die edlen Lagen von Château-Chalon

Der tausend Jahre währenden Weinkultur der Abtei und der ungewöhnlichen Lage seiner Weinberge verdankt Château-Chalon seine herausragende Position im Weinbau nicht nur des Jura, sondern ganz Frankreichs. Die Weinlagen, auf die man hier so stolz ist, haben besondere Charakteristika. Die Weinberge steigen an mehreren Stellen amphitheatralisch auf. Sie bilden gleichsam sonnenstrahlenfangende Wärmeschüsseln. Am schönsten ist dies zu sehen, wenn man von der Aussichtskanzel am Ortsrand von Château-Chalon nach linksschaut. Die bis auf 450 m Meereshöhe reichenden Weinberge sind zudem durch die Berge der ersten Jurastufe bestens gegen Nord- und Ostwinde geschützt. Ein erheblicher Teil dieser steilen Hänge ist im Besitz *Jean Macles,* des bedeutendsten Winzers im Jura. Er hat die steilsten, lange zuvor aufgegebenen Lagen wieder bepflanzt. Die durchschnittliche Produktion des Vin Jaune von Château-Chalon erreicht nur 20 hl/ha – also 20 Liter auf 100 Quadratmeter!

- Die wunderbare *Fromagerie Vagne* aus Poligny hat seit kurzem eine Filiale in Château-Chalon. In der rue St-Jean kann man den vor einer Bruchsteinwand gestapelten Comté-Laiben beim Reifen zuschauen. Täglich 14.30 und 15.30 Uhr Führung und Degustation. Mi/Fr/Sa/So geöffnet 11.00-12.30 und 14.00 – 18.00 Uhr. Tel 03.39.84.44.92.25.

Lons-le-Saunier

Lons ist eine französische Provinzstadt aus dem Bilderbuch. Die ‚préfecture', ein Theater aus dem zweiten Kaiserreich, kleine Boulevards, einige elegante Geschäfte. Auch einige Bettler, die an den Ecken sitzen, können der Idylle nichts anhaben. Die Hauptstadt des kleinen Départements Jura ist mit ihren gerade mal 22.000 Einwohnern auch eine der kleinsten unter den ‚chef-lieus'. Diese Überschaubarkeit, das Provinzielle, fast schon Puppenstubenhafte trägt zum Reiz von Lons bei – zumindest für den Besucher. Eine Bühne, auf der stets ‚la France profonde' gegeben wird. Manchem ist die Stadt eher bekannt als Etappe auf der Route Nationale von Besançon nach Lyon und weiter zum Mittelmeer. Von dieser Seite aus wirkt sie wenig vorteilhaft. Dennoch lohnt es sich, den Centre-Schildern zu folgen. Lons ist nicht nur hübsch, sondern auch ein Schlaraffenland für Geniesser und ein Paradies zum Einkaufen. Soviel Qualität zu solchem Preis muß man auch in Frankreich suchen.

In Lons, in der Rue de Commerce Nr. 24, wurde 1760 *Rouget de Lisle* geboren, der Autor der ‚Marseillaise'. Als Pio-

Die schönste Straße der Stadt – Rue de Commerce, Lons-le-Saunier

nierhauptmann schrieb er im April 1792 in Straßburg den ‚Chant de Guerre pour l'Armée du Rhin'. Weil das Lied zuerst von Soldaten aus Marseille gesungen wurde, wurde es als ‚Marseillaise' bekannt. Rouget de Lisle verarmte später völlig, kam zeitweise ins Schuldgefängnis und erhielt erst kurz vor seinem Tod 1836 unter dem Bürgerkönig Louis-Philippe eine Ehrenpension.

Der Bogen der *Rue de Commerce* mit seinen Arkaden und den vielfach gestaffelten Dächern ist die schönste Straße der Stadt. Sie wurde im 17. Jahrhundert nach einem Brand planmäßig angelegt. Hier finden sich auch viele banale Geschäfte, sogar Kettenläden, aber alle respektieren in den Dimensionen ihrer Schaufenster und im Verzicht auf Leuchtreklamen die architektonische Integrität der Straße. Die Rue de Commerce beginnt an der Place de la Liberté, die von der Rokokofassade des Theaters bestimmt wird. Das Glockenspiel des Theaters spielt zu jeder Stunde zwei Takte der ‚Marseillaise'.

Sehenswert: Die frühgotische Kirche *St-Désiré* – Neben der Krypta aus dem 11. Jahrhundert ist eine Pietà (rechts im Chor) bemerkenswert. Hinter dem Theater in der Rue des Cordeliers die Église de Cordeliers mit der Grablege der Grafen von Chalon-Arlay und schöner barocker Kanzel.

In der Rue de Commerce - Lons-le-Saunier

- Im **Musée municipal d'archéologie** (Rue Richebourg, am Rand der Innenstadt Richtung Besançon) eine regionale Sammlung u.a. mit einem Einbaum aus der Neusteinzeit vom Lac de Chalain (vor- und nachmittags, Samstag und Sonntag nur nachmittags, geschlossen Di, 1.1., 1.5. und 25.12. Tel. 03.84.47.12.13.

Gute Adressen in Lons-le-Saunier

i Verkehrsbüro Lons-le-Saunier: Place du 11. novembre/1, rue Pasteur (in einem Eckhaus hinter dem Theater). Mo bis Sa 8-12 und 14-18 Uhr. Tel. 03.84.24.65.01, Fax: 03.84.43.22.59.

Einkaufen

An der Place de la Liberté die **Epicerie fine** *Les Délices de la Table* mit sehr guten Gemüsen, im Herbst und Winter auch mit einem feinen Angebot an Fischen und Schalentieren. Gemüse und Früchte kann man in einen Plastik-Container schütten oder man kann sie Stück für Stück, eins auf dem anderen, aufbauen, Stiele und Blätter ausgerichtet, das Ensemble der Präsentation nach Farbenkomponiert. Natürlich verbessert das die Qualität des Produktes nicht, wahrscheinlich ist es sogar weniger hygienisch, die Ware unnötig oft anzulangen. Aber die Präsentation drückt eben auch eine Einstellung zur

Les Delices de la Table, Lons-le-Saunier

Ware aus. Spricht daraus ein Stolz auf die guten und Arkaden in der Rue de Commerce, Lons-le-Saunier schönen Dinge, die man anzubieten hat, ein Stolz, der persönlich ist und eng verbunden mit der Qualität des Angebotes? Neben raren und sehr teuren Gemüsen, Pilzen (die kleinen mousserons und chanterelles grises von der Loire, wenn bei uns schon längst der Winter eingezogen ist) und Obst (immer die allerfeinsten Chasselas-de-Moissac und Muscat-de-Hambourg-Trauben) gibt es bei Les Délices de la Table auch einen sehr guten und sehr günstigen Winzerchampagner. Außerdem Bressehühner zum Kampfpreis (9 €/kg ausgenommen, während sie nebenan über 12 mit Innereien kosten) und wunderbaren 12-monatigen Comté für 7.90 €. An einem Wochenende werden 50 Hühner verkauft. Es geht also doch, zumindest in der französischen Provinz.

An der Ecke der Place de la Liberté zur Rue St-Désiré hat die traditionsreiche **Patisserie/Chocolaterie** *Pelen* ihr Domizil (es gibt auch einen Laden in Lyon). Der gediegenen Einrichtung des Geschäftslokals aus den ersten Jahren des letzten Jahrhunderts entspricht die außerordentliche Solidität des Angebots: hausgemachte Schokoladen, köstliche Teilchen, herrliche fruits confits. Ein ‚écureuil' (Eichhörnchen) etwa besteht aus einer allerfeinsten Crème gerösteter Haselnüsse mit Nußbaiser in dickem frischem Marzipan, dekoriert mit dem Schattenriß des Namenspatens in dunklem Kakao.

Im ersten Stock ein Salon de Thé, leider im Stil der 70er Jahre renoviert, was aber angesichts der Freundlichkeit der Bedienung und der Köstlichkeit von Zuckerwaren und Getränken übersehen werden kann. Hier werden sogar Vierbeiner bedient. Der Wassernapf kommt ungefragt und Lebensäußerungen wird mit freundlicher Diskretion begegnet.

- Direkt daneben in der Rue St-Désiré die *Charcuterie Gautier.* Sehr gutes Fleisch, Bressehühner, feine Würste aus dem Jura und aus dem Lyonnais. Dazu einige Patés, Weinbergschnecken mit Kräuterbutter präpariert im Häuschen und wenige, gute, traditionelle Salate (hervorragender ‚céléri remoulade'). Aber die Preise haben in den letzten Jahren das Laufen gelernt.

- Gleich im übernächsten Haus die *Crèmerie Jacques Pianet* mit bestem Comté.

- Nach hundert Metern auf der gleichen Straßenseite, kurz vor der Av. Thurel gelegen: die *Ferme Comtoise* mit einer guten Auswahl (auch regionaler) Ziegenkäse und Jurakäse, dazu feines Gemüse.

Auf der anderen Seite der Straße ein exzellenter junger Poissonier im zweiten Laden der **Poissonnerie** *Saint George* (weiterer Laden weiter unten in der Rue St-Désiré Nr. 50, außerdem Läden in Dole und in den regionalen Markthallen). Hier gibt es nichts Aufgetautes und nichts Angegammeltes. Glänzend-frische turbots, loups, daurades. Dazu die besten Austern Frankreichs, die ‚Marennes spéciales' von Gillardeau. Leider nicht der Fleißigste: Im Gegensatz zu den meisten Lebensmittelläden in Lons hat er am Sonntagmorgen zu (natürlich auch am Montag).

- Ebenfalls im unteren Teil der Rue St-Désiré in der Nr. 40 ein sehr guter Bäcker mit einem Dreikornbrot der französischen Art *(Le St-Dé).* In der Rue St-Désiré gibt es noch etliche andere gute Läden - einfach umschauen!

Einkehren – Unterkommen

Auberge de Chavannes - Courlans. Das beste Restaurant von Lons (und eines der vier besten im Jura) liegt 6 km südöstlich, in Courlans an der Nationalstraße N 78 nach Louhans. In der *Auberge de Chavannes* kochte Pierre Charpentier seit vielen Jahren, mit Inspiration, aber ohne gewagte Kompositionen, auch die Preise behielten stets die Bodenhaftung. Nun hat er sich mit Madame zu Ruhe gesetzt und sein Haus an Nicolas Pourcheresse übergeben, der sich in Dole (Restaurant La Découverte im Hotel La Chaumière) seine Sporen verdient hatte. Er hat das ländlich-elegante Ambiente behutsam modernisiert, ein zartes Grau dominiert nun. Nach Meinung von zwei Kollegen ißt man in Courlans mindestens so gut wie vorher. Ich konnte es bisher noch nicht vergleichen. Teilen Sie uns Ihre Erfahrungen mit!

→ *Auberge de Chavannes,* 39750 Courlans, route de Chalon, Tel. 03.84.47.05.52, Fax: 03.84.43.26.53. RT Mo-abend, Di, Mi-mittag; Ferien im Januar. **Preise**: gehoben - hoch.

Ein gutes Stadthotel ist das *Nouvel Hôtel***. Ungeachtet seines Namens ein Haus aus dem 18. Jh. mit gepflegten, leicht patinierten Zimmern zu günstigem Preis. Eben Wohnen à l'ancienne. Wegen des Blicks auf Altstadthäuser und Brunnen möglichst Zimmer im 2. oder 3. Stock zur Vorderseite nehmen. Dank der guten Fenster sind die Zimmer dennoch ruhig.

→ *Nouvel Hôtel,* 3900 Lons le Saunier, 50, rue Lecourbe (in der Innenstadt, Richtung Bourg, etwa 500 m vom Theater); Tel. 03.84.47.20.67. Fax: 03.84.43.27.49. Geschlossen: 17.12.- 9.1. 26 Zimmer, Parkplätze im Hof. **Preise**: niedrig. Reservierung empfohlen.

- Frühstück am besten im Fin de Siècle-Ambiente des *Grand Café de Strasbourg* - im rückwärtigen Teil des Theaters (Monument classé). Ein Traum aus der französischen Gründerzeit, mit Liebe restauriert und durch den Alltagsbetrieb zu echtem Leben erweckt. Unter mächtigen Kugellampen, vis-a-vis der Spiegelwände schmecken die Croissants und Brioches von Pelen unübertroffen. Gute kleine Bistrokarte mit regionalem

Grand Café du Théatre, Lons-le-Saunier

Akzent. Abends auch ambitionierter mit Fischgerichten.

Eine Alternative gibt's vorne im gleichen Haus. 4, rue Jean-Jaurès.

- Das *Grand Café du Théatre* ist nicht ganz so schön, dafür gibts den belebten Platz vor dem Theater als Bühne. Von Frühjahr bis Herbst appetitanregend. Nach Meinung eines Lesers auch die bessere Küche der beiden Brasserien. Im Winter erst ab 15 Uhr geöffnet. 2, rue Jean-Jaurès.

- Drei Kilometer vor Lons an der D 471 Richtung Pontarlier in einer aussichtsreichen Kurve die *Hostellerie des Monts du Jura*, ein schönes Kalksteinhaus an der Landstraße, ordentliche Zimmer und Küche. Logis de France. **Preise**: mittel.

Umgebung von Lons

Lohnend der Aussichtspunkt **La Croix Rochette.** Man verläßt Lons über die D 52 in Richtung *St-Claude/Genf.* Nach 6 km rechts ab, auf der D 41E nach *St-Maur*, dann noch einige hundert Meter. In 636 m Höhe weiter Blick über die Saône-

Ebene zu den Bergen des Maconnais, über die ‚plateaux' und Bergketten des Jura, bei klarem Wetter ist sogar der Mont Blanc zu sehen. Ein guter Picknickplatz – ideal zum Probieren der Köstlichkeiten aus Lons.

Ab Lons nach Norden über die N 83, dann gleich rechts ab auf der D 70 kommt man nach *le Pin* (etwa 5 km). Das **Château du Pin** wurde im 13. Jahrhundert errichtet, nach Zerstörung im 15. Jahrhundert wiederaufgebaut und nun restauriert. Vom Bergfried wieder ein weiter, offener Blick auf die Rebhänge des Umlandes (Besichtigung vor- und nachmittags von Anfang Mai bis Ende September).

Arlay

Etwa 10 Kilometer nördlich von Lons liegt Arlay. Zunächst auf der vierspurigen Nationalstraße 83, dann einen Kilometer auf der D 120 nach Westen. Das Etikett der guten Weine des Château d'Arlay bietet zugleich eine ‚tour d'horizon' der bewegten Geschichte der Gegend. Ursprünglich Burg der Grafen von Chalon, fiel der Ort im 14. Jahrhundert an das Haus Orange, war königlich spanisch und gehörte seit Anfang des 19. Jahrhunderts den Fürsten Arenberg, nun dem Comte de Laguiche.

Das heutige Schloß wurde im 18. Jahrhundert erbaut und hat reizvolles Biedermeier-Mobiliar (franz.: ‚style restauration'). Im schönen Park liegen die Ruinen der mittelalterlichen Burg, die einen weiten Blick nach Westen in die Ebene der Bresse und nach Osten hoch zu dem auf einer Felsnase gelegenen Château-Chalon bieten. Eine besonders attraktive Ansicht von Arlay bietet sich von dem winzigen Sträßchen, das von Arlay nach Süden in Richtung Quintigny führt. Im Mai und Juni und im Oktober vor- und nachmittags (außer Sonntag). Tel. 03.84.85.04.22.

- **Das Weingut** des *Château d'Arlay* bietet das ganze Spektrum der Juraweine in sehr guter Qualität an. Manche der Weine sind ein wenig leicht, sehr feiner Macvin: Montag bis Samstag 8-12 und 14-18 Uhr. Bei begrenzter Zeit für Weinexkursionen eine weitere gute Möglichkeit zur ersten Orientierung im Jura-Weingarten. Die zugehörigen praktischen Übungen können dann beim Picknick in einem verschwiegenen Winkel des Schloßparks absolviert werden.

- **Jurafaune**: Ein kleiner Zoo mit regionalen Arten. Interessant u.a. die Raubvögel und ihre Flugdemonstration (diese um 16 und 17 Uhr). Geöffnet von Mai bis Oktober, 14-18 Uhr, 1.5. bis 15.6. und 15.9. bis 31.10. nur Mi und Sa/So geöffnet.

- In **St-Germain-les-Arlay** (von Lons kommend nach 10 km rechts von der N 83 abfahren) in der Mitte des kleinen Ortes die *Hostellerie St Germain*, ein Logis de France alten Stils. Der wird auch in der Küche hochgehalten. Serviert wird im Saal der schönen alten Poststation mit der soliden Balkendecke. Gepflegte Zimmer. **Preise:** mittel. Tel. 03.84.44.60.91 Fax 03.84.44.63.64. Geschlossen vom 15.-30.11.

Wasserfälle, Seen und der Süden

Die Wasserfälle des Hérisson – Laubfeuchte Schluchten, gischtende Kaskaden, hinter denen man durchlaufen kann, Trapperwege im Herbstwald. Kanada, Patagonien oder doch Jura? Der Hérisson, ein Wildbach, der etwa 20 km östlich von Lons in den Ain mündet, überwindet auf den ersten drei Kilometern seines Laufs ein Gefälle von 280 Metern. Hierbei bildet er mit der *Cascade de l'Eventail* und der *Cascade du Grand Saut* zwei der schönsten Wasserfälle des Jura. Für Naturliebhaber ein Ziel ersten Ranges. Der Wasserstand des Hérisson variiert stark nach Jahreszeit. Bei Niedrigwasser sind die Fälle zwar wenig imposant, dafür werden auf dem Bachgrund bizarre Felsformationen sichtbar.

Die ganze Wegstrecke entlang der Hérisson-Fälle folgt dem französischen Fernwanderweg GR559. Sie wird im folgenden von Westen her beschrieben: Bereits einige hundert Meter nach dem Parkplatz steht man unter der *Cascade de l'Eventail.* Hier stürzt das Wasser über viele Treppen 65 Meter in die Tiefe. Ein steiler Pfad führt weiter zum *Belvédère des Tuffs*. Nach einigen Minuten auf der rechten Seite des Flusses kommt die *Grotte Lacuzon*, dann weiter auf dem linken Ufer die *Cascade du Grand Sau*t – hier werden 60 Meter(!) im freien Fall überwunden. Wer mag, kann hinter dem Sturzbach durchgehen. Eng und steil, zum Teil mit Geländer versehen, zieht der Weg hoch, um gleich darauf die kleine *Cascade du Gour Bleu* mit ihrem blauen Wasserbecken zu erreichen. Es folgen noch vier weitere Wasserfälle: *Saut Garnier, Saut de la Forge, Saut du Moulin* und *Saut du Girard.* Insgesamt dauert die Besichtigung der Cascades d'Hérisson etwa drei Stunden.

Besonders schön ist die Tour an einem sonnigen Frühlingstag, wenn der Hérisson viel Wasser führt und (wie meist) erstaunlich wenig Besucher unterwegs sind. Aber auch ein Spätherbsttag mit Rauhreif, an dem die Sonne eben den Nebel vertrieben hat, ist reizvoll. Dann sind die an sich gutunterhaltenen Wege natürlich feucht und rutschig-glatt, aber Einsamkeit und Großartigkeit der Szenerie ergeben eine Faszination,

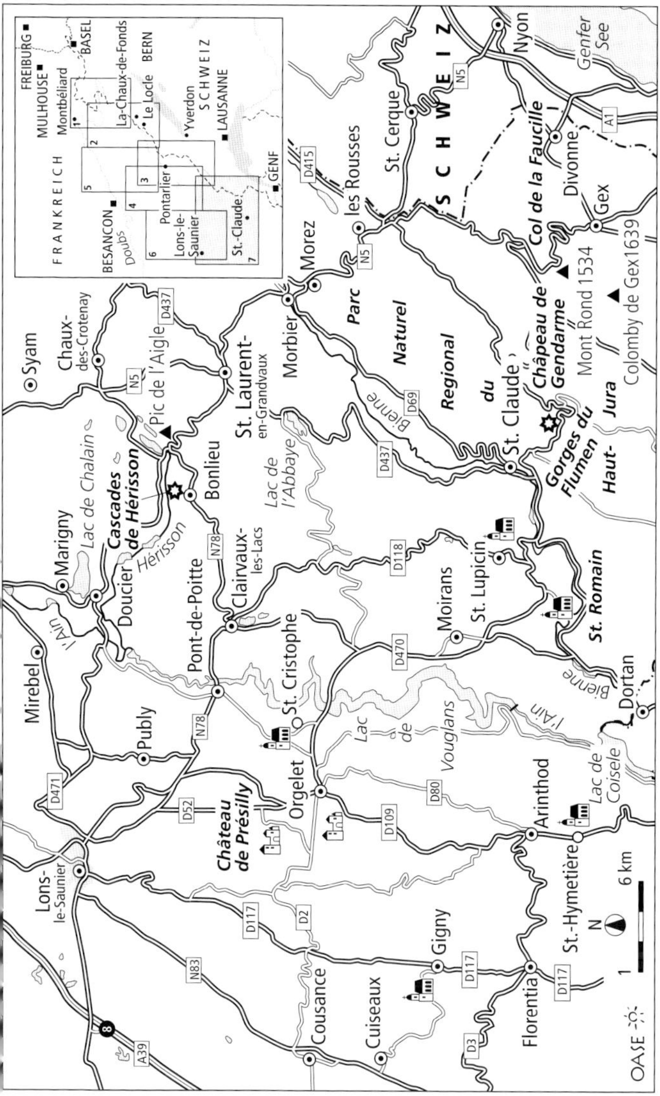
Lons-le-Saunier
Mirebel
Syam
Marigny
Lac de Chalain
Chaux-des-Crotenay
Cascades de Hérisson
Hérisson
Doucier
l'Ain
Publy
Pont-de-Poitte
Clairvaux-les-Lacs
Bonlieu
Pic de l'Aigle
St. Laurent-en-Grandvaux
Lac de l'Abbaye
Morbier
Morez
les Rousses
St. Cerque
Nyon
Genfer See
Divonne
Gex
Col de la Faucille
Châpeau de Gendarme
Mont Rond 1534
Colomby de Gex1639
Parc Naturel Regional du Haut-Jura
St. Claude
Gorges du Flumen
Bienne
St. Lupicin
Moirans
St. Romain
Dortan
St. Cristophe
Lac de Vouglans
Orgelet
Château de Présilly
Arinthod
Lac de Coisele
St.-Hymetière
Gigny
Cousance
Cuiseaux
Florentia
N83
A39
D117
D2
D3
D471
D52
N78
D109
D80
D470
D118
D437
D69
N5
D415
A1
8
N
1
6 km
OASE
FRANKREICH
SCHWEIZ
FREIBURG
MULHOUSE
BASEL
Montbéliard
La-Chaux-de-Fonds
Le Locle
BERN
Yverdon
LAUSANNE
BESANCON
Doubs
Pontarlier
Lons-le-Saunier
St.-Claude
GENF
1
2
3
4
5
6
7

welche die kleine Expedition zu einem höchst lohnenden Unternehmen macht.

Anfahrt: Die Hérisson-Fälle sind von drei Seiten aus zu erreichen. Die spektakulärste Sicht auf die Fälle – dafür ist dies auch der meistbegangene Weg: aus Westen, flußaufwärts kommend, von **Lons** oder **Doucier** (8 km) über die D 326 entlang dem Lac de Chambly und dem Lac du Val weiter bis zum Parkplatz an der ‚Moulin Jacquand' (in der Saison teure Parkgebühren).

Vom Oberlauf des Hérisson werden die Wasserfälle entweder über den kleinen Ort **Ilay** (Parken bei der Auberge du Hérisson) erreicht, oder von **Bonlieu** an der Nationalstraße 78, dann noch zwei Kilometer über die ‚Route Forestière des Cascades' – letztere ist die lohnendste Anfahrt.

Bonlieu

Ein Ort mit knapp 200 Einwohnern – und doch ist er auch auf Karten großen Maßstabs verzeichnet. Zum einen liegt das an der Lage Bonlieus im Zentrum einer der malerischsten Regionen des Jura, zum anderen weist es daraufhin, wie dünn besiedelt die Gegend ist.

Nach der Wasserfall-Tour bietet sich ein Ausflug ins Restaurant La Poutre an:

La Poutre - Bonlieu.** Ein Beispiel für eine Spezies, die auch in der französischen Gastronomie längst auf der Roten Liste steht: Das kleine Landgasthaus mit anspruchsvoller Küche – Familienbetrieb. An Sommersonntagen ist es hier natürlich nicht einsam, aber sonst… Wir kamen an einem Novemberwochentag hierher, nach langer Fahrt von Genf herauf. Eigentlich sind es nur 80 km, aber auf einsamer Landstraße im Dunkeln entstand der Eindruck, in eine andere, versunkene Welt einzutauchen. Nach langer Fahrt also war das unscheinbare Haus am Straßenrand fast dunkel, die gesamte Familie saß in einer Wohnküche vor dem Fernseher. Nur die Gewißheit, an diesem Abend sonst nichts mehr zu essen zu bekommen, hielt uns davon ab, die Flucht zu ergreifen. Zum Glück, denn M. Moureaux verstand es, aus dem Nichts ein

La Poutre, Bonlieu

regionales Menu ‚comme il faut' auf die Teller zu bringen. Eine vorzügliche Terrine de canard, ein Kalbsrücken in konzentrierter Morchelsauce, feinstes Lamm mit exzellentem Gratin. Kurz und gut: beste traditionelle Küche, selbst der üppige Sahneeinsatz war durch die Qualität der Fonds gerechtfertigt. Alles freundlich serviert von Madame, dazu eine fair kalkulierte, gut ausgewählte Weinkarte. Als uns dann auch noch ein einsamer Handelsvertreter mit mächtigem Appetit Gesellschaft leistete und der Kamin angezündet wurde, hatte sich alle Skepsis in Wohlbehagen aufgelöst.

2001 hat der Sohn des Hauses den Platz am Herd übernommen und zum Glück hat sich seither nicht viel geändert. Nur eben soviel, wie zum Überleben solcher kleiner Dinos der Gastronomie nötig ist. Das Haus ist behäbig und im guten Sinn provinziell geblieben. Der gewaltige Balken, der als Mast auch ein Schmuck jedes stolzen Schiff wäre – einst gewiß eine ‚sapin président' – trägt noch immer die Decke des großen Speiseraums. Das Parkett wurde gestrichen, ebenso die Wände. Die Küche ist so solide und regional wie immer, nur nennt sich das heute ‚les incontournables de mon père' und darunter finden sich solche Köstlichkeiten wie ‚ragout d'écrevisses aux morilles' oder ‚feuilleté aux morilles à la crème'. Die Küchenmannschaft sitzt am frühen Abend immer noch gemeinsam im Wohnzimmer. Und dann wird gekocht, z.B. ein Menu d'écrevisses mit super-saftigen écrevisses à la nage, in einem Sud, von dem kein Tropfen übrigbleibt...

Schlafen sollte man im Eckzimmer auf der 2. Etage, in der Nr. 9. Von der Route Nationale ist keine Ruhestörung zu befürchten, es wird erst am Tag wieder laut. Zum Frühstück hausgebackene ‚viennoiserie' und selbstgemachte Marmeladen.

→ *La Poutre* (Logis de France), 39130 Bonlieu, 25, Grande-Rue. **Preise**: im Restaurant mittel-gehoben, im Hotel günstig (10 einfache Zimmer). Tel. 03.84.25.57.77, Fax: 03.84.25.51.61. Ferien Anfang November bis Anfang Mai. RT: Mo, Di.

- Kurz vor Bonlieu (von Genf kommend) links nach 200 m eingepflegter kleiner Campingplatz *De l'Abbaye****. Große Rasenplätze vor Felskulisse. Vom 1. Mai bis 30. Sept. geöffnet. Tel. 03.84.25.04. Im Blockhaus daneben ein einfaches Restaurant.

Die Seen

In der Umgebung von **Bonlieu** gibt es außer den Wasserfällen des Hérisson etliche schöne Seen und reizvolle Aussichtspunkte. Eine abgeschiedene ruhige Gegend, wie es für weite Teile des Jura so charakteristisch ist. Die Verbindung spektakulärer Naturschönheit mit eben dieser Ruhe macht den besonderen Charme des Landes aus.

Der kleine *Lac de Bonlieu* liegt von Wald und Felswänden umgeben, zwei Kilometer südlich des Ortes. Markierter Rundweg (ca. 5 km) mit Belvédère. Der *Lac de Narlay*, etwa fünf Kilometer nördlich von Bonlieu gelegen, ist mit 48 Metern der tiefste der natürlichen Jura-Seen, zusammen mit dem Wasser des etwas unterhalb gelegenen und kleineren *Lac du Vernois* speist er den *Lac de Chalain*. Der *Lac d'Ilay* gibt sein Wasser ebenfalls über eine ‚résurgence' an den Hérisson weiter. Dieser See wird, wie die beiden kleineren *Lacs de Maclu*, vom 993 m hohen *Pic de l'Aigle* überragt. Der größte See der Region ist mit 232 ha der *Lac de Chalain* bei **Doucier**, etwa 20 Kilometer

Le Comtois, Doucier

östlich von Lons gelegen. Teils von sanften Hügeln, teils von felsigen Waldhängen umgeben, ist der 32 m tiefe See eine résurgence des 10 km oberhalb gelegenen *Lac de Narlay*. An seinem Westufer deuten zahlreiche Funde, darunter Holzpfosten von Pfahlbauten und ein hölzerner Einbaum, der im ‚Musée municipal d'archéologie' in Lons-le-Saunier zubesichtigen ist, auf eine größere neusteinzeitliche Siedlung hin.

- **Baden und Bötlefahren:** Am *Lac de Bonlieu* sind Boote zu mieten; am *Lac de Chalain* gibt es einen schönen Badeplatz mit großer Liegewiese bei der Domaine du Chalain. Ein zweiter guter Platz liegt an der D 27, nach 1,5 km Richtung Marigny/Champagnole rechts (10-19 h).

Lesertipp: Auch der *Lac de Maclu* eignet sich sehr gut zum Baden; als besondere Attraktion gibt es am östlichen Ufer roh gezimmerte Stufen auf zwei überhängenden Bäumen sowie lange Seile, an denen man sich tarzangleich in ‘s Wasser schwingen kann.

Le Comtois - Doucier.** Feines Essen in der Provinz: In *Doucier*, südlich vom Lac de Chalain, wurde das alte Logis de France *Le Comtois* kürzlich von Christophe Menozzi, früher Sommelier des renommierten Restaurants Wenger in Noirmont im Schweizer Jura übernommen. Seither hat sich einiges getan. Das cadre ist bescheiden geblieben, aber das Restaurant bietet nun eine sehr beachtliche Regionalküche, z.B. im kleinsten Menu eine Forelle mit Pilzen in Macvin auf feinsten glacierten Gemüsen. Zum Dessert eine fulminante Crème brulée mit den schnapsprallen Kirschen von Fougerolles. Wie zu erwarten, sehr interessante Weinauswahl. Die Jurakarte ist aufgeteilt nach ‚vins ouillés' und ‚vins sous voile', also ‚modernen', reduktiv ausgebauten und ‚traditionellen', unter dem Einfluß der Jurahefen gereiften Weinen (s. im Kapitel Weine Seite 174).

Es herrscht eine atmosphère très conviviale, es geht allen so richtig gut und sie zeigen es. Die Gerichte der Menus zu 19 und 28 € kann man großzügig aus der Karte auswählen. Für 32 oder 49.50 € gibt es das Menü inklusive 3 oder 5 Weine. Ein Angebot, dem man immer häufiger begegnet und das die Chance bietet, noch mehr über die Weine der Region zu erfahren als es mit einer halben Flasche (die es ja leider meist nur in bescheidener Auswahl gibt) möglich ist..

Die 9 Zimmer sind renoviert, sauber und einfach. Für nur 50 € (Dusche/WC) bzw. 40 € (Lavabo) ist das Frühstück für zwei inbegriffen. Besonders verlockend ist das Angebot, für nur 10 € Halbpension zu nehmen. Da bleibt noch genug für die Weinkunde übrig. Gelegentlich auch Degustationsabende, zu denen Christophe Menozzi Topwinzer in sein Restaurant einlädt.

→ *Le Comtois*, 39130 Doucier. Tel 03.84.25.71.21, Fax: 03.84.25.71.21. restaurantcomtois@wanadoo.fr März bis November geöffnet. RT: Di-abend, So-abend, Mi (außerhalb der Saison). **Preise**: günstig-mittel.

Aurochs à la carte – Zwischen *Doucier* und den *Cascades de l'Herisson* hat sich ein Refugium alter Rindviecher etabliert: ‚Planète Aurochs' züchtet Auerochsen, Bisons und Highland-Rinder. Besichtigung, Kutschfahrten, Streichelzoo mit Kälbchen und ein Restaurant. Verkauf von eigenem Schinken und Würsten. Leser fanden es, gerade mit Kindern, ganz toll. 1.6.-15.9. täglich 9.30 – 19.00, 1.5.-15.10 So/FT 14-19. Tel. 03.84.25.72.95, Fax 03.84.25.77.14, www.ferme-auroch.com.

Belvédère des 4 lacs - Chaux-du-Dombief

Panoramablick vom Pic de l'Aigle: Der Gipfel des Pic del'Aigle bietet mit seinen knapp 1.000 Metern einen der schönsten Aussichtspunkte des Jura. Direkt im Blick die postkartenschönen Seen *d'Ilay* und *de Maclu*, in der Ferne die Saône-Ebene, dahinter sind bei klarem Wetter schon die Hügel der Côte-d'Or zu ahnen. Im Osten die Berge des hohen Jura, über denen im Süden der Mont Blanc erscheinen kann.

Anfahrt: Von *Bonlieu* aus fünf Kilometer auf der N 78 Richtung St-Laurent-en-Grandvaux/Genf. Vom Parkplatz in *Chaux-du-Dombief* (links der Nationalstraße) führt in gut 20 Minuten ein markierter, steiler Weg hinauf zum Pic de l'Aigle.

- In **Chaux-du-Dombief** die Boucherie-Charcuterie von *Philippe Drovin* (03.84.60.13.79), ein sicherer Tip für beste saucissons secs, jambon de montagne und saucisses aux choux, die saftigen Kohlwürste. Nach Lesermeinung eine der besten Metzgereien des Jura.

Belvédère des 4 lacs: Zwei Kilometer hinter *Chaux-du-Dombief* kommt die Abzweigung zum nächsten Aussichtspunkt. Vom Parkplatz aus sind es nur ein paar Minuten zu Fuß zum Belvédère des 4 lacs – mit Rundumsicht über die oben beschriebenen Seen (Titelbild). Beide Aussichtspunkte lohnen den Weg zu jeder Jahreszeit.

Seenland, Campingland

Stauseen im Ain-Tal

Südlich Champagnole wird der Ain vom Höhenzug der *Côte d'Heute* nach Süden gezwungen, um nun ein etwa 20 km langes Hochtal in Mäandern zu durchziehen. Es ist eine schöne, stille Landschaft mit Störchen und Fischreihern. In **Pont-du-Navoy** überspannt eine alte Brücke den langsam breiter werdenden Fluß. Im unteren Teil dieses Hochtals weitet sich der Ain schon zum See: hier beginnen die Staubecken der Wasserkraftwerke. Aber keine Angst, hier ist keine technisch verfremdete Seenlandschaft entstanden, sondern es wurde lediglich ein früheres Landschaftsbild wieder hergestellt. Der bei weitem größte dieser Stauseen ist ein 32 km langes fjordähnliches Gewässer, das sich im Bett eines alten, nacheiszeitlichen Sees von Pont-de-Poitte bis Vouglans erstreckt, der *Lac de Vouglans.*

Die Seen im Ain-Tal sind die einzige Gegend des Juras, wo sich sommerlicher Massentourismus zu entwickeln beginnt. Die Massen halten sich jedoch in juratypischen Grenzen. Jedenfalls sind in den letzten Jahren einige Campingplätze entstanden. Darunter auch große und gut ausgestattete, die Anklang bei holländischen Gästen finden. Kein Grund, die Gegend zu meiden. Das Seenland ist sehr reizvoll, alle großen Sehenswürdigkeiten des südlichen und westlichen Jura sind nah und die Bresse und Burgund sind in nur einer Stunde zu erreichen. Gerade für Familien mit Kindern ein ideales Ferienziel. Die zwei kleinen natürlichen Seen, denen Clairvaux seinen Namen verdankt, sind weniger pittoresk als die meisten anderen Gewässer der Gegend. Dafür sind sie zum Baden geeignet und haben kindertaugliche Sandstrände.

- Drei der größten und gepflegtesten Campingplätze liegen daher gar nicht am langen Stausee, sondern bei **Clairvaux-des-Lacs**. Der größte Platz am Ort, *Le Fayola*****, hat 500 Stellplätze (gut 1 km über die D 118 Richtung Châtel-de-Joux). Geöffnet vom 1.5. bis 21.9.; Tel. 03.84.25.26.19, Fax 03.84.25.26.20. Kurz davor ein öffentlicher Parkplatz mit Strandzugang.

- *Campinglatz Beauregard* in **Mesnois** (2 km vor Pont-de-Poitte an der D 151). 150 Plätze, Schwimmbad, Fahrradverleih, 15.4,-30.9., Tel. 03.84.48.32.51. Ein Leser beklagte sich allerdings bitter: über das stark verchlorte Mini-Schwimmbad und über die hundsliederlichen Frühstücksbaguettes. Seine Empfehlung: ein Campingplatz nur wenige Kilometer nördlich davon, in Châtillon: *L'Épinette*** – direkt an einer Flußschleife, weitläufiges Gelände, Flußbaden möglich. Tel./Fax 03.84.25.71.44. Juni bis Mitte Oktober.

Pont-de-Poitte ist an einer Brücke über den Ain entstanden. Von dort oben sieht man bei Niedrigwasser die *marmites de-géants*, große steinerne Wirbeltöpfe im Flußbett. Anfahrt: von Lons-le-Saunier nach 14 km über die N 78 Richtung Genf, 5 km vor Clairvaux-des-Lacs.

Ain - Pont de Poitte.** An der Landstraße in der Ortsmitte das *Ain*, ein typisches französisches Provinzhotel, eine Logis de France wie aus dem Bilderbuch. Ein hübsches Natursteinhaus an einem kleinen platanenbestandenen (Park-)Platz, zu dem sich die nationale mitten im Ort weitet. Der alte Postgasthof mit 9 kleinen, sauberen Zimmern (inzwischen alle mit Bad/Toilette) bietet eine klare regionale Küche, ohne Raffinement, aber einfach gut. Im Sommer schöne Terrasse mit Blick auf den Ain.

→ *Hotel Ain*, 18, pl. de la Fontaine, 39130 Pont de Poitte. RT: So-abend, Mo-mittag, Fr-abend (außerhalb der Saison). Tel. 03.84.48.30.16, Fax: 03.84.48.36.95. Geschlossen 5.1.-2.2. RT außerhalb der Saison: Fr-abend und So-abend. **Preise**: günstig.

Lac de Vouglans – Frankreichs drittgrößter Stausee

Die Seeumrundung: Der Stausee und seine Umgebung wird auf einer Rundtour beschrieben, die in **Pont de-Poitte** beginnt, dann das Westufer hinunter bis zum Damm und das Ostufer hinauf. Von Point-de-Poitte auf der D 49 bis zur D 470, dort noch 2 km bis **Orgelet**: Das Bilderbuchstädtchen Orgelet mit seinen knapp 2.000 Einwohnern – eine der ‚petites cités comtoises de caractère' – liegt 20 km südöstlich von Lons-le-Saunier. Orgelet besitzt eine überraschend große, schlichte gotische Kirche mit beeindruckendem Raumcharakter. Auf dem platanenbestandenen Kirchplatz findet ein Markt statt.

Drei Kilometer vor Orgelet geht es rechts hoch zum *Château de Presilly*. Die mächtige Burg des 11.-14. Jahrhunderts war verfallen und zugewachsen, als sie der Dorfpfarrer vor 50 Jahren wieder entdeckte. Ein Verein restauriert nun langsam, was vom Gemäuer noch steht. Und das ist einiges. Genug, um Kindern mutiger Eltern (keine Sicherungen, kaum Schilder) einen Blick hinter die Kulissen einer echten Playmobil-Burg zu geben. Weiter dann auf der D 470 bis nach **La-Tour-du-Meix**. Ein Kilometer hinter dem Ort (Schild) der erste der drei offiziellen Badeplätze am *Lac de Vouglans*. Da der Stausee ansonsten meist steile, schwer zugängliche Ufer hat, beschränkt man sich vernünftigerweise auf diese gut angelegten Strände.

- 150 Meter vom Seeufer der gepflegte Campingplatz *Surchauffant*****, mit 180 Plätzen relativ überschaubar und ruhig. Geöffnet vom 3.5. bis 16.9. Tel. 03.84.25.41.08, Fax: 03.84.25.56.88.

Im winzigen Dorf **St-Christophe**, hoch über Tour-de-Meix, eine frühgotische Wallfahrtskirche mit mehreren Plastiken darunter einer seltenen Darstellung der Heiligen ‚Vier Könige'. Den Schlüssel zur Kirche erhält man von einer gesprächigen alten Frau im Mesnerhaus, das am Chor angebaut ist.

Auf dem *Pont de la Pyle* (dessen 74 m hohe Pfeiler zum größten Teil im Wasser stehen) könnte man den Stausee überqueren. Langsamfahren wird mit schönen Ausblicken belohnt. Ab der Brücke von April bis Oktober Rundfahrten auf dem See: *Jura Croisières Fluviales.*

Aussicht und Picknick am See – Wir bleiben aber am Westufer und fahren auf der D 60 weiter nach Süden. Schon nach zweihundert Metern lockt links ein Waldsträßchen (Sackgasse) zum Abstecher auf ein See-Belvédère mit Picknick. Wer auf der Hauptstraße bleibt, sollte spätestens nach drei Kilometern nach links auf die D 3 abbiegen, um eine Schleife zum Badeplatz vom *Bellecir* zu ziehen. Wieder zurück auf der D 60, weiter durch waldreiches Hügelland. Kurz nach der Abzweigung der D 3 dann einer der schönsten Aussichtspunkte am Lac de Vouglans, eine breite Schleife des Sees um eine waldige Halbinsel. Man meint eher an einem Fjord oder einem kanadischen See als an einem mitteleuropäischen Stausee zu stehen.

Acht Kilometer weiter ist man endlich an der Staumauer, der *Barrage de Vouglan.* Der 103 Meter hohe Damm (Bauzeit: 1957-1968) hat mit 600 Mio m^3 den drittgrößten künstlichen See Frankreichs aufgestaut. Die Turbinen des zugehörigen Kraftwerks erzeugen 280 Mio kWh pro Jahr. Das Innenleben des Kraftwerks kann vom 1.7. bis 29.8. jeweils von 10-12 und von 14-18 Uhr besichtigt werden. Der Ain wird unterhalb des Staudamms überquert, die Dammkrone kann leider nicht befahren werden. Dann windet sich die D 299 hinauf nach *Lect.* Kurz vor dem Ort links auf 2 km langer Stichstraße zum Belvédère de Vouglans, mit dem besten Blick auf die Staumauer. Der nächste Ort:

Moirans-en-Montagne – Spielzeugland: Der Jura ist die Heimat der französischen Spielzeugindustrie. In Moirans werden in einem futuristischen Gebäude 5.000 Puppen, Holzspielwaren, Blechspielzeug, Eisenbahnen etc. gezeigt. Dazu Vieles zur Geschichte der Spielzeugherstellung und zur Kultursoziologie des Spiels. Im Museumsladen wird Spielzeug aus dem Jura verkauft. **Öffnungszeiten** ganzjährig täglich 10-12 und 14-18, Juli/August 10-18.30 Tel. 03.84.42.38.64, Fax: 03.84.42.38.97. www. musee-du-**jouet.com.**

Schauen und Baden: Zwei Kilometer hinter Moirans zweigt links eine kleine Straße zum *Belvédère du Regardoir* ab, noch einmal Postkartenblick. Bald darauf links ab zum Ferienzentrum *La Mercantine* mit dem dritten Badestrand am See und einem besonders hübsch gelegenen, gepflegten Campingplatz. Weiter über Maisod auf der kleinen D 301, das Seeufer entlang bis zum Pont de la Pyle. Hier schließt sich die große Schleife um den See.

- *Camping Trelachaume***** hat 180 Plätze, nur 22.6. bis 25.8. geöffnet, Tel. 03.84.42.03.26, Fax: 03. 84.42.60.17.

St-Claude

Knapp 30 Kilometer östlich vom Stausee von Vouglans entfernt liegt St-Claude. Die Stadt mit 13.000 Einwohnern ist ein berühmter Wallfahrtsort in wunderschöner Lage. Aus einer Eremitage des 5. Jahrhunderts hervorgegangen, war die Benediktinerabtei seit dem 9. Jahrhundert geistliches Fürstentum. Seit dem 12. Jahrhundert trägt sie den Namen eines früheren Abtes, St-Claude. Im hohen Mittelalter durch den Wallfahrtsbetrieb reich geworden, verkam die Abtei mit der Zeit zur fetten Pfründe des Comtoiser Adels und wird zu einem selbst für das Ancien régime Aufsehen erregenden Beispiel des Sittenverfalls. Aber erst während der Revolution gelingt es, das Kloster aufzulösen.

Die spektakuläre Lage von St-Claude auf einem felsigen Dreieck zwischen den Bergflüssen Bienne und Tacon läßt sich am besten von den Brücken aus bewundern. Zuerst vom Grand Pont, dann von der Place-Louis-XI, terrassenartig auf der alten Befestigung gelegen. An diesem Platz liegt auch die Markthalle. Über die Rue A. Janvier geht es in die Rue de la Poyat: Hier ist das soziale Gefälle der alten Stadt auch topographisch nachzuvollziehen. Oben um die Kathedrale und in der Rue du Pré stattliche Häuser und elegante Geschäfte, weiter unten schmale, schlichte Häuser in einer lichtarmen Straße. Von der Brücke am Ende der Rue de la Poyat schöner Blick zurück auf die steil gestaffelten Häuser. Von der Kathedrale führen die Rue du Marché und die Rue du Pré zur anderen Seite der Stadt.

In der Oberstadt liegt die Kathedrale *St-Pierre*. Der gotischen Klosterkirche mit ihrer schönen Apsis wurde im 18. Jahrhundert eine klassische Fassade vorgesetzt. Im Inneren ist vor allem das hochgotische Chorgestühl beachtenswert. Apostel- und Prophetenfiguren wechseln mit Episoden aus der Geschichte der Abtei. Leider fiel ein Teil dieses Kunstwerks 1983 einem Brand zum Opfer. Eine gute Restaurierung ist mittlerweile abgeschlossen. Links vom Eingang ein spätgotischer Altar.

St-Claude und vor allem die tief eingeschnittenen Täler, die zur Stadt hinführen, liegen oft und lange im Schatten. Nicht nur im Winter wirkt vieles matt und grau. Die Tristesse der tiefsten Provinz droht. St-Claude ist aber auch eine vitale kleine Stadt mit vielen Einkaufsmöglichkeiten. Die Provinz lebt doch: In der Rue du Marché unweit der Kathedrale einige gut sortierte Läden mit den berühmten *Bruyère*-Pfeifen. St-Claude ist die Heimat der Bruyère-Pfeifen. Seit Mitte des 19. Jahrhunderts werden sie hier nach der alten Tradition des Drechslerhandwerks hergestellt.

- **Bruyère-Pfeifen** kauft man am besten bei *Roger Vincent*, 2, ch. du Moran, Tel. 03.84.45.27.72, Juni bis September Mo bis Sa 14 -18 Uhr, sonst nach Vereinbarung.

- Neben der Kathedrale zeigt ein kleines Museum eine reichhaltige Kollektion von Pfeifen in allen Materialien und Formen. Daneben eine Ausstellung zur Edelsteinschleiferei, dem anderen alten Handwerk der Stadt. Tel. 03.84.45.17.00.

- In der Rue du Pré die alteingesessene **Crèmerie** *Clemant* (Nr. 7), die neben hervorragendem Käse auch feinen Honig und eine gute Auswahl an Jura-Weinen (u.a. von Jean Macle) führt.

- In Nr. 33 der gute **Patissier** *Bernard Puget* mit kleine Salon de Thé und in Nr. 51 der **Traiteur** *Caillat*. Seit kurzem unter dem Schild der Proxi-Supermärkte. Drinnen hat sich nichts geändert: Frischeste Gemüse, ein fantastisches Fleisch- und Geflügelangebot, viele Juraweine.

- **Campingplatz** mit schönen grünen Plätzen unter Ahornbäumen in spektakulärer Lage am Zusammenfluß von Flumen und Tacon: *Municipal du Martinet***. Daneben Schwimmbad und Tennisplatz. Zwei Kilometer in Richtung Genf, dann rechts ab, gleich an der D 290. 133 Plätze. 1.5. bis 30.9., Tel. 03.84.45.00.40.

Weitere Touren in der Region St-Claude

In der Umgebung von St-Claude gibt es eine Fülle von weiteren sehr reizvollen Ausflugszielen. Einige Vorschläge: Ein besonders schöner Blick auf die Stadt bietet sich von der D 69, von *Morez* aus dem Norden kommend. 8 km vor der Stadt (bei Cinquétral) Belvédère mit spektakulärem Blick in den

Bei St-Claude

400 Meter tiefer gelegenen Talkessel. Sehr lohnend auch zwei Belvédères hoch über den *Gorges du Flume*n im Südosten (siehe weiter unten). Die D 436 Richtung Genf führt auf der Strecke nach Septmoncel am Rand dieser wilden Schlucht hoch. Hinter einem Tunnel vom *Belvédère du Saut du Chien* Blick auf den höchsten Wasserfall des Tacon. Danach kommt man zum *Chapeau de Gendarme*, dies ist die geologische Formation einer in sich gewundenen vielfachen Schichtung, die wirklich einem Dreispitz ähnelt. Kurz darauf rechts ab auf die D 25 und zum *Belvédère de la Cernaise* (4 km), wieder mit schönem Blick auf St-Claude und die Gorges du Flumen. Einige hundert Meter weiter rechts ab zum *Belvédère de la Roche Blanche* (1.139 Meter) und das ist nun wirklich spektakulär: Das Hinweisschild ist verwittert, der Weg nur angedeutet. Dann ein 150 Meter tiefer Steilabfall, das schmale Bergtal öffnet sich weit hinunter nach St-Claude, rechts und links eingerahmt von wild gefalteten Jurafelsen.

Auf der kleinen Nebenstraße D 304 kommt man ab dem östlichen Ortsausgang von St-Claude nach 5 km zu dem Weiler **Chaumont**. Am Ortsende läßt man das Auto stehen und erreicht, rechts einem Pfad folgend, in einer halben Stunde die *Cascade de la Queue de Cheval*. Der 50 Meter hohe Wasserfall ist vor allem nach der Schneeschmelze beeindruckend.

Nach weiteren 5 km erreicht die D 304 die Anhöhe *Crêt Pourri*, mit 1025 Metern Höhe einer der schönsten Aussichtspunkte in der einsamen, waldreichen Gegend (Parc Naturel Regional). Am besten im winzigen Weiler *Mainmorte* parken, 1/4 h nach links bis zur Orientierungstafel.

Westlich von St-Claude: Romanische Landkirchen im südlichen Jura

In der Franche-Comté gab es einmal, bedingt durch eine Gründungswelle klösterlicher Gemeinschaften, viele Sakralbauten aus präromanischer und romanischer Zeit. Die meisten dieser Kirchen wurden zerstört oder durch Umbauten in den folgenden Epochen bis zur Unkenntlichkeit der romanischen Substanz überformt. Es ist daher überraschend, auf engem Raum im Südwesten des Jura vier fast stilrein erhaltene romanische Kirchen vorzufinden. Die gute Erhaltung der Bauwerke läßt sich zum Teil mit dem Niedergang der jeweiligen Klostergemeinschaften erklären. Es fehlte schlicht an Mitteln und Bedarf, in späteren Kunststilen weiterzubauen. Andererseits hat sicher auch die abgeschiedene Lage und die Fügung, daß die drei größeren Kirchen schon vor der Revolution nicht mehr Ordensbesitz, sondern Gemeindekirchen waren, zu ihrer Erhaltung beigetragen. Zwei schlichte, gerade deshalb so reizvolle romanische Sakralbauten liegen nahe beieinander im Westen von St-Claude:

Die Kirche von **St-Lupicin** ist ein aus dem Anfang des 12. Jahrhunderts stammendes Relikt des Klosters, das der heilige Lupicin, Mitgründer der Abtei von St-Claude, 445 hier bauen ließ. Von außen durch Anbauten beeinträchtigt, strahlt der überraschend große Innenraum der Kirche die strenge Würde aus, die der Romanik eigen ist. Von St-Claude liegt St-Lupicin etwa 15 Straßenkilometer westlich, abbiegen von der Hauptstraße D 470 in Lavans auf die D 118.

Fährt man in Lavans geradeaus weiter und biegt nach 3 km links in die winzige D 300 ein, kommt man nach **St-Romain.** Vor diesem Weiler läßt man das Auto stehen und geht auf einem schmalen Weg zwischen Buchshecken zu einer romanischen Kapelle, die auf einem ausgesetzten Felsplateau thront. Direkt dahinter fällt das Tal der Bienne über 250 Meter tief ab. Die völlig schmucklose kleine Kirche von einfachstem Grundriß, einsam im verwilderten Immergrün des Buchses gelegen, erinnert an eine Bauweise und Weltsicht, die fast tausend Jahre alt ist. Am Pfingstmontag dürfte die Zeitreise allerdings schwierig sein, denn da ist die Kapelle Ziel einer großen Wallfahrt.

La douce France – Heile Welt in Cuiseaux

Das ländlich, friedliche, zufriedene Frankreich gibt es noch immer. An der Sologne, im Poitou, im Périgord, wo viel Raum und Zeit ist – und auch, wo Franche-Comté und Bresse aufeinander treffen. Z.B. in der Gegend von Cuiseaux, einem ehemals befestigten Landstädtchen von knapp 2.000 Einwohnern 25 km südlich von Lons-le-Saunier über die Nationalstraße 83. Solche Landstriche gelten zugleich als ‚la France profonde', das eigentliche Frankreich, weit weg von Paris und den sozialen Brennpunkten der Banlieus. In diesen Gegenden hat man seine Wurzeln, sein Refugium, einen kleinen oder großen Familienbesitz, auf dem die Familie im Sommer oder an den Wochenenden zusammenfindet, auch wenn man schon seit Jahrzehnten in der großen Stadt lebt. Das gilt nicht nur für eine schmale Oberschicht, die Lebensweise kann ebenso für den gutverdienenden Facharbeiter gelten. Auf dem Land sind Jagd, Angeln und Ernte die Themen, auch wenn der Anteil der Landwirtschaft an der gesamten Wertschöpfung in Frankreich kaum höher ist als in Deutschland. Auf dem Land wird auch Politik gemacht. Fast jeder Politiker aus Paris ist zugleich im Generalrat des Départements oder, noch wichtiger, als Bürgermeister eines Ortes in der Provinz aktiv. In solchen Strukturen liegt eine Ursache für den hocheffizienten französischen Agrarlobbyismus, aber auch für die Erhaltung dieser herrlichen Vielfalt an Agrarprodukten im weiteren Sinne.

Im Zentrum des Wochenendes steht immer noch ein ordentliches Essen in einem guten Gasthaus der Gegend. Das kann eindrucksvoll erleben, wer sich am Sonntagmittag zum Essen im Restaurant-Hotel *Vuillot* in Cuiseaux niederläßt:

Vuillot - Cuiseaux.** Bis vor kurzem firmierte das langgestreckte Natursteinhaus noch als ‚Hôtel du Commerce', mittlerweile hat das Gasthaus an Profil gewonnen und heißt nach dem Besitzer: Hotel/Restaurant *Vuillot.* Im Restaurant sind am Sonntagmittag alle Plätze besetzt, oft sind drei Generationen an einem Tisch vertreten. Es sind Menschen aller Schichten, darunter viele, deren Händen man die Alltagsarbeit ansieht. Im Raum liegt dieser wunderbare, intensive dennoch unbestimmbare Duft ordentlicher, solider Küche. Der Service mit Landmädchen von nebenan arbeitet schnell und freundlich. Das Haus ist immer noch hübsch ländlich und üppig gut zum ‚tout petit prix'. Beim letzten Besuch gab es eine terrine de volaille mit gutem Gelée und vielen Pistazien, ein suprême de volaille mit kräftiger Sahnesauce und gutem Reis, dazu eine nicht nur für ein kleines Restaurant sensationelle Käseauswahl. Das Ganze für 13 €! Für 4 € mehr gab es einen feinen Blätterteig mit vielen saftigen Schnecken, Julienne und Sahnesauce. So schmecken sie nach was!

Die Kinder bekommen zum Preis von Fast-Food eine gute Geflügelterrine mit Gelée, reichlich saftige Hühnerbrust mit hausgemachten Nudeln und zwei dicke Eiskugeln. Nette Karte preiswerter Weine (etwas weniger sollte gestrichen sein). Ausgezeichneter St-Véran und Arbois tradition rouge von Roletin halben Flaschen, einige sehr gute offene Weine (Macon Solutré). Sicher keine Hochküche, aber so lecker, unkompliziert ohne einfach zu sein. Das Haus hat auch 16 schlichte Zimmer mit Dusche oder Bad, gutes Frühstücksbuffett. Im Sommer wartet in einer Sonnenecke an einer alten Natursteinmauer ein gepflegter Pool.

→ *Hôtel Vuillot* (Jean Vuillot), 71480 Cuiseaux, in der Hauptstraße, Ortsmitte. Ferien im Januar, RT: So-abend, Mo-mittag (außerhalb der Saison), Tel. 03.85.72.71.79, Fax: 03.85.72.54.22. **Preise**: günstig.

- **Einkaufen**: Exzellentes Brot ‚à l'ancienne' (lange gegangen, handgeformt, baguette und boule, besonders gut mit 10% Roggen) beim Bäcker an der Kirche (*Au péché mignon*, rue St-Honoré). Unweit davon in der rue St-Thomas 62 die alte Huilerie Jaillet. Bis 1963 wurden auf den Mühlsteinen noch Walnüsse gemahlen und ihr Öl gepresst, nun ist das Haus ein kleines Eco-Musée.

- **Die Kirche** im Zentrum des mittelalterlichen Städtchens besitzt neben einem schönen Chorgestühl im linken Seitenschiff das Gnadenbild einer schwarzen Madonna aus dem 13. Jahrhundert. An der Stadtmauer ziehen sich Bauerngärten entlang. Am dritten Adventssonntag findet in Cuiseaux ein kleiner Markt der besonderen Art statt. Auf Ponies reiten Kinder durch die Gassen. Vor dem Bäckerladen ist mit viel Stroh und Gattern ein kleiner Stall improvisiert. Duftender vin chaud und Weihnachtsgebäck werden verkauft, die Feuerwehr macht Musik. Das ganze Städtchen ist auf den Beinen. Kein Plakat, keine auswärtigen Gäste.

St-Amour – Sechs Kilometer nach Süden auf der N 83. Ein vergessenes Landstädtchen, Patina, sonst nicht mehr viel, nur schöne enge Gassen und Bogengänge.

- Das würdige *Hôtel de Commerce* an der Kirche (Logis de France) war leider im Jahresurlaub, sein ‚Restaurant gastronomique' im hohen Saal mit hübschen alten Möbeln könnte einen Versuch wert sein (für Liebhaber von cuisine et ambiance d'autrefois). **Preise**: mittel. Geschlossen 15.12.-20.1. RT: So-Abend, Mo Tel. 03.84.48.76.69, Fax 03.84.48.86.94. hotel-commerce-raffin@wanadoo.fr.

Noch 9 km weiter nach Süden. Die Landschaft öffnet sich, wird sanfter, die Häuser der Dörfer und Städtchen liegen hingeworfen auf grünen Hügeln, dazwischen bemooste Trockenmauern und mistelbehangene Bäume, der Blick geht über die Saoneebene zu den Hügeln des Maconnais. Nun ist man in **Coligny**, dem ersten Ort im Département Ain. Région Rhône-Alpes kündigt ein Schild an.

- *Le petit relais*, ein alter ‚halte gastronomique' gleich rechts an der nationale im Dorf verspricht Eßvergnügen à l'ancienne, vom Michelin mit einem Bib gewürdigt. Der düsterliche Speisesaal mit Butzenscheiben und die Butter-Crème-fraiche-Allianz der Küche ergänzen sich gut. **Adresse**: Le petit relais, 01270 Coligny, rue principale (von Lons aus am Ortsanfang rechts). **Preise**: mittel-gehoben. Geschlossen 27.3.-4.4. und 30.9.-17.10. RT: Mi-abend, Do. Tel. 04.74.30.10.17, Fax: 04.74.30.10.07.

Zu den romanischen Kirchen von Gigny und St-Hymétière

Zwei weitere wunderschöne romanische Kirchen liegen im Süden des Revermont. Das Revermont ist ein viel hügeliges Bergland an der Grenze der Franche-Comté zu Burg und der Bresse, dessen Kuppen dicht mit unterholzreichem Wald bestanden sind und dessen Täler intensiv als Weiden genutztwerden.

Gigny – Die Kirche von Gigny war im frühen und hohen Mittelalter Zentrum eines kleinen Klosterreiches, dem 49 Dörfer angehörten. Gegründet wurde die Abtei 886 von Abt Bernon von Baume-les-Messieurs (siehe dort). 910 zogen von Gigny und Baume-les-Messieurs je 6 Mönche aus, um das Kloster Cluny zu gründen, welches das Zentrum des größten monastischen Imperiums im europäischen Mittelalter werden sollte. Die Lage der Kirche im Herzen des winzigen Ortes Gigny ist interessant: ein Halbkreis von umstehenden Häusern und die Tordurchfahrt zeichnen noch immer die Anlage der Abtei nach. Das Innere der Kirche beeindruckt durch seine Größe und die fast düstere Strenge des Raums. Die mächtigen eckigen Pfeiler aus unbehauenem Kalkstein und die meterdicken Wände im Chor weisen auf eine Entstehung in vorromanischer Zeit hin. Im mittleren und hinteren Teil sind Mittelschiff und Seitenschiffe durch romanische Säulen mit groben Kapitellen des 11. Jahrhunderts getrennt. Außen an der rechten Seitenwand hoch unter dem Dach einige schöne Primitivplastiken.

St-Hymétière – Die schönste romanische Kirche. Vor dem Ort, inmitten eines Friedhofs mit schmiedeisernen Grabkreuzen, umgeben von Weideland, liegt die schönste der romanischen Kirchen im Jura. Es ist die Vollendung des Typus der ländlichen hochromanischen Kirche mit kreuzförmigem Grundriß, halbrunder Apsis und oktogonalem Turm. Perfekt in Stil, Erhaltung und umgebender Szenerie.

(Rad-)Tour in den südlichen Jura

Ausgangspunkt einer Fahrt – mit Auto oder Fahrrad – könnte **Cuiseaux** sein (siehe oben). Die Strecke verläuft über kleine und kleinste Straßen im Hügelland des Revermont mit respektablen Anstiegen und schönen Abfahrten:

Von Cuiseaux zwei Kilometer nach Norden bis *Chevreaux*, hier von der Burgruine, einer mittelalterlichen Kulisse aus dem Bilderbuch, weiter Blick über die Ebene der Bresse zu den Hügeln Burgunds und den Bergen des Beaujolais. Vor der Burg netter Picknickplatz. Auf winziger Straße nach Osten zum Weiler *Lamarre*, davor rechts Orientierungstafel (586 m) mit schöner Sicht. Über *Charnay* und *Graye-et-Charnay* weiter nach Osten bis nach *Gigny* (an der D 117). Von Gigny ein kurzes Stück auf der D 117, dann links ab auf die D 98 über Morges nach *La Bossière*. Von dort auf der D 129 zur D 3, einige hundert Meter nach rechts, dann links ab auf kleinster Straße nach *St-Hymétière*. Von St-Hymétière auf der D 103 nach *Arinthod*, einem Dorf mit hübschem Marktplatz mit Arkadengängen. Auf der D 3 über *St-Julien* nach *Andelots-les-St-Amour*, dort rechts ab nach Véria und auf vielfach gewundener Straße wieder hinunter nach *Cuiseaux*.

■ **Angaben zur (Rad-)Tour:** Ausgangspunkt: *Cuiseaux*. Länge ca. 75 km, 500 m Anstieg, Dauer: 5-7 h. Rennrad oder Mountainbike. Mit dem Auto sollte man für die 75 km etwa 2 Stunden reiner Fahrzeit rechnen, mit dem Fahrrad 5 bis 7 Stunden.

Auf der N 5 Richtung Schweizer Grenze

St-Laurent-en-Grandvaux ist bescheidener als der Name klingt. 1867 durch ein Feuer zerstört, wurde der Ort banal wiederaufgebaut. An der Kreuzung von National- und Departementstraßen liegt ein typischer, auf den ersten Blick wenig interessanter Markflecken des hohen Jura. Schaut man genauer hin, so gibt es doch einiges wahr- und mitzunehmen:

- Im Ort (an der Kreuzung von N 78 und N 5) der gute *Patissier Conus* mit einem Salon de Thé; außerdem ein solider Metzger/Traiteur am Marktplatz: *Degond*.

- Gleich daneben der Bäcker *Sauvet* mit sauber gebackenen hellen Kugelbroten (boules).

Folgt man der N 5 von St-Laurent-en-Grandvaux weiter in Richtung der Schweizer Grenze, kommen die Orte *Morbier*, *Morez* und *Les Rousses*. Man könnte aber auch kurz hinter dem Ort nach links auf die kleine D 437 abbiegen. Die Strecke führt über ein schönes Hochtal bis nach *Mouthe* (28 km), den Endpunkt der beschriebenen Route doubsaufwärts (vgl. S. 74). Die Straße wird von Bergbächen begleitet. Kurz vor *Foncine-les-Haut* ein schöner Picknickplatz und in Foncine eine ‚Fruitière' mit sehr gutem Comté.

- In **Chaux-Neuve** das Hotel-Restaurant *Pays Nature* im Stil der Jurahäuser modern-schlicht erbaut. Das Haus liegt an der départementale, aber die ist klein und nachts fährt hier ohnehin niemand. In einem 100 Meter entfernten Haus 29 weitere noch schlichtere Zimmer (mit Dusche/WC, gut auch für Gruppen geeignet). **Adresse**: *Pays Nature*, Chaux-Neuve. Tel 03.81.69.16.09, Fax 03.81.69.13.85, www.membres.tripod.fr/Pays Nature. **Preise**: niedrig.

- *Parc du chien polaire:* 3 km auf der D 46 Richtung Les Rousses, dann links ab, noch 1 km. Auf dem felsigen Freigelände leben 45 Schlittenhunde, eine der grössten europäischen Meuten. In dem typischen Bauernhaus L'Odyssée blanche eine kleine Ausstellung über Schlittenhunde und ein Video über das Gründerpaar. Im Winter ist Mitfahren auf dem Schlitten möglich, im Sommer nach Voranmeldung Übernachtung in einem Tipi möglich. **Adresse**: *Parc du chien polaire*, Le Cernois Veuillet, 25240 Chaux Neuve. Tel. 03.81.69.20.20, Fax: 03.81.69.13.02.

Lac de l'Abbaye

Etwa 5 km südlich St-Laurent Richtung *St-Claude* (D 437) liegt inmitten von Hochweiden der 97 ha große **Lac de l´Abbaye.** Sein Wasser ist absolut sauber und, da etwas moorig, besonders warm. Leider gibt es keinen richtigen Badeplatz: Weiden, Sumpf oder Privatgelände. Rechts von der Straße nach St-Claude lässt sich bei einem Wasserhäuschen aber mit etwas Geschick doch ein schmales Plätzchen fürs Picknick und Schwimmen ausfindig machen. Angeln ist im See (Privatbesitz) verboten – nur Gäste vom *Hotel l'Abbaye* können eine Angelerlaubnis erhalten. Bootsvermietung ebenfalls vom Hotel aus. Leider können wir die Einkehr im Restaurant des Hotel L'Abbaye nach unserem letzten Besuch nicht mehr empfehlen, auch Lesern gab der Besuch ebendort ein Rätsel auf: „Wie schafft man es, als ausgebildeter Koch Dosengemüse anbrennen zu lassen?"

Von der Seestraße zweigt etwa 2 km nach dem Restaurant links ein kleiner Weg ab, der in Serpentinen zu einem Aussichtsplatz hochführt.

Zwischen St. Laurent und dem See im Weiler **Les Chauvins** die kleine *Fruitière Grand Rivière*. Als wir dort vorbeikamen, wurden gerade Autos für eine Hochzeit

geschmückt – es war außerhalb der Öffnungszeiten. Auf die vorsichtige Frage, ob wir etwas kaufen könnten, wurden wir freundlichst hereingebeten und, wie sich dann herausstellte, vom Brautvater liebenswürdig bedient. Schließlich erfuhren wir, daß in zehn Minuten die Trauung begänne. Ein feiner Comté und ein exzellenter Morbier sowie köstlicher Frischkäse lohnen einen Umweg. Die Hochzeitsgesellschaft trafen wir später beim Phototermin vor dem Kirchlein am See wieder.

Richtung Morbier und ab nach französisch Sibirien

Auf der N 5 erreicht man bald *Morbier*, den Ort, nach dem der Weichkäse mit dem schwarzen Mittelstreifen aus Asche benannt ist (Details zu Jura-Käsesorten, vgl. am Buchende). Schon zwei Kilometer vor Morbier oder wieder unmittelbar nach der Ortsdurchfahrt von Morbier zweigt die D 18 nach links ab: es beginnen jeweils wunderschöne Routen das karge, einsame Hochtal des *Combe des Cives* entlang, in dem nur der kleine Ferienort **Chapelle-des-Bois** liegt. Neben Mouthe, ‚das' Langlaufzentrum des Jura: Niederschlagsreiche und kalte Winter sorgen trotz der vergleichsweise bescheidenen Höhe von 1087 Metern für sichere Verhältnisse. Es gibt 14 Routen mit zusammen 110 Kilometern gespurter Loipen. Hier werden regelmässig die tiefsten Temperaturen Frankreichs gemessen. In klaren windigen Nächten können bis zu -40 °C erreicht werden.

- **Einkaufen**: *M. Michel* brennt in der 4. Generation seinen herbwürzigen, sauberen Enzianschnaps (gentiane). Der Bauernschnaps ist mittlerweile zur Rarität geworden. 15-18 kg der Wurzeln des gelben Enzian werden in Scheiben geschnitten, vergoren und gebrannt. Das süßherbe Konzentrat mit der intensiven digestiven Wirkung hat natürlich auch seinen Preis: über 50 € für 0.7 l – gut, daß es auch 0.35 l für die Hälfte gibt.

- **Einkehren und Wohnen:** Neben der Brennerei liegt das kleine Hotel *De la Distillerie** (genannt ‚Chez Michel') mit 8 einfachen hübschen Zimmern und einigen Ferienwohnungen in einem typischen Haus des Hochjura. **Preise**: günstig. Tel. 03.81.69.21.64, Fax: 03.81.69.16.22. www.auberge-distillerie.fr. Ferien im November und Dezember.

Gegenüber der Kirche, Seite an Seite zwei kleine Hotels mit günstigen Zimmern:

- *Les Mélèzes*** – 2, pl. de l'Eglise, 25240 Chapelle des Bois. 8 Zimmer. Tel. 03.81.69.21.82, Fax 03.81.69.12.75. Geöffnet 20.6.-10.9., 15.12.-30.3., sonst nur am Wochenende. **Preise**: günstig.

- Direkt daneben ein anderes Logis de France: *Les Bruyères*** – mit schöner schlichter holzgetäfelter Stube. 11 einfache Zimmer und solide regionale Küche. Ideal zum (Ski-)Wandern. 3, pl. de l'Eglise, 25240 Chapelle des Bois. Tel. 03.81.69.21.72, Fax: 03.91.69.13.58. Geschlossen: April, 1.11.-20.12. **Preise**: günstig.

- Hinter dem Ort das *Ecomusée Maison Michaud,* ein Bergbauernhof aus dem 17. Jahrhundert, in dem Brot gebacken und Schinken geräuchert wird. Verkauf von Regionalprodukten. Sehr komplizierte, wechselnde Öffnungszeiten, im Juli/August von 14-18 Uhr. Am besten Anfragen unter Tel. 03.81.69.27.42. Oder: www.chapelledesbois.com

Die D 46 führt durch die *Combe des Cives* weiter nach *Mouthe*, hier Anschluß an die doubsaufwärts beschriebene Strecke.

Zur Grenze bei Les Rousses

Gleich südlich von Morbier führt die N 5 hinunter auf den Grund einer Cluse, diese Querverbindungen sind typisch für die langen Hochtäler des hohen Jura. Die Eisenbahn überwindet den Höhenunterschied von 300 Metern mit weitauskragenden Bögen, einer davon auf einem klassischen Viadukt. Den besten Blick auf die Szenerie hat man vom *Belvédère de la Garde*, an der D 69 Richtung St-Claude, oder, noch etwas höher, vom *Roche au Dade* (nach dem Belvédère de la Garde links ab, dann noch 1/4 h zu Fuß).

Das Städtchen **Morez** mit seinen 7000 Einwohnern zieht sich im engen Tal der Bienne fast 2 km lang dahin. Seit dem 19. Jahrhundert ist Morez das Zentrum der französischen Brillenherstellung. Der Aufschwung kam mit der Erfindung des ‚pince-nez', des Zwickers, der in den Bildern des Biedermeier sich auf viele Nasen klemmt. Der bescheidene Ort ist geprägt von vielen kleinen Fabrikgebäuden und zwei Viadukten, die an die Modellbahnanlage zuhause erinnern.

- In der Rue de la République ein guter *Traiteur*, samstags Markt auf der Place Lisson.

- Mitten im Ort (pl. Jean Jaurès, hinter der Mairie) hat vor kurzem das neue **Brillenmuseum** eröffnet. In einem französisch-futuristischen Bau werden 450 Sehhilfen aller Art präsentiert und dabei ein Einblick in die Physiologie des Sehens gegeben. *Musée de la Lunette.* Täglich außer Di und Feiertage. Tel. 03.84.33.39.30, Fax 03.84.33.26.42.

■ **Achtung Eisenbahnfreunde:** Auf der gut 10 km langen Strecke von *St-Laurent* nach *Morez* (Fahrzeit: 15 min) gibt es noch einen 2 1/2 km langen Tunnel unter dem Col de Savine als Dreingabe. Fahrplan: St. Laurent ab: 8.44/11.05/19.10/21.59 Uhr, Morez ab 9.03/15.23/17.00 Uhr.

Les Rousses

Im nächsten Hochtal liegt *Les Rousses*, nach Lelex/Mijoux zweitgrösste Skistation des Jura. Entsprechend trist wirkt der Ort vor allem im Sommer. Seine munter gewachsenen, holzkaschierten Etagenhäuser sind nicht unbedingt eine Augenweide. Allerdings finden sich hier, wie stets in Frankreich, eine ganze Reihe von guten Lebensmittelquellen. Beim Wohnen mag Monsieur Dupont ja noch Kompromisse eingehen, beim Essen wären Restriktionen jedoch indiskutabel. Daher ist in solchen Stationen immer auch mit guten Traiteurs rechnen, deren Quiches, Salate, plats cuisinés einem das feine Leben auch beim Picknick erleichtern.

Einkehren & Einkaufen in Les Rousses

i In der Ortsmitte an der N 5 in einem verglasten Holzhaus. In der Saison tägl. 9-12 und 14-19 Uhr. Sonst Mo bis Sa 9-12 und 14-18 Uhr. Tel. 03.84.60.02.55, Fax: 03.84.60.52.03.

- Hôtel/Restaurant *de France****. Äußerlich eines der banalen Häuser der Station, innen ist das Hotel (32 Zimmer) mit viel Holz und Naturstein behaglich eingerichtet. Renoviert und seit Frühjahr 2002 unter neuer Leitung, an der diskutablen Qualität der Küche hat sich leider nicht viel geändert. 39220 Les Rousses, 328, rue Pasteur. Tel. 03.84.60.01.45, Fax: 03.84.60.04.63. **Preise**: hoch.

- Zwei Häuser weiter der kleine *Salon de Thé Mariebis*, der mit ‚chouette' am besten beschrieben ist – er ist einfach süß: Pastellfarben, Stühle mit Korbgeflecht, großes Schau-Fenster. Frischgepreßter Orangensaft, bester Kaffee, eine superfeine Brioche, zartes Croissant.

Käse in allen Jura-Variationen in perfekter Qualität gibt es in der *Fromagerie traditionelle des Rousses* (137, rue Pasteur). Besonders gut und nur hier erhältlich: ‚spécialité', ein Weichkäse aus Rohmilch, einem guten Reblochon ähnlich. Herrlicher Mont d'Or, Joghurts, Quark und Butter und feine Würste. Neben dem Laden ein rustikales Käserestaurant. Ladenöffnungszeiten: Mo bis Sa 8.30- 12.15 Uhr, So/Feiertage 9.30-12.15 Uhr.

- In der **Charcuterie** *A. Peyron* (rue du Noirmont) gibt es Jurawürste, gute und kräftige Patés und feine plats cuisinés.

Nördlich von *Les Rousses* endlos weites Hochtal, zur Schweiz-hin ins Vallée du Joux übergehend (s.S. 268). Über dem kleinen See von Rousses ein weitläufiger Golfplatz in Panoramalage. Weite Wälder zu beiden Seiten. Links der *Forêt du Risoux*, 50 x 5-8 km groß, rechts der *Forêt du Noirmont* (nicht zu verwechseln mit dem Berg über Mouthe). Eine schöne Waldstraße führt im Sommer hinüber zur *Combe des Cives* (8 km). Man glaubt kaum, daß es von Genf herauf nur 40 km sind. Die Nähe zu spektakuläreren Alpenzielen schützt den Jura vor den Seeanrainern.

- **Bois d'Amont** – *L'Atelier* (8 km nördlich von Rousses). In der ehemaligen Schreinerei ißt man gut – in eher einfachem cadre. Do-abend wird Pizza serviert – für alle! **Preise**: mittel. Tel. 03.84.60.94.15. RT: Mo, Di, Mi (außerhalb der Schulferien) und So-abend.

Östlich St-Claude: Wanderalm und Skihochland

Die drei kleinen Dörfer *Lajoux*, *Les Molunes* und *Lelex* (im Hochtal, das südlich von der N 5 nach Nantua zieht) bilden ein Skizentrum. Von Lajoux an der D 436, die zur Schweizer Grenze und *Col de la Faucille* (CH) führt, sind es nur fünf Kilometer auf der D 292 nach **Les Molunes**, einer Streusiedlung auf einem Weideplateau. Les Molunes ist der ruhigste dieser Orte. Im Winter weites Langlaufland, im Sommer sonnige Wanderungen in einer wunderschönen, fast hochalpinen Weidelandschaft.

Von *Mijoux* (östl. Lajoux) über *Lelex* zieht sich das Valserinetal zwischen Crêt de la Neige und Crêt de Chalam 50 km nach Süden, um endlich bei *Bellegarde* den Ain zu erreichen.

Lajoux – *Fromagerie de la Joux:* Die höchstgelegene (1.200 m) Molkerei des Jura arbeitet biologisch seit 1995. Öffnungszeiten außer Mi und So-nachmittag: 8.30-12, 17-19.30 Uhr. Mit Erklärungen zur Produktion. Mitten im Ort schöner Picknickplatz auf einer großen Wiese.

Les Molunes

- **Les Molunes:** Das Logis-de-France-Hotel *Le Pré Fillet*** liegt völlig einsam, von Wind und Wetter gegerbt, auf der Hochebene (1274 m) südwestlich Les Molunes. Ein Neubau ohne Rustikalkitsch, aber nicht ohne Stimmung. Von den traditionellen Blechbeschlägen gegen Wind und Wetter geschützt. Eine gute Adresse für Wanderer und Wintersportler, die nicht in den wenig attraktiven Hotels und geschachtelten Ferienwohnungen der Wintersportorte Lelex, Mijoux und Lajoux einkehren wollen. Sehr gute regionale Bergküche, vom Michelin mit einem Bib bedacht, gute Weinkarte.

→ Hotel *Le Pré Fillet* (M. Grosrey), 39310 Septmoncel-Les Molunes, rte Moussières. Tel. 03.84.41.62.89. Fax: 03.84.41.64.75. Ferien 28.4.-5.5. und 20.10.-8.12. Restaurant-RT: So-abend. **Preise**: günstig.

- In **Les Moussières** eine große Genossenschaftsmolkerei. Hier kann man täglich (außer Sonntag) die Käseherstellung Schritt für Schritt durch große Fenster beobachten und die Ergebnisse auch gleich kaufen. Die Molkerei macht einen besonders guten (nicht so trockenen) Bleu de Gex und feinen Frischkäse. *Maison des Fromages,* 39310 Les Moussières, Tel. 03.84.41.60.96.

Ziegenkäserei Pré-Millet

Pré-Millet – *Ziegenkäse*: Von der D 124 etwa 10 km südlich von St-Claude bei Tailla in einer Kurve rechts ab nach Pré-Millet (1 km). In dem wunderschönen Hof mit kleiner Kapelle wird herrlicher Ziegenkäse verkauft. Von Ende November bis Ende Januar gibt es keinen Käse, am besten vorher anrufen: Tel. 03.84.42.74.41.

In den hohen Jura: Mont-Rond und Colomby de Gex

Der Aussichtsbalkon – So langsam und vielstufig, wie der Jura über gut 50 Kilometer aus der Saône-Ebene auf 1.500 Meter Höhe ansteigt, so brüsk ist der Abbruch des Gebirges zum Schweizer Mittelland hin. Über 1000 Höhenmeter auf nur drei Kilometer Luftlinie liegen zwischen dem *Mont-Rond* und *Gex*; zum 10 km weiter entfernten Genfer See sind es noch 250 Höhenmeter mehr. Und direkt dahinter wieder schroff die Alpen. Kein anderes Mittelgebirge bietet so grandiose Ausblicke auf die Alpen wie der Jura. Der Begriff ‚Aussichtsbalkon' paßt. Am besten ist die Sicht bei spätherbstlichen Inversionswetterlagen. Bei Hochdruck und geringer Luftbewegung sammeln sich die kalte Luft und eine Nebeldecke in den tieferen Schichten, sie verwehren dann den Blick in die Ebene. Darüber klare, milde Luft in den Höhenlagen: die Alpen erscheinen zum Greifen nahe. Manchmal ist es noch richtig warm in der Höhe und die Grasmatten sind trocken. Während unten im Tal eine kalte Nebelglocke liegt, ist oben der richtige Ort für ein langes Picknick. Sonnige Hänge laden zum Sonnenbad ein oder zum Draußenliegen. So gewinnt auch der November an Reiz. Im Winter ist der Zugang zu einigen der Gipfel (Mont-d'Or, Mont-Rond) auch mit dem Skilift möglich, aber der Pistenbetrieb und die Kälte sind der kontemplativen Alpenbetrachtung eher abträglich.

Gipfelziele mit Alpensicht: Es gibt mehr als ein Dutzend relativ leicht erreichbarer Jura-Gipfel mit spektakulärer Alpensicht. Den großen Bergen der Savoyer Alpen am allernächsten sind der *Mont-Rond* und der *Colomby de Gex.*

Beide sind am besten vom *Col de la Faucille* aus zu erreichen: der 1.323 Meter hohe Paß wird von St. Claude über die N 5 durch ein Hochtal von les Rousses her – oder über viele Serpentinen von Gex aus angefahren.

Auf den Gipfel des *Petit Mont-Rond* (1.534 m) führt ein ½-stündiger Fußweg oder die Fahrt mit der Sesselbahn. Eine Orientierungstafel strukturiert das Gipfelchaos: bei optimalen

Verhältnissen bietet sich ein 250 km breites Alpenpanorama, das von der Jungfrau im Berner Oberland (150 km entfernt) zu den Grandes Rousses (130 km) reicht. Mitten im Bild immer der Montblanc (80 km), aber auch der Grand Combin (110 km) und die Spitze des Matterhorns (130 km) sind zu sehen.

Wer mehr Zeit hat, kann auf dem Fernwanderweg GR 9 dem Grat über den *Grand Mont-Rond* (1614 m) bis zur *Colomby de Gex* (1689 m) folgen (etwa 1 h). Hier wird fast der höchste Punkt des Gebirges erreicht. Nur die *Crêt de la Neige*, fünf Kilometer weiter, ist mit 1.717 Metern noch höher – auf ihren Gipfel führt auch eine Seilbahn ab Lélex. Weil der Kammweg zum Colomby de Gex so schön ist, bietet er sich auch als Rückweg an.

Vom Straßenpaß *Col de la Faucille* und auf der Abfahrt hinunter nach Gex hat man wunderschöne Ausblicke auf die Alpen, manchmal fast genauso grandios wie vom Jurakamm aus – immerhin sind wir hier noch auf über 1000 Meter ü.M. Der Genfer See unten liegt allerdings meist im Dunst oder unter dicken Nebelschichten verborgen. Am Parkplatz *Le Pailly* (1.175 m) eine Übersichtstafel der markierten Wanderwege. Die Region *Col de la Faucille/Mijoux* (F) bildet zusammen mit *Lelex/Crozet* (CH) die größte Skistation des Jura.

- Zwei Kilometer unterhalb des Col de la Faucille Richtung Gex in Adlerhorstlage das alte Berghotel *La Mainaz*, ein gepflegt-rustikales französisches Châlet mit 20 Zimmer. Rte du Col de la Faucille N 5. Tel. 04.50.41.31.10, Fax 04.50.41.31.77. RT: So, Mo. **Preise**: mittel-gehoben (die Zimmer mit Mt-Blanc-Blick gehören zu den teureren).

Gex

Über Gex erhebt sich, stellenweise fast lotrecht, der Ostabbruch des Jura. Obwohl das Land um Gex bereits 1601 von Savoyen an Frankreich kam, blieb es wirtschaftlich völlig zur Schweiz hin orientiert. Erst 1805 wurde die Straße über den Col de la Faucille gebaut. Auf Betreiben Voltaires hin wurde das Gebiet im 18. Jahrhundert Freihandelszone. Während der

Revolution verleibte sich Frankreich kurzzeitig den Kanton Genf ein, mußte diesem aber beim Wiener Kongreß seine Unabhängigkeit wiedergeben und die alten Privilegien von Gex bestätigen. 1919 meinten die Franzosen, aus dem Versailler Vertrag eine Aufhebung der alten Rechte ableiten zukönnen, aber 1932 bestätigte der Internationale Gerichtshof in Den Haag endgültig die Zollfreiheit, der sich allerdings leider nur die Einwohner von Gex und Umgebung erfreuen können. Formal gehört das pays de Gex nicht mehr zum Jura, sondern zum Département Ain. Gex ist ein Provinzstädtchen von 5.000 Einwohnern ohne besondere Sehenswürdigkeiten. Von der platanenbestandenen Place Gambetta im Zentrum reicht der Blick an schönen Tagen hinüber zum Mont Blanc.

- In jeder besseren Fromagerie Frankreichs begegnet einem der **Bleu de Gex**, ein eigenwilliger Blauschimmelkäse. Vorzüglich z.B. in der kleinen Crèmerie *Chez Mireille* in der Rue du Lyon.

Acht Kilometer nordöstlich von Gex liegt **Divonne-les-Bains**, der einzige elegante Kurort des Jura. Schon in römischer Zeit wurde das Wasser der göttlichen (Divina-)Quellen genutzt. Heute ist Divonne ein antiquiert-heiteres Badestädtchen mit Palacehotel, Park und Pferderennbahn. Das Casino ist heute längst profanisiert, statt der großen Welt spielen Leute mit kleinem Geld an den ‚machines à sous', den einarmigen Banditen.

- Die feine Küche und das *Château de Divonne*, können zum Luxus-Wochenende verlocken, das natürlich seinen Preis hat. Vielleicht genügt ja schon der Spaziergang zum Mont Mussy am Stadtrand, oder der Blick vom Balkon auf See und Mont Blanc.

→ *Château de Divonne,* 115, rue des Bains, Tel. 04.50.20.00.32, Fax 04.50.20.03.73. Geschlossen Januar. **Preise**: sehr hoch.

Voltaires Land

In der anderen Richtung, im äußersten Zipfel Frankreichs, liegt **Ferney-Voltaire**, heute ein eher reizloser Vorort von Genf. Im 18. Jahrhundert war Ferney eine Landmarke in der Topographie der Aufklärung, ein Kristallisationspunkt während der Agonie des Ancien régime. Seit 1754 lebte *François-Marie Arouet*, der sich ‚Voltaire' nannte, im Genfer Exil. Nach Schwierigkeiten mit der Zensur des calvinistischen Gottesstaates kaufte er 1758 die unmittelbar hinter der französischen Grenze gelegene Herrschaft Ferney. Die Mittel hierzu verdankte Voltaire einem Gewinn bei der französischen Staatslotterie, den er mit geschickten Spekulationen stetig mehrte. Voltaire versuchte, hier ein ideales Gemeinwesen ganz im Sinne der Aufklärung zu realisieren. Das Schloß wurde vergrößert, ein Park angelegt, das zugehörige Dorf erhielt ein Krankenhaus, eine Schule und Uhrenmanufakturen. Sogar die Kirche ließ der Agnostiker renovieren. In Ferney entstand rasch eine Art Musenhof. Stets waren zahlreiche Gäste im Hause, eine Art Tourismus zum Denkmal der Aufklärung entwickelte sich. Inmitten dieses Treibens diktierte der Meister seine berühmten Briefe, in denen er zu den Themen der Zeit pointiert Stellung bezog. In manchen Fällen hatte diese Aktivität unmittelbar und noch mehr mittelbar politische Relevanz. So etwa, als er die Rehabilitierung des 1762 in Toulouse hingerichteten Katharers *Calas* erreichte. Dieser war zu Unrecht beschuldigt worden, seinen eigenen Sohn wegen dessen Konversion zum Katholizismus ermordet zu haben. Oder, als die Bewohner einiger Dörfer im Herrschaftsbereich der Abtei St-Claude die Aufhebung der Leibeigenschaft herbeiklagen wollten. Der Prozeß wurde trotz zahlreicher Pamphlete Voltaires verloren, doch trugen solche europaweit wahrgenommenen Vorgänge dazu bei, die Auflösung der alten Ordnung zu beschleunigen.

- **Das Schloß Voltaires** kann samstagnachmittags im Juli und August besichtigt werden. „Wir setzten uns vor der kühlen Luft in Schutz hinter Felsen, ließen uns von der Sonne bescheinen, das Essen und Trinken schmeckte vortrefflich. Wir sahen dem Nebel zu, der sich nach und nach verzog, jeder entdeckte etwas, oder glaubte, etwas zu entdecken." J.W.v. Goethe auf seiner zweiten Schweizer Reise

Abstecher in den Schweizer Jura

Man sieht ihn von überall als mächtigen Hügel – mit einem kleinen Buckel auf dem Rücken. Er ist zwar nicht der höchste Berg des Schweizer Jura, aber der am besten sichtbare. Ob vom Grand Ballon in den Vogesen, von den Höhen des Südschwarzwalds oder von den ganzen Zentralalpen, der 1.607 Meter hohe *Chasseral* über dem Bieler See erscheint stets am Horizont. Umgekehrt sieht man von ihm – vor allem bei spätherbstlichen Inversionswetterlagen – die Alpenkette schier in Griffweite. Soviel Sicht, die gute Thermik für Gleitflieger, die verkehrgünstige Lage, das alles bleibt natürlich nicht ohne Folgen. Die Höhen des Chasseral sind allerdings so weitläufig, daß man dem Rummel auch schnell wieder entgehen kann – und unter der Woche läßt sich der Ausflugsbetrieb auch ganz vermeiden. Oder man sucht sich einen der anderen, nicht ganz so bequem erreichbaren Jura-Balkone aus, etwa den *Chasseron* (s.u.), den *Mont Tendre* oder den *Dole*.

An der Ostflanke des Chasseral zieht von Lamboing nach Twann am **Bieler See** die Twannbachschlucht hinunter. Hier ließ *Friedrich Dürrenmatt* in seinem Roman ‚Der Richter und sein Henker' am Morgen des 3.11.1948 den Dorfpolizisten Clenin den Mercedes mit dem ermordeten Polizisten Schmied finden.

Nördlicher Schweizer Jura

Hinter Basel durchquert die Autobahn N 2 im gut 3 km langen Belchentunnel den auslaufenden Jurakamm. Gleich danach geht's rechts ab in eine andere Welt. Spätestens also bei der Ausfahrt *Oensingen* runter von der Autobahn und weiter Richtung Bern: Kurz auf die parallel verlaufende Hauptstraße 5, von dort aber ruhig auch mal durch das oberaargauische Städtchen **Wiedlisbach** gondeln, mit allen Accessoires der anheimelnden und doch noch alltagslebendigen Kleinstädte des Mittellandes: stattliche Bürgerhäuser mit weitvorkragenden Biberschwanzdächern, kunstvoll bemalte Fassaden, eine sich zum Marktplatz weitende Straße, die gotische Pfarrkirche. Kein

Sparkassenneubau, kein Haus des Gastes: schön ist es für die Menschen, die hier leben, nicht nur für die Touristen. „Wenn im Mittelland der Bauer vom Pflug aufschaut, gilt sein Blick wohl erst dem strahlenden Fernediadem der Alpen, dann aber wendet er sich auch und grüßt die blauen Bergzüge des Juras. In Staunen schaut er auf zur Hoheit des Hochgebirges – in freundlicher Vertrautheit blickt er hinüber zum lieben blauen Berg." *Jeremias Gotthelf, Leiden und Freuden eines Schulmeisters.*

Reisen auf kleinen Straßen. Wenige Kilometer hinter Wiedlisbach in Richtung Solothurn zweigt ein Sträßchen rechts ab nach Hubersdorf, um sich über Günsberg und Balm 600 Meter hochzuwinden zum *Balmbergpaß* auf 1.037 Metern Höhe. Der kleine Paß stellt die Verbindung zur Hauptstraße nach Moutier her. Eine lohnende Nebenstrecke, Orte und Straße halten Maß, passen sich dem Gelände und der Landschaft in Größe, Proportion und Verlauf an. Viel mehr alte Häuser als Neubauten, oft behutsam renoviert. Zutaten aus dem Baumarkt und den Tür-, Kamin- und Fensterstudios sind selten. Achtung vor dem Alten im Alltag, nicht im Museum. Vielleicht ist es das, was das Reisen auf den kleinen Straßen der Schweiz so entspannend macht.

Ausblick: Bei der Paßfahrt wird die Sicht auf Mittelland und Alpen immer umfassender. Vom Parkplatz am Paß aus ist es noch eine 3/4 Stunde Weg nach links hinauf zur 1.396 m hohen Röti (markiert, recht steil), einem der höchsten Gipfel der letzten, nordöstlichen Jurakette. Das Panorama ist an hellen Tagen gewaltig: vom Säntis im Osten zum Montblanc im Westen, von Solothurn, fast 1000 Meter tiefer, direkt zu Füßen des Wanderers bis nach Bern, dazu die Seen von Biel und Neuenburg.

Den gleichen Blick hat man auch vom viel bekannteren *Weißenstein* (1.287 m) – auf dem breiten Grat noch ca. eine halbe Stunde weiter. Die Zufahrt ist aber auch von Solothurn aus möglich, auf einer mit Haarnadelkurven gespickten Schmalspurstraße (von Dezember bis Mai wegen Schnee geschlossen). Wem das zuviel ist, der kann von *Oberdorf* (4 km oberhalb Solothurn) die Seilbahn nehmen. Schon vor 160 Jahren war

Am Balmbergpaß

dieser Berg touristisch erschlossen: „Von der Einsiedelei St. Verena führt ein Weg zum nahen Jura, und, zwischen Wald und Felsen, empor zum Nebenbuhler des Rigi, dem Solothurner Weißenstein. Obgleich die Kuppe dieses Berges nur 3950 Fuß über dem Spiegel des Mittelmeers erhaben ist, wird sie doch jedes Jahr von einigen Tausend Lustreisenden erstiegen. Auf der Höhe empfängt den Wanderer ein bequemes neuerbautes Gasthaus, mit Einrichtungen zu Wolkenkuren und Bädern versehen. Er gelangt, wie er will, zu Fuß, zu Pferd, zu Wagen dahin. Er sieht 2600 Fuß tief Solothurn, die Umgegend, die ganze mittlere Schweiz unter sich, bis zu den finstern Vorbergen der Alpenkette, und diese selbst, vom hohen Säntis Appenzells, bis zum Monte Rosa und Montblanc, in ihrer vollen silbernen Glorie." *Zschokke: Die klassischen Stellen der Schweiz (1842)*

Vom Balmbergpaß nach Moutier

Vom Balmbergpaß führt das Sträßchen mit bis zu 25 % Gefälle über 350 Meter in die Tiefe. Achterbahnfreunde kommen schon bei Tempo 30 auf ihre Kosten. Im Winter kann die Straße zur rasanten Rodelbahn werden. Weiter auf der N30 nach **Moutier**: Das Industriestädtchen wirkt nicht sonderlich interessant, an seinem Rand, an der Straße nach Perrefitte, steht aber eine kleine Friedhofskapelle. Die Apsis der stark renovierten, ursprünglich romanischen Kapelle schmücken ins 11. Jahrhundert datierte Fresken. Auch diese sind zum Teil überrestauriert, aber der Christus in der Mandorla und einige Engeldarstellungen sind doch anrührend.

Fährt man von Moutier im Tal der Birs Richtung *Tavannes/Biel*, liegt zur Linken der langgestreckte Höhenzug des *Montoz*, der sich zwischen Weißenstein und Chasseral hinzieht. Von Court führt eine durchweg schöne Nebenstraße über das schier endlose Weideland des Montoz bis hinunter nach Grenchen ins Mittelland. Noch einsamer ist ein Fahrweg, der 5 Kilometer weiter, am Ortseingang von *Bévilard* hoch zum kaum wahrnehmbaren, dennoch 1.328 Meter hohen Montoz-Gipfel zieht (7 km, Schild ‚Montoz'). Einsam ist diese Strecke aber nur, was Menschen angeht: Kühe und Kälbchen, Pferde und Fohlen, auch Esel mit ihrem Nachwuchs tummeln sich hier in freier Wildbahn.

■ **Einkaufen/Einkehren:** Die Schotterpiste endet bei der *Ferme Sur la Rive,* wo Josiane und Claude Tissot ihren Vacherin Friburgeois und Gruyère verkaufen: Der Vacherin Friburgeois hat wenig mit seinem Namensvetter, dem Mont d'Or aus dem Vallée de Joux gemein. Der Vacherin Mont d Or' ist ein Weichkäse, der in frische Tannenrinde eingebunden und von ihr aromatisiert wird, danach kommen die kleinen Mont d' Or-Laibe in typischen Spanschachteln zum Verkauf (vgl. Käse). Der ‚Friburgeois' dagegen ist ein halbharter Käse mit kleinen Löchern – etwa in der Art mancher Bergkäse des Allgäus oder der Vogesen. In der Stube am großen Kamin oder auf der kleinen Terrasse mit Alpenpanorama bekommt man auch Rösti, einen ordentlichen Fendant und guten Kaffee. Auch im Winter lebt die Familie Tissot hier obenauf gut 1.300 Meter und hält ihre Gaststube geöffnet. Der Besucher muß allerdings je nach Schneelage das Auto früher oder später stehenlassen und bis zu anderthalb Stunden aufsteigen, da der Schneescooter nur dem Familienverkehr dient.

Über Bellelay zur Corniche du Jura

In Tavannes geht es mitten durch Weideland rechts hinauf Richtung *Porrentruy*. Hier begegnen einem häufig schon die kleinen, kräftigen Pferde der Franches-Montagnes. Auf Nebenstraßen weiter bis zur ehemaligen *Abtei Bellelay*, heute Sitz einer psychiatrischen Klinik. Die hochbarocke Kirche (1710-1714) überrascht durch die Größe und vollendete Proportion ihres mit schönen Fresken versehenen Schiffs. Außerdem interessant das große Gestüt mit Franches-Montagnes-Pferden – und die Schaukäserei: In der Abtei wurde nämlich schon vor 800 Jahren der würzig-milde *Tête-de-Moine* erfunden. Namentlich erwähnt wurde er erstmals im Jahr 1570, als der Abt dem Bischof von Basel „dryssig belleleykess" schickte. Wie der Käse damals serviert wurde, ist nicht verbrieft. Heute gehört zum ‚Kopfkäse' jedenfalls immer die typische Drehbewegung: der Tête-de-Moine wird nämlich nicht einfach mit dem Messer geschnitten, sondern mit der Girolle zu Röschen geschabt! Seit 2001 führt die Käsespezialität auch die geschützte Ursprungsbezeichnung AOC, produziert werden darf nur in acht Käsereien der Region – eine davon sitzt in **Le Noirmont** (*Fromagerie Christian Kälin*, Rue du Doubs 5).

- *Fondation Bellelay*, CH-2713 Bellelay, Tel. 0041-32.484.71.71, Fax 0041-32.484.71.72. www.fondation.bellelay.ch

Etwa 10 km östlich von Bellelay erreicht die Straße bei **le Pichoux** die *Gorges du Pichoux*, die schönsten Schluchten des Schweizer Jura. Die kleine *Sorne* hat sich hier über 100 m tief in den Kalk gegraben. Bei Glovelier links ab und hinauf zur *Corniche du Jura*, eine Panoramastraße, die sich 500 m über dem Doubs hinzieht. Mehrfach imposante Tiefblicke ins unbesiedelte Tal. Der Doubs ist hier, nachdem er die Stromschnellen des Oberlaufs und den großen Wasserfall schon hinter sich hat, bereits recht ruhig geworden.

Den hübschesten Blick, auch auf den geschwungenen Eisenbahnviadukt bei St-Ursanne, bietet ein alter Parkplatz etwa in der Mitte der Strecke. Hier sind in die Randmauern Steinbänke eingelassen, die zum Picknick einladen. Leider wird die Sicht zunehmend durch aufschießendes Buschwerk beeinträchtigt. Beim *Col des Rangiers* trifft die Corniche auf die Hauptstraße, an der Kreuzung führt eine Straße hinunter nach St-Ursanne. Kurz vor dem Fluß kreuzt man die mächtige Trasse der A 16, der neuen Transjurane (Autobahn Biel-Delémont-Porrentruy), die hier zwischen zwei langen Tunnels kurz ans Tageslicht kommt.

Durch den Sundgau nach St-Ursanne

St-Ursanne ist ein gutes Tor zum Jura, wenn man ländlich ruhig anreisen möchte. Anfahrt von Norden kommend: über die Autobahn zum Flughafen Basel-Mulhouse, weiter nach St-Louis und Hésingue, weiter (Beschilderung Altkirch) von dort auf der D 473 nach *Ferrette*. Nun auf der D 41/D 432 durch hübsche Waldlandschaft hoch zum Grenzweiler *Lucelle* (604 m) – ab St-Louis sind das insges. 35 km. Dann hinunter über Charmoille und Freglecourt nach *Pleujouse* und *Asuel* (etwa 10 km) – Dörfer hinter den sieben Bergen. Der winzige Flecken *Pleujouse* wird bedrängt von einer auf steilem Felsen über alten Obstwiesen und Kopfweidenbächen nistenden Burg (Privatbesitz, keine Besichtigung). Hoch über *Asuel* liegt eine sehr verwitterte bemooste Burgruine, die von Pfadfindern mühsam über viele Zäune hinweg erreicht werden kann. Von Asuel weiter nach St-Ursanne über den *Col de Rangiers* (vgl. dort). Alternativ biegt man in Freglecourt rechts ab nach Courgenay (7 km). Hier könnte man neuerdings auf der Transjurane den *Mont Terri*, der dem kurz annektierten Juradepartement der napoleonischen Zeit seinen Namen gab, unterqueren, um St-Ursanne zu erreichen. Entschieden reizvoller ist der steile Abstieg hinunter zum Doubs. Vom *Col de la Croix* (789 m) geht es auf einspuriger Straße durch Bergwald mit efeuüberzogenen moosigen Stämmen und Buchsgehölz – Gegenverkehr unerwünscht.

Direkt am Doubs – Hotel-Restaurant Demi Lune, St-Ursanne

St-Ursanne

Die Kleinstadt direkt am Doubs hat ein kompaktes, historisches Stadtbild, das seit dem 18. Jahrhundert fast unverändert erhalten blieb. Ein geschlossener Mauerring umgibt die Altstadt, die nur durch drei Tore betreten werden kann: Kopfsteinpflaster, steile Dächer mit bemoosten Biberschwanzziegeln, Erker und Brunnen prägen das Ortsbild. Ochsenwagen und Kraftpost scheinen nur wegretuschiert. Und wieder macht der Doubs (lat. Dubius = der Unentschlossene) mit einer mächtigen Schleife seinem Namen alle Ehre. St-Ursanne ist geschichtsträchtig und im gut erhaltenen Kern eine der anziehendsten Kleinstädte des Schweizer Jura. Der Legende nach geht der Ort auf eine im 7. Jahrhundert vom Hl. Ursus gegründete Eremitage zurück. Grabfunde deuten jedoch auf eine zu dieser Zeit bereits größere merowingische Siedlung hin.

Von der alten Bogenbrücke über den Doubs sieht man auf die Rückfronten der Häuser mit ihren hölzernen Anbauten und auf die Veranden der Restaurants, unter denen der Fluß dahinfließt. Das Dächermosaik wird überragt von den Türmen der Abteikirche, dahinter die spärlichen Relikte einer Burg im Grün des Hangs.

St-Ursanne

St-Ursanne ist ein Platz, an dem sich leicht ein Mittag vertrödeln läßt. Die überwiegend romanische Abteikirche besitzt ein schönes Südportal, flankiert von Statuen der Muttergottes und des Hl. Ursus, sowie eine schlichte Krypta. Hinter dem gotischen Kreuzgang auf der Nordseite verbirgt sich ein großes Lapidarium. An der Stelle dieses Steinmuseums stand bis zu Beginn des 19. Jahrhunderts die uralte Kirche St-Pierre, deren Bau im 10. Jahrhundert auf den Mauern einer noch 300 Jahre älteren merowingischen Vorgängerin begonnen wurde. Heute werden hier zahlreiche Sarkophage des 6.-8. Jahrhunderts und mittelalterliche Steinkunst effektvoll präsentiert.

Östlich der Abtei beginnen die gradlinig angelegten Gassen und Straßen des ehemaligen Handwerker- und Krämerviertels, das nach einem Brand zu Beginn der 15. Jahrhunderts angelegt wurde. Von St-Ursanne (CH) aus führt eine Nebenstraße stets flußnah durch das dicht bewaldete Doubstal bis zum verschlafenen Grenzposten bei *la Motte*. Weiter nach *St-Hippolyte* (F), mehr dazu im Kapitel ‚Den Doubs hinauf'.

■ **Naturnahe Radtour:** Einige der eben beschriebenen Strecken lassen sich auch gut auf einer Rundtour mit dem Rad (etwa 75 km) kennenlernen.

Ausgangsort ist *St-Ursanne:* Von hier geht es nach Süden über den Doubs, hinauf nach *Epauvillers*, wieder hinunter zum Fluß nach Soubey, erneut steil hinauf auf 1.000 Meter nach *Montfaucon*. Dort geradewegs über die 18A und auf winzigen Sträßchen nach und zur ehemaligen Abtei *Bellelay* (siehe dort). Dann durch die Gorges du Pichoux nach *Glovelier*. Von hier hinauf zur Corniche du Jura und zurück nach *St-Ursanne*. Diese Route bietet intensives, abwechslungsreiches Naturerlebnis auf ruhigen Straßen – karge Plateaus, romantische Täler und Schluchten.

Hôtel du Commune - Dombresson. Ein ungewöhnliches Gemeindehaus: In Dombresson, auf halbem Weg zwischen Neuchâtel (14 km nördl. Neuchâtel) und dem Chasseral gelegen, hat sich das Hôtel de Commune tatsächlich im alten Gemeindehaus, einem schlicht stattlichen Kalksteinbau niedergelassen. Hinter einer schweren Eichentür findet sich rechts eine einfache holzbetonte Wirtsstube, die zugleich als Dorfcafé dient, links ist das elegantere Restaurant untergebracht. Michel Stangl (sein Vater kam aus Österreich) kocht hier eine innovative Melange traditioneller Schweizer Küche mit neuen französischen Einflüssen. Ausgezeichnete Küche und auch die Atmosphäre stimmt – am Ecktisch saßen zwei Dorfalte bei Café und Zeitung. Die Weinkarte bietet eine umfassende Auswahl Neuenburger Gewächse (leider meist eher traditionelle), dazu fair kalkulierte Weine interessanter französischer Winzer. Auf der erfreulich kurzen Karte z.B. ein ‚Agneau gigollais au jarret braisé et curry brun' für 40 SFr. Mittlerweile hat das Restaurant auch eine 16 Punkte starke Anerkennung der spitzen Zungen vom Gault-Millau gefunden. Das Hôtel du Commune hat in der zweiten Etage 9 Fremdenzimmer eingerichtet, schöne hohe Räume, mit hellem Holz. Nur die Nr. 5 hat noch seine wunderschöne museale deckenhohe cremefarbene Täfelung behalten dürfen. Eine ideale Etappe für den ganzen Schweizer Jura und natürlich fürs Skifahren am Chasseral.

→ *Hotel de Commune* (Michel und Heidi Stangl), CH-2056 Dombresson. Zimmerreservierung ab 3 Tagen. **Preise**: mittel - gehoben. Tel., 032 853 24 01 Fax: 032-853.60.08. Ferien 20.7.-11.8.04. Restaurant-RT Di, Mi. www.hoteldombresson.ch

Val-de-Travers

Das Travers-Tal zwischen Neuchâtel und Pontarlier ist die wichtigste Verbindung von **Neuchâtel** nach Frankreich. Aber abseits der verkehrsreichen Straße N 10 gibt es viel zu sehen: 20 km hinter Neuchâtel lockt links der *Creux du Van*: Hoch über der Mitte des Neuenburger Sees bricht die Bergkette, die in Verlängerung des *Chasseron* (1.607 m) nach Nordosten zieht, zu einem mächtigen U-förmigen Talschluß ein. Der *Creux du Van* ist das einzige spektakuläre Reculée des Schweizer Jura (vgl. bei Arbois/Lons-le-Saunier). Geologisch ist der Talkessel aber gar kein echtes Reculée (Quelltal), sondern der Einbruchstrichter einer besonders hohen Jurafalte. Der 300 Meter tiefe Felszirkus wird überragt vom kleinen Gipfel des *Soliat* (1.463 m). Von hier geht der Blick über das Spielzeugland am See bis zur Alpenkette.

- **Anfahrt zum Creux du Van**: von der N 10 (Neuchâtel-Pontarlier) in **Noiraigue** links hoch zur *Ferme-Robert* (3 km). Ab hier beginnt ein Fußweg: eine gute Stunde harten Aufstiegs zur Crete und dann entlang des *Cirque* bis zum *Soliat* – mit etwas Glück in Begleitung von Gemsen. Alternativ: vom See bei **St-Aubin-Sauges** hoch über *Montalchez*, noch etwa 5 km weiter auf einem steilen Weinsträßchen, dann eine knappe halbe Stunde zu Fuß.

■ **Wanderung zu den Gorges d'Areuse:** Von *Noiraigue* (an der N 10) führt ein romantischer Pfad entlang der wilden Areuse flußabwärts nach *Champ-Moulin*. Die waldgrüne Schlucht wird bei einer Kaskade von einer alten Brücke überspannt, einem ‚pont en dos d'âne' (Eselsrücken). Im Flußbett sind an mehreren Stellen von Wirbelsteinen ausgehöhlte Schleifbecken (marmites = Kochtöpfe) zu entdecken. Nach der Wanderung (1 h) steigt man in *Champ-Moulin* in einen der häufig verkehrenden Züge und fährt zurück nach *Noiraigue*.

■ **Radtour im Val-de-Travers:** Das ganze *Val Travers* hinauf, nach *Verrières* an der Grenze oder hinunter nach *Cortaillod* am See zieht sich ein 40 Kilometer langer Radweg, der meist am Ufer der Areuse entlang verläuft (gute Kombination mit der Bahn möglich).

Absinth war das bevorzugte geistige Getränk im Hochjura, lange bevor er in der Pariser Caféhausszene Kultstatus erhielt (s. auch unter Pontarlier sowie Source de la Loue). Das grüne Destillat aus Artemisia absinthium mit der haschischverwandten Substanz Tujon, Anis, Fenchel und Kräutern, wurde 75%ig in Verkehr gebracht. Da brauchte es gar keinen Methylalkohol mehr, um vernichtende Wirkung zu erzielen. 1910 wurde der Stoff in der Schweiz verboten, aber noch lange schwarz gebrannt. Bis heute bekommt man hinten im Tal, die richtigen Verbindungen vorausgesetzt, einen echten Absinth. Inzwischen ist eine Absinth-(light-)Produktion, bis 45% Alkohol und mit geringem Thujon-Gehalt wieder legal. Die ‚grüne Fee' – so meinen Kenner – bedarf aber mindestens 55 Volumenprozent. Das Val-de-Travers, Ursprungsregion des Kultschnapses, arbeitet derzeit an seiner Legalisierung, sowie an einer geschützten Ursprungsbezeichnung (AOC) für Absinth, die Produktionsgebiet und -technik gesetzlich regelt. Nicht ohne Erfolg: Im Juni 2004 hat der Schweizer Nationalrat der Aufhebung des seit 1908 bestehenden Absinthverbotes zugestimmt. Allerdings darf, wie in Frankreich, nur eine entschärfte Version hergestellt werden. Mit der AOC wird es dann wohl auch vorangehen, denn eine der Gründe für die Wiederzulassung war auch die Hoffnung auf eine Belebung der Wirtschaft im Val de Travers.

Asphaltmine – Zwischen Travers und Couvet liegt links von der Straße die ehemalige Asphaltmine *Presta*. Von 1830 bis 1986 wurde ein Kalk/Bitumen-Gemisch abgebaut – Asphalt aus dem Jura bedeckt die Straßen von Paris, London, New York und Sidney. Interessanter als das kleine Museum zu Geschichte und Technik des Asphaltabbaus ist eine Führung unter Tage. Mit Helm und Grubenlampe geht es in die 7°C kühlen Stollen.

- **Führungen**: Vom 1.4. bis 20.10. täglich um 10 und 14 Uhr, Juli/August auch 12 und 16 Uhr. Dauer der Führung: eine Stunde. Tel. 032-863.30.10. info@gout-region.ch

Auf den Wegen Rousseaus – Môtiers

Môtiers, ein Meilenstein der Aufklärung – drei Kilometer weiter (links ab von der Nationalstraße). Hier verbrachte *Jean Jacques Rousseau,* von der Genfer Religionsbehörde ausgewiesen, die Jahre 1762-1765, bis er wieder fliehen mußte, um nach kurzem Aufenthalt auf der Petersinsel im Bieler See ins englische Exil zu gehen. Eine Gönnerin stellte ihm hier im Fürstentum Neuenburg, das damals eine preußische Enklave in der Eidgenossenschaft war, ein Haus zur Verfügung: „Auch ist sie (die Pfarrei) berühmt worden durch Jean Jacques Rousseau's Aufenthalt, als er, vor dem Zorn des Genfer Senats, von Ifferten hinweg, hierher floh, wo er seine ‚Briefe vom Berge' schrieb. Der Philosoph, welcher das sonderbare Schicksal hatte, mit gleicher Wuth von Schauspielern, Opernsängerinnen, Bischöfen, Schriftstellern, republikanischen und monarchischen Obrigkeiten, protestantischen und katholischen Geistlichen, Tonsetzern und Schulmeistern verfolgt zuwerden, verlebte im Dorfe Môtiers einige glückliche Jahre." *Zschokke, Die klassischen Stellen der Schweiz (1842).*

Anfangs ließ es sich gut an: „Die Bewohner des Ortes sind wohlwollend und behandeln mich in keiner Weise als Geächteten... Ich würde hier ohne Bedauern den Rest meines Lebens verbringen." Im gleichen Brief spricht Rousseau von „einem herrlichen Wasserfall" nicht weit von seinem Haus. Man erreicht ihn, indem man das Dorf über die Grande Rue verläßt, zum Talhang kommt, dann links einem Wildbach, der Bied, bis zur Kaskade folgt. Daneben am Eingang zu einer Höhle, die Rousseau bewunderte, eine Gedenktafel. Seine Wanderungen führten ihn an der alten Burg von Môtiers vorbei talaufwärts nach Fleurier, in die kleinen ‚Gorges de la Pouetta Raissa' (Grande Rue zum Ort hinaus, dann rechts), aber auch weiter die Areuse aufwärts nach Buttes oder flußabwärts bis Champ-du-Moulin (vgl. dort): „Die Flußauen waren an manchen Stellen von schönerem Grün als der Rasendes Palais Royal." Er beginnt zu botanisieren, besteigt den 1607 Meter hohen ‚Chasseron'. Aber die Idylle verfliegt rasch. „Die frommen Pfarrer zu Genf mahnten die fromme Geistlichkeit des neuenburgischen Landes zu kollegialischer Hülfe gegen den Ketzer auf. Nun träufelten von den Kanzeln Neuenburgs fortan nicht die liebreichsten Anspielungen auf den Freigeist von Genf, den gefährlichen Irrlehrer, Volksverführer und Antichrist. Das gläubige Landvolk des Val Travers fing an, für das Heil seiner armen Seelen zu zittern, und betrachtete den verketzerten Mann wie einen wahren Wehrwolf. Man begriff, er müsse Heide oder Türke, oder noch Aergeres sein; denn das zeigte die orientalische Tracht, in welcher ihm hier zu wandeln gefiel. Man ließ es nicht an den schlimmen Ehrentiteln für ihn fehlen, die man beim kirchlichen Gottesdienst mit aller Andacht gelernt hatte, und ihm nachrief. Bald erfand man noch kräftigere mit Drohungen begleitet. Zuletzt, nach einem lustigen Markttag des Dorfes, begrüßte man Nachts sein Haus mit einem Steinhagel." Er flieht auch von hier: „Aber welche Verwandlungen des Volksgeistes haben seit siebzig Jahren zu Môtiers Alles geändert! – Man besitzt, man liest dort nun die Schriften des verfolgten Weltweisen. Kein geistlicher Zelot wagt sie mehr mit seinem Bannfluch zu belegen. Man zeigt das Haus, welches er bewohnt hatte. Man bewahrt die von ihm bewohnt gewesenen Zimmer, wie ein Heiligthum, und tausend Namen derer, die das Heiligthum besuchten, bedecken die Wände." *Zschokke, Die klassischen Stellen der Schweiz (1842)*

- **Rousseaus Haus:** Das schlichte Haus, in dem Rousseau mit *Therèse Levasseur* vom 10. Juli 1762 bis zum 8. September 1765 drei Zimmer bewohnte, ist zu besichtigen. Möbel, Dokumente, Portraits versuchen, den genius loci zu evozieren. Daneben, in einem schönen Haus des 18. Jahrhunderts mit feingeschnittenen Maskenreliefs ein kleines Regionalmuseum. Uhrmacherwerkstätten und Klöppelateliers, Käserei und Absinthdestille, alles Wichtige ist da.

→ *Rousseaus* Haus, Grande Rue, 14, Ecke Rue J.-J. Rousseau; Führung (eine Stunde) vom 2.5.-15.10. von 14-17 Uhr, Mo, Mi, Fr geschlossen; Tel. 032-861.35.51).

Môtiers – die Uhrenstadt: Viele der Häuser Môtiers wirken wie bescheidene Palais. Tatsächlich kam im 18. Jahrhundert mit der Uhrmacherei Wohlstand ins Tal. *Daniel Jean Richard* hatte im benachbarten **La Sagne** das Geheimnis einer englischen Taschenuhr enträtselt. Binnen weniger Jahre entstand so eine prosperierende Kleinindustrie, die bald bis nach Ostasien exportierte. An der Rue Centrale die ‚Maison des 6 Communes', eine Renaissance-Markthalle, die nach perfekter Edel-Renovierung immer noch die schlichte Dorfkneipe geblieben ist. Daneben in den Gebäuden des alten Benediktinerklosters die größte Schweizer Sektkellerei *Mauler*(täglich Dégustation: 10-12 und 15-18 Uhr).

- **Musée régional d'Histoire et d'Artisantat du Val Travers,** Rue J.J.Rousseau 2, CH-2112 Môtiers. Tel. 032-861.35.51.

Preußens Gloria – Von der N 10 zweigt zwischen Fleurier und Verrières rechts ein Bergsträßchen ab nach *Les Bayards* und *La Brévine.* Auf dem Kamm einer Crête liegt auf 1.185 Meter Höhe das alte Postgasthaus *Le Grand Frédéric.* Und tatsächlich, zwischen meterhohen Schneewänden oder im jagenden Herbststurm hängt da der Preußenkönig, mit Dreispitz im grünen Rock einen Schimmel parierend, vor dem Haus. Der hinterletzte Zipfel des Reiches, von Berlin noch entfernter als die Memel: L'haut Pays du Neuchâtel. Das Schild ist zur Zeit leider das einzig erwähnenswerte am Gasthaus.

Am Lac de Taillères vorbei (vgl. dort) kommt man nach 10 km einsamer Fahrt durch ‚la sibirie suisse' nach **La Brévine**.

- **Einkehren**: eine gute einfache Fleischküche und schlichte saubere Zimmer gibt's im *Hôtel de Ville**– eine ideale Unterkunft für Langlauf- oder Radtouren. **Preise**: günstig bis mittel. Tel. 032-935.13.44, Fax: 032-935.13.84.

- **Einkaufen**: Bei der *Fromagerie Gérard Buillard* (Ortsausgang Richtung Le Locle) liefern die Bauern auch im Schneesturm die glänzenden großen Milchkannen ab. Genau die Sorte, die bei uns längst Kühlcontainern Platz machen mußte.

Sainte-Croix – Spielautomaten für die Seele: Von Môtiers kommt man nach 15 Kilometer Fahrt durch das enge Vallon des Noirvaux nach **Sainte-Croix**. Der 4000 Einwohner zählende Ort, 1.050 Meter hoch auf einem Aussichts- und Sonnenbalkon gelegen, kann sich nicht recht zwischen Dorf und Städtchen entscheiden. Sainte-Croix steht in der Tradition des Musikautomatenbaus. Um die Jahrhundertwende arbeiteten dreitausend Menschen in vielen Fabriken, später wurden hier die berühmten Plattenspieler von *Thorens* gefertigt. Übriggeblieben sind *Reuge* mit 130 Angestellten und zwei zauberhafte Museen.

- **Museum:** Im CIMA (Centre international de la mécanique d'art, Ruede l'Industrie 2, Ortsmitte Richtung Yverdon rechts) werden ungeachtet des nüchternen Namens Kinder- und Erwachsenenträume befriedigt. In einer alten Fabrik sind Werkstätten zu sehen, deren surrende und schnurrende Räder und Riemen einer Installation von Tinguely zu entstammen scheinen (s.a. La Taillanderie/Nans sous Ste-Anne). Musikdosen klingen, ein Türke raucht Wasserpfeife, ein Clown schreibt Briefe, mächtige Musiktruhen der Fünfziger Jahre lassen Schellack-Jazz hören, schließlich spielt ein ganzes Tanzorchester, gesteuert von einem meterhohen Stapel Lochkarten. Die Führung dauert eine Stunde. Di bis So 14-17 Uhr; während der Hauptsaison von Juni bis August tägl. 11-18 Uhr und Mo um 15 Uhr; Tel. 024-454.44.77, Fax: 024-454.32.12.

- Im kleinen Nachbardorf **L'Auberson** (4 km Richtung Pontarlier) hat sich eine viel kleinere, aber nicht weniger reizvolle Privatsammlung niedergelassen. Die Familie *Baud* hat in drei Generationen boîtes à musique und Automaten zusammengetragen. Führung eine Stunde. Tel. 024-454.24.84, Fax: 024-454.41.66.

Weitblick: Der *Chasseron* (1607 m) ist einer der großen Balkone mit einem überwältigenden Alpenpanorama. Bequeme kommen so hin: 500 Meter hinter dem Grand Hôtel von **Rasses** führt links eine schmale Straße hinauf zum bescheidenen Gipfelhotel des Chasseron (etwa 3 km). Vom Parkplatz des Hotels sind es noch etwa 15 Minuten zum Gipfel. Ein fast ebenso spektakulärer Blick mit etwas einfacherer Zufahrt und einer schönen runden Panoramaplatte bietet sich vom *Mont de Baulmes* (1285 m). Vier Kilometer ab Sainte-Croix (beim

Bahnhof nach La Sagne abfahren) auf schmaler Teerstraße, dann noch gut 5 Minuten zu Fuß.

La Chaux-de-Fonds

Auf fast 1000 Meter Höhe liegt die alte Industriestadt *La Chaux-de-Fonds*, seit 200 Jahren die Kapitale der Schweizer Uhrenindustrie. Die kleine Großstadt (37.000 Ew.) auf dem Hochplateau wirkt zunächst abweisend – nicht nur im Winter, der sieben Monate dauern kann. Der erste Reflex auf der Durchgangsstraße ist Gasgeben und durch. Das wäre schade. La Chaux-de-Fonds, nach einem Brand 1794 in Carrés planmäßig wieder angelegt, ist ein bewohntes Museum von Häusern des Biedermeier und der Gründerzeit. Geht man mit offenen Augen durch die Straßen, locken viele kleine Augenweiden. Freilich muß man vereinzelt auch wegschauen können, wenn Plattenbauten und kleinstädtische Hochhäuser von Zeiten berichten, in denen das Gefühl für Proportion und Form offensichtlich ein anderes war.

In La Chaux-de-Fonds wurde 1887 *Charles Edouard Jeanneret* geboren, ab 1920 nannte er sich in Anlehnung an den Namen seiner Großeltern ‚Le Corbusier'. Ein Plan, der im Office de Tourisme (1, Espacité) und am lokalen Bahnschalter erhältlich ist, führt zu den Bauten, an denen Le Corbusier in seiner Heimatstadt mitgewirkt hat, bevor er in den zwanziger Jahren als Prophet einer neuen puristischen Architektur berühmt wurde. Am Hang über der Stadt sind diese vier Villen zu sehen, noch wesentlich vom Historismus geprägt. Sein erster eigenständiger Bau, im Auftrag des Uhrenfabrikanten Anatole Schwob, steht in der Rue du Doubs 168. Das Gebäude – mit Flachdach, Ziegelverkleidung und spielerischem Dachgesims – wird von Einheimischen Villa Turque genannt und wirkt in seiner Umgebung auch wirklich sehr exotisch. Und wie das so ist mit Theorie und Praxis, besonders bei Flachdächern: auch das Dach von Le Corbusier war nicht dicht. Zudem hatten sich die Baukosten verdoppelt und so kam es zum Bruch mit dem Bauherrn. Le Corbusier verließ darauf La Chaux-de-Fonds als beleidigter Künstler.

- **Musée Internationale d'Horlogerie:** Vor dem Hintergrund der zweihundertfünfzigjährigen Tradition der Uhrenindustrie des Jura ist das große Uhrenmuseum unweit des Bahnhofs besuchenswert. September-Juni 10-17 Uhr, sonst 10-12 und 14-17 Uhr, Montag (außerhalb der Ferien) geschlossen, Tel. 032-967.68.61.

Von La Chaux-de-Fonds auf den Rücken des Chasseral:

Von Mai bis Oktober (bei wenig Schnee auch länger) führt eine der großen Aussichtsstraßen der Schweiz über den Rücken des Chasseral (vgl. dort). Aus dem Weideland des Hochtals von St-Imier über die Baumgrenze zum Chasseral-Hotel auf 1548 m. Von dort ist es noch eine halben Stunde bis zum Gipfel (1607 m) mit dem Fernsehturm – weiter Blick fast 1200 Meter hinab ins Weinland am Bieler See. In der oberen Hälfte der Abfahrt ein permanentes Panorama. Im Winter kommt man nur zu den Skiliften auf beiden Seiten.

Anfahrt: Aus dem Jura erreicht man den Chasseral von Chaux-de-Fonds über St-Imier; von St-Ursanne via Saignelégier oder Tavannes ebenfalls über St-Imier.

Die Grotten von Le Locle

Ein skurriles Kapital früher Industriegeschichte ist in der Uhrenstadt *Le Locle* zu sehen: Die unterirdischen Mühlen. Seit dem 16. Jahrhundert hatte man in Grotten Mühlräder in bis zu vier Ebenen angeordnet. „Das Stampfen, Rollen und Lärmen der Mühlen in diesem Abgrund, über und unter uns, welche die vorhängenden Klippen zu zermalmen drohen; das Durcheinandersausen, Pfeifen und Donnern der herabfahrenden Wogen, die sich zwischen den finstern Labyrinthen des Gesteins tausendfach zerschlagen; der trübe Schimmer der Lampen, ihr unheimlicher Wiederglanz von den feuchten Umgebungen, durch welche schaumweis die hangenden Wellen wandeln und wo sich Alles, Flut und Fels, durcheinander zu bewegen scheint – es ist wie ein Vorhof der Hölle, worin, statt der Feuerflammen, tanzende Wassersäulen gaukeln und rauschen. *Zschokke, Die klassischen Stellen der Schweiz (1842).*

Natürlich ist das Ambiente heute weniger dramatisch als in dieser historischen Schilderung, aber einen eigenen Zauber hat das kühle Höhlenwerk schon noch.

- Die **Führung** dauert eine Stunde. Vom 1.5. bis 15.6. und 16.9. bis 31.10. von 10-12 und 13.30-17.30 Uhr; vom 16.6 bis 15.9. durchgehend.
- Das **Musée de l'Horlogérie**, oberhalb Le Locle im Château des Monts, einem barocken Herrensitz untergebracht, ergänzt das große Uhrenmuseum im benachbarten Chaux-de-Fonds reizvoll. Mai bis Oktober: 10-12 und 14-17 Uhr, sonst nur nachmittags; Mo geschlossen; Tel. 032-931.16.80.

Lac de Joux – Vallée de Joux

Von *Les Rousses* (F) aus erreicht man auf der D 415 in einem langen Hochtal (schönes Langlaufgebiet mit vielen Loipen) den kleinen *Lac de Rousses* (Badeplatz am Westende), die Schweizer Grenze und schließlich den *Lac de Joux.* Hier und im rauhen Hochtal um *La Brévine* sind die Kältepole der Schweiz. In vielen Wintern ist das Thermometer schon auf -40 °C gesunken. Bis zum Ersten Weltkrieg wurde das Eis des Sees in Blöcke geschnitten, in Kellern gelagert und mit der Bahn bis nach Paris verkauft. Früher war die Gegend ein Armenhaus. Jahrhundertelang war das Tal während der langen kalten Winter isoliert. Sicheren ganzjährigen Zugang ins Hochtal und zum See brachte erst die Eröffnung der Bahnlinie Vallorbe-Le Pont im Jahr 1886. Die Menschen lebten von Holzwirtschaft, Heimarbeit, Schmuggel und der Destillation von Absinth aus Bergkräutern. Noch heute wirkt das 20 Kilometer lange und 1000 m hoch gelegene Tal abgeschieden und arm. Die Häuser sind kleiner und grauer als sonst in der Schweiz. Zum Schutz vor der Witterung sind die Wetterseiten oft noch mit Blech beschlagen, wo es rostet, tragen die Fassaden abstrakte Reliefs.

Der *Lac de Joux* liegt zwischen *den sanften Höhenzügen des Mont Risoux (1409 m) und des Mont Tendre* (1679 m) – es ist der größte See des Jura. Auf der Paßstraße, die von Le Brassus am Westende des Sees über den *Col du Marchairuz* (1447 m) hinunter zum Genfer See führt, schöner Blick zurück auf den Lac de Joux und weiter bis hin zur markanten Zacke des *Dent de Vaulion* (1483 m).

Anhalten und Ausschauen: Nach der Paßhöhe bei idealer Sicht – die selten ist – Panoramablick über den ganzen Genfer See. Zwei Kilometer nach dem Paß liegt ein Parkplatz, ab hier gibt es einen halbstündigem Rundweg über die Weidelandschaft, die von traditionellen Kalksteinmauern gegliedert wird. Gute, zum Teil überdachte Picknickplätze. Der Name des Wegs, Le Sentier de Sapin à Siméon, erinnert an die Lastenträger, die bis vor gut hundert Jahren den Warenverkehr zwischen dem armen Vallée du Joux und dem See besorgten.

Vom Lac de Joux zum Genfer See

Eine landschaftlich überaus reizvolle kleine Nebenstraße führt über die Hochalmen der *Combe des Amburnex* und dann insteilen Kehren hinunter bis nach **Nyon** am *Genfer See.* Die Kammroute gehört zu den schönsten Passagen der Region: großartige Sicht gepaart mit interessanter Vegetation. Besonders reich zeigt sich die Wiesenflora im Frühjahr, wenn Krokusse, Anemonen, Enzian, Lilien und weitere Zwiebelpflanzen blühen, bevor der Graswuchs einsetzt. Kilometerlange Trockenmauern grenzen die einzelnen Weidebezirke ab, die mal als offene Hochfläche, mal als nadelholzbestandene Waldweide erscheinen. „Das ganze Pays de Vaud und de Gex lag wie eine Flurkarte unter uns, alle Besitzungen mit grünen Zäunen abgeschnitten, wie die Beete eines Parterres. Dörfer, Städtchen, Landhäuser, Weinberge und höher hinauf, wo Wald und Alpen angehen, Sennhütten, meistens weiß und hell angestrichen, leuchteten gegen die Sonne." *J. W. von Goethe auf der Zweiten Schweizer Reise*

Alternative zur Abfahrt bis an den See: man hält Höhe, biegt in *Bassins* ab und kehrt über die Weiler *Longirod* und *St. George* auf lohnender Strecke zum Ausgangspunkt zurück. Als Autotour mit obligatorischer Rast ca. eineinhalb Stunden; mit 33 km und 700 Höhenmetern auch eine lohnende Radtour.

Ausgangspunkt für die Fahrt ist wieder **le Brassus,** nahe am Westende des *Lac de Joux.* Von dort Richtung Genfer See, bereits kurz vor der Paßhöhe zweigt das Sträßchen rechts von der Route über den Col du Marchairuz ab (Fahrradwegweiser: Route 7 nach Bassins). Hinter einem Viehgatter fährt man durch stilles Weideland, stets die Höhe haltend. Bei der Abfahrt dann immer wieder Vogelblicke auf die Städte am See, bis hin zur Genfer Fontäne, dahinter das Mont-Blanc-Massiv. Ab *Bassins* ist auch die Rückfahrt zum Lac de Joux auf einer tiefer liegenden Nebenstraße über St. George möglich.

- Am Fuß der Berge liegt zwischen Le Vaud und Burtigny der kleine **Zoo de la Garenne**, der einen Querschnitt durch die einheimische Tierwelt vermittelt. Geöffnet von 9-18 Uhr (im Winter bis 17 Uhr).

Auf der Abfahrt nach *Nyon* vor *Begnins* nochmals besonders großzügiger Ausblick rechts hinauf zur Steilwand des Jura über dem *pays de Gex* (vgl. dort) und links auf den See. Dann sind es nur noch acht Kilometer bis zum romantischen Städtchen **Nyon** am Genfer See: ein schöner alter Seehafen mit verwinkelten Gassen und einem grandiosen Blick über den See.

Im *Café du Marché* an der Place du Marché wunderschöne Landschaftsbilder des frühen 19. Jahrhunderts. Leider kann man hier nicht mehr nur auf ein Glas einkehren. Aus dem Bistrot ist ein feines italienisches Restaurant geworden.

Zum Dent de Vaulion

Fährt man vom östlichen Ende des Lac de Joux Richtung Vaulion, erreicht man über einen Fahrweg, der bereits zwei Kilometer vor dem Ort links abzweigt, den **Dent de Vaulion.** Der markante, wie ein Schiffbug geformte Gipfel ist mit 1483 Metern einer der großen Aussichtspunkte des Jura. Vom einfachen Berggasthaus sind es noch 10 min. zu Fuß zum Gipfel. Eine hervorragende Orientierungstafel – es handelt sich um eine Kopie der alten Platte vom Anfang des 20. Jahrhunderts – zeigt das Panorama, das vom Glärnisch im Osten bis zum Massiv de la Meije (185 km Luftlinie) im Südwesten reicht.

Nochmal Goethe: „Nur die hohen Gebirgsketten waren unter einem klaren und heitern Himmel sichtbar, alle niederen

Panorama vom Dent de Vaulion

Gegenden mit einem weißen wolkigen Nebelmeer überdeckt, das sich von Genf bis nordwärts an den Horizont erstreckte und in der Sonne glänzte. Daraus stieg ostwärts die ganze Reihe aller Schnee- und Eisgebirge, ohne Unterschied von Namen der Völker und Fürsten, die sie zu besitzen glauben, nur einem großen Herrn und dem Blick der Sonne unterworfen, der sie schön rötete. Gegen Abend schließt die Franche-Comté mit flach streichenden waldigen Bergen den ganzen Horizont."
Briefe aus der Schweiz (1779)

Im Zentrum, alles beherrschend und bei Inversionswetterlagen geradezu physisch präsent, das Montblancmassiv. Während der Dent de Vaulion nach Süden nur mäßig steil und bewaldet ist, fällt der ‚Zahn' nach Norden zum Lac de Joux fast lotrecht und immerhin 400 Meter tief ab. Kurz vor Vaulion führt ein Weg (Schild ‚Fort/le Plâne') nach links zu einem Picknickplatz mit Brunnen und Alpensicht.

- Am Ortseingang des Dorfes **Vaulion** liegt links eine *Fromagerie* Hier gibt es einen dem Sbrinz ähnlichen, drei Jahre alten Hartkäse namens Rebibes, sowie feinen Tomme maison (geöffnet von 8-12 und 17-19 Uhr).

Romainmôtier

Einige Kilometer hinter Vaulion Richtung Orbe liegt *Romainmôtier*. Das alte Dorf beherbergt eine der bedeutendsten romanischen Kirchen der Schweiz. Sie war das Zentrum einer im 5. Jahrhundert von St. Romain gegründeten Abtei, die im 10. Jahrhundert in den Einflußbereich Clunys geriet. Die heutige Kirche geht in wesentlichen Teilen auf das 11. Jahrhundert zurück, sie ist stark beeinflußt von der damaligen Abteikirche in *Cluny*. Im Boden des Kirchenschiffes sind die Grundrisse der früheren Kirchen des 5. und 7. Jahrhunderts markiert. Vorhalle und Chor sind gotische Zufügungen. Besonders beeindruckend ist die Raumwirkung des großen Schiffes mit seinen mächtigen Säulen. Die Kirche, vor allem die Fresken des 12. bis 15. Jahrhunderts, wurde kürzlich umfassend renoviert. Die ellipsoide Klosteranlage betritt man heute noch vom Marktplatz her durch ein befestigtes Tor. Rechts im Klosterhof das Haus des Abtes, ein Renaissancebau mit hübschem Treppenturm.

- Im Erdgeschoß in einem schönen holzgetäfelten Salon ein alternativ angehauchter Tearoom, in dem Obstsäfte und gute Tees angeboten werden.

- Am Marktplatz von Romainmôtier ist in einem der stattlichen alten Häuser das kleine Hotel *Au Lieutenant Baillival*** untergebracht. Die 6 Zimmer wurden vom Besitzer, einem Antiquitätenhändler, liebevoll ausgestattet, wunderschön ist die Stube, in der auch das Frühstück serviert wird. Tel. 024-453.14.58, Fax: 024-453.18.30.

Comme elle
manger du COMTÉ avec "label"
LE GRUYÈRE DE QUALITÉ
Comme elle
vous aurez
Beauté, Force et Santé
EXIGEZ
CETTE MARQUE
FRANCE
COMTÉ
45% MG
SEULE GARANTIE
d'ORIGINE
OUVERT

Die Käse des französischen Jura

COMTÉ – Der Comté ist der bekannteste Käse des französischen Jura. Nach Renommée und Produktionsmenge ist der Comté einer der wichtigsten französischen Käse überhaupt, er trägt eine eigene Ursprungsbezeichnung (AOC), die Produktionsgebiet und -technik gesetzlich regelt. Comté darf nur aus der Milch von Kühen bestimmter Rassen (Pic rouge de l'Est oder die regionale Rasse der Montbéliarde) hergestellt werden, die Tiere müssen ausschließlich mit Weidegras oder Heu ernährt werden. Bei den besten Comtés kommt das in einem feinen Kräuteraroma zum Ausdruck.

Zur Herstellung eines Comté-Laibes von 48 Kilo sind 600 Liter Milch erforderlich. Die Rohmilch wird spätestens 24 Stunden nach dem Melken in großen Kupferkesseln auf 32 °C erhitzt, mit Lab zur Gerinnung gebracht, der Bruch dann auf 54 °C erhitzt, in einem Tuch abgepreßt und in eine Holzform gegeben. Der Zusatz von Farbstoffen und sogenannten Hilfsmitteln ist natürlich verboten. Nach kurzer Lagerung im Kühlen (mit Salzen und Abreiben der Oberfläche, damit sich eine Rinde entwickelt) beginnt die Reifezeit. Zwischen 4 und 9 Monaten (in Ausnahmefällen bis zu 18 Monaten) verbringt der Käse im Keller, anfangs bei 16 °C bis 18 °C, dann bei 10 °C bis 12 °C. Regelmässig wird die Rinde mit einem in Salzwasser getauchten Tuch abgerieben.

Comtés der höchsten Qualität entwickeln während der Reife ein deutliches Aroma von zart gerösteten Haselnüssen mit einem Hauch feiner Bergkräuter. Der Teig (la Pâté) wird beim Essen cremig ohne jede Schärfe. Löcher darf ein perfekter Comté nicht haben, treten sie in größerer Zahl auf, wird der Käse deklassiert, er darf dann nur als Gruyère verkauft werden. Aber auch das kann sehr guter Käse sein, zum Butterbrot oder zum Kochen vielleicht sogar besser geeignet als ein Comté erster Qualität.

Je nach Alter wird der Comté als *doux* (bis 6 Monate), als *affiné, fruité* oder *salé* (6-9 Monate) oder als *vieux* (über 9 Monate) angeboten. In jedem Fall sollte man in der Käserei (*Fromagerie* oder *Fruitière* = Genossenschaft) oder im Käsegeschäft

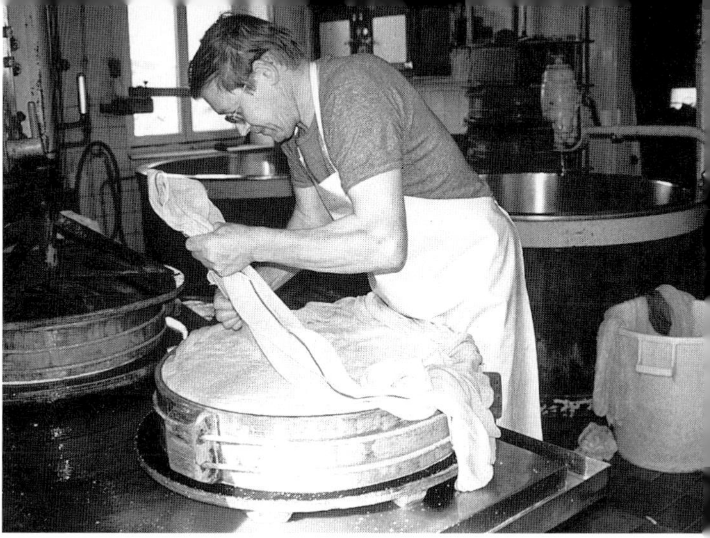
Fromagerie artisanale Gilbert Banderier

(Crèmerie) um eine Kostprobe bitten, wenn einem das nicht ohnehin schon angeboten wird.

Guter Comté doux oder affiné kostet im Jura 7 bis gut 10 € pro Kilogramm, wobei der Käse beim Hersteller kaum billiger ist als im regionalen Handel. Einfacher Comté oder Gruyère kann in Angeboten auch schon einmal für 6.50 € erhältlich sein, reife Spitzenqualitäten können bis zu 18 € kosten, aber auch das ist für einen herausragenden Käse ein sehr günstiger Preis. Während beim Wein Genossenschaften nur selten Spitzenqualitäten erzeugen, ist dies beim Comté anders. Seit dem 13. Jh. sind im Jura genossenschaftliche Produktionsweisen überliefert, seit dem 17. Jh. ist die Bezeichnung ‚Fruitière' nachzuweisen. Heute gehören zwar einige private Produzenten *(Marcel Petite, Vagne)* zur Spitzengruppe im Jura, aber der größte Teil des Comtés entsteht weiterhin in Fruitières, deren Größe vom Keller bis zum Industriebetrieb reicht.

MORBIER – In *Morez, Morbier* und in der Umgebung nahe der Schweizer Grenze wird der ‚Morbier' produziert. Dieser Käse, kleiner und weicher als der Comté, wird von einer schwarzen Eschenholzascheschicht durchzogen. Zwei Monate vor der

Erst Anfang November gut: Vacherin Mont'd'Or

Reife wird der Käselaib aufgeschnitten, die Asche eingestreut, dann kommen die wieder zusammengefügten Käse nochmal in den Keller. Echter Morbier wird nur aus Rohmilch von den Weiden um *Morbier* und *St-Laurent-de-Grandvaux* (vgl. dort) hergestellt, seine feinen Aromen schmecken buttrigmild.

VACHERIN – Der Weichkäse Vacherin wird sowohl in Frankreich als auch in der Schweiz hergestellt. Nur vom Herbst bis zum Frühjahr gibt es Vacherin in der typischen Holzspanschachtel. Im Sommer, wenn die Kühe mehr Milch geben, produzieren die Käsereien im Schweizer Vallée de Joux anstelle des Vacherin einen Gruyère. Während ihrer Reife werden die kleinen Vacherinlaibe zur Aromatisierung in frische Tannenrinde gebunden. Das Resultat ist zartwürzig, doch mild, mit der Zeit cremiger werdend – einer der köstlichsten Weichkäse überhaupt. Der mit der Reife unvermeidlich entstehende Schimmel sollte nicht mitgegessen werden. Ein (weißer) Jurawein dazu zeigt wieder einmal, wie harmonisch die Begegnung regionaler Weine mit den Käsen derselben Gegend enden kann.

In den achtziger Jahren wurde in Schweizer Vacherins vereinzelt Salmonellen nachgewiesen. Darauf zwang man die

Produzenten, ihre Milch zu pasteurisieren. Der Schweizer Vacherin verlor daraufhin seinen typischen Charakter, was oft vom Geschmack der Tannenrinde überdeckt wird. In der Folge kam es nach dem Genuß von Schweizer Vacherin zu einigen Todesfällen. Auf dem Käse aus pasteurisierter Milch hatten sich Listerien breitgemacht, Bakterien, die meist harmlos sind, unter ungünstigen Bedingungen, etwa bei abwehrgeschwächten Menschen, jedoch gefährliche Infektionen hervorrufen können. Listerien können dagegen im Rohmilch-Vacherin nicht nachgewiesen werden, da sie von der natürlichen Bakterienflora unterdrückt werden. Die erkrankten Käsefreunde hatten zudem stets die Rinde mitgegessen, was bei vielen reifen Rohmilchkäsesorten nicht sinnvoll und auch kulinarisch wenig verlockend ist.

In Frankreich wird Vacherin (auch er als *Mont d'Or,* ein AOC-Käse) weiterhin unter der effizienten Kontrolle der ‚inspection sanitaire et vétérinaire' nur aus Rohmilch hergestellt. Uns und unseren Freunden sind wohl an die hundert Vacherins verschiedenster Hersteller stets gut bekommen. Der Mont d'Or darf nur aus Milch von Montbéliard- und Simmenthal-Kühen, die im Hochjura in Höhen über 700 m leben, hergestellt und nur vom 10.9. bis 10.5. verkauft werden (s.a. bei Besançon). Aus 7 Liter Milch entsteht ein Kilogramm des Käses, der in Grössen von 600 und 800 Gramm hergestellt wird. Köstlich ist die ‚Boîte chaude', die auch oft in den Restaurants des Jura angeboten wird: in der Mitte vom Vacherin wird ein Loch gemacht, Jurawein eingefüllt, etwas Speck aufgelegt und das Ganze gratiniert.

BLEU DE GEX – Aus dem Hochjura hinter Gex nahe Genf kommt ein regionaler Bleu, der zusehends auch außerhalb des Jura erhältlich ist. Aus Kuhmilch hergestellt, meist etwas trocken, oft von zurückhaltendem Geschmack ist der Bleu de Gex schwerer zugänglich als andere Jurakäse. In letzter Zeit sind uns allerdings erstmals auch weniger verschlossene Varianten des Bleu de Gex begegnet. In einem üppigen Kartoffelgratin mit reichlich Crème double kann er in jedem Fall seine Aromen entfalten. Der Bleu hat eine lange Tradition im Jura, er wurde im letzten Jahrhundert mehr produziert als heute. Nicht zu vergessen, wenn auch nicht im kulinarischen Sinn, die großen Schmelzkäsefabriken am Rande des Jura in *Dole* und *Lons-le-Saunier.* Dort wird der von Süden kommende Autofahrer hoch vom Dach der Bel-Käseschmelze von einer Kuh mit großen Ohrringen und einem frischen Lachen begrüßt.

- Die Broschüre ‚La Route des Fromages du Haut Jura' stellt mit guten Texten und Karten Bauernkäsereien und handwerkliche Molkereien in den Bergen vor. Erhältlich bei den Betrieben und in den Verkehrsbüros.

Arrêt
Autobus
MONTS-JURA
POSTES
NE PAS JETER DE JOURNAUX
DANS CETTE BOITE

Praktische Infos von A bis Z

Allgemeines

Dieser Führer enthält genug Informationen auch für einen längeren Urlaub im Jura. Die Region ist so reich an landschaftlichen und kulturellen Attraktionen, daß natürlich eine persönliche Auswahl getroffen wurde. Wenn Sie noch mehr Details über den Jura wissen möchten, empfiehlt sich die Lektüre einer ganzen Reihe von kostenlosen Heften, die sorgfältig recherchiert und meist übersichtlich strukturiert sind. Dies gilt besonders für die zahlreichen Sportarten, die im Jura möglich sind.

Es gibt kaum eine Region Frankreichs, die so früh realisiert hat, daß ihr Kapital vor allem im naturnahen *tourisme vert* liegt. Konsequent kümmert sich die aufwendige Informationspolitik der Region um den Ausbau dieser Art des Fremdenverkehrs. So kann man sich ohne weiteres den Empfehlungen der Mitarbeiter der Verkehrsbüros *(Offices de tourisme)* anvertrauen. Es gibt sie in fast jedem Ort. Bei größeren oder wichtigen Orten sind die Adressen jeweils am Ende der Ortsbeschreibung angegeben.

Landstädtchen im Jura: Im Jura gibt es wie in der ganzen Franche-Comté (und letztlich in ganz Frankreich) viele anziehende kleine Städte. Zwischen zwei- und zwanzigtausend Einwohner zählend, geschichtlich reich gesegnet, oft auch beladen, weisen sie alle alten Elemente provinzstädtischen Lebens auf: Kathedrale, stattliches Rathaus, schöne hôtels (Adelshöfe), Markthalle, dann Gründerzeithotels und ein kleiner Stadtpark. Wenn auch in der Peripherie inzwischen oft eingekreist von *grandes surfaces* und Megapisten, ist der Kern fast immer frei von Exzessen der Sparkassenarchitektur und Verkehrsschneisen, sogar die mittlerweile eingerichteten Fußgängerzonen sind vergleichsweise diskret möbliert. Das Wichtigste ist aber: die kleinen Städte sind bis heute belebt, bewohnt, durchmischt. Zu Recht ist man in Frankreich stolz auf diese kleinen Städte und zeigt es auch auf Hinweisschildern: *Petites cités comtoises de caractère.*

- In den *Offices de tourisme* der Region Jura erhält man kostenlos eine Broschüre, die 31 dieser Orte und Kleinstädte vorstellt. Ähnlich selbstbewußt auch der Hinweis auf die in aller Regel lohnenden lokalen und regionalen Märkte: *Marchés de France.*

Kostenloses Infomaterial, erhältlich in den meisten Offices de Tourisme, regelmäßig in den größeren Orten:

- *Doubs – Praktischer Führer.* Etwa 70 Seiten im DIN-A4 Magazinformat. Deutsch, jährlich neu. Informative Broschüre mit zahlreichen Adressenangaben zu Führungen, Kultur und Handwerk (auch Läden), aber auch zu Spezialgebieten wie: Angeln, Kanu, Wintersport, Fahrrad, MTB. Auf den letzten Seiten eine Übersicht über das aktuell lieferbare Info-Material, darunter Broschüren wie:
- *Hôtels Franche-Comté.* Broschüre mit allen Hotels, Campingplätzen, Gästezimmern, Ferienwohnungen. Alle Adressen mit Preisen und Service.
- *Petites Cités Comtoises de Caractère* – Die guten Adressen der Franche-Comté/Tourismusverzeichnis (etwa 175 Seiten/jährlich neu/deutsch-englisch).
- *Le Pays comtois – des Vosges au Jura* (20 Seiten/deutsch).
- *Doubs Magazine Été/Hiver.* Reportagen und touristische Information (etwa 60 Seiten / jährlich neu / französisch).
- *Doubs Pêche* (60 Seiten Informationen für Angler/französisch)
- *Franche-Comté Decouvertes Regionales* (Serie Les Spéciales del'IGN/Karte mit zahlreichen Informationen/mit deutschen Erklärungen).
- *Randonnées dans le Doubs* (Fuß- und Radwanderungen).
- *Guide pratique.* Alle Adressen für Kultur, Sport, Freizeit.
- *Carte touristique du Doubs.* 1:200.000, 8 Autotouren auf der Michelinkarte.
- **Verschiedene Guides:** *Hôtels, Camping, Gîtes d'étapes, Chambres et Tables d'hôtes.*

Außer Betrieb – Zapfsäulen in CH-Goumois

Interessante Homepages: www.franche-comte.org / www.doubs.org/ www.haut-doubs.com / wwww.massifdujura.com

Gute Karten und Guides auch kostenlos auf der *Michelinwebsite*: www.viamichelin.com

Führer gegen Gebühr:

- *Guide de Cyclotourisme,* 25 Radtourenbeschreibungen auf der Basis der 1:200.000 Michelin- Straßenkarte. Loseblattsammlung
- *Topo Guide VTT* mit 21 MTB-Routen auf der Basis der 1:50.000 IGN Karten, ebenfalls als Loseblattsystem
- Drei *IGN-Wanderkarten* 1.50.000 (Doubs Ost/West/Süd)
- *Guide des Gîtes de France du Doubs.* Ferienwohnungen und Campingplätze auf dem Land.
- *Guide du Patrimoine.* Museen, Schlösser, Ausstellungen, 220 Seiten.

Das gesamte kostenlose Info-Material sowie die weiterführende touristische Literatur (gegen Gebühr) kann auch direkt bezogen werden über:

Hôtel du Département, 25031 Besançon CEDEX; Tel. 03.81.65.10.00 (Auskunft) und 03.81.65.10.36/37 (Anforderung von Material), Fax: 03.81.82.01.40 oder 03.81.65.10.00.

Fremdenverkehrsbüros

Deutschland: Französisches Fremdenverkehrsbüro *(Maison de la France)*, Westendstr. 47, 60325 Frankfurt Tel. 0190-570025, Fax 0190-599061 (teure Telefongebühren!) E-Mail: maisondelafrance@t-online.de / Internet: www.franceguide.com / www.maison-de-la-france.fr

Schweiz: Französisches Fremdenverkehrsbüro, Löwenstr. 59, 8023 Zürich, Tel. 0041-1-2113058, Fax: 0041-1-2121644

Frankreich: *Comité Regional du Tourisme de Franche-Comté* – La City, 4, rue Gabriel Plancon, F-25044 Besançon Cedex Tel. 0033-3-81.25.08.08, Fax: 0033-3-81.83.35.82 / E-Mail: crt@franche-comte-org Internet: www.franche-comte.org

Anreise

Der französische Jura ist nicht sehr weit von den deutschen und Schweizer Zentren entfernt: von *Freiburg* nach *Besançon* sind es knapp 200 km. Die Distanz *Basel-Besançon* beträgt nur 150 km, *Genf* und *Besançon* sind 190 km voneinander entfernt. Um das Auto ist schwer herumzukommen, da die Bahnanreise zumindest von Deutschland aus relativ umständlich ist (via Straßburg oder Basel nach Besançon). Zudem läßt sich der Jura bei limitierter Zeit nur schlecht mit öffentlichen Verkehrsmitteln erschließen. Von französischer Seite bestehen dagegen vorzügliche TGV-Verbindungen (Paris-Dole in 2 Stunden).

- **Von Deutschland:** über die Rheintalautobahn A 5 bis auf die Höhe von *Mulhouse*, dann rechts ab auf die französische A 6 nach *Belfort* (60 km ab der Grenze), *Montbéliard*, *Besançon* (150 km) und *Dole* (200 km). Ab Mulhouse ist die Autobahn gebührenpflichtig, dafür gepflegt und fast nie überlastet.

Wer in den hohen Jura in die Gegend um **Morteau** möchte, nimmt ab *Montbéliard* die D 437 (70 km). **Pontarlier** ist direkt über die A 36 bis *Baume-les-Dames*, dann über die D 50 und die N 57 zu erreichen. Bei *Dole* biegt die neue A 39 nach Süden ab. Auf ihr sind es etwa 60 km bis **Lons-le-Saunier** und 90 km bis **Cuiseaux** im *Revermont* – dies ist der südöstlichste Zipfel des im Buch beschriebenen Gebiets.

An der A 39 liegt auch eine der hypermodernen, typisch französischen Raststätten, die alles haben: Touristeninfo, Restaurant und Laden mit Regionalprodukten, Picknickplatz. Das *Aire du Jura* ist auch direkt zugänglich über die Landstraße von Bletterans oder Arlay aus. Tel. 03.84.44.49.00.

- **Von der Schweiz:** Wer von der Schweiz aus anreist, erreicht den Französischen Jura an seinen höchsten Stellen – mit den schönsten Aussichtspunkten. Vignettenpflicht (SFr 40) auf der Schweizer Autobahn gleich ab Grenze Weil/Basel. Eine wesentliche Erleichterung für Ost-West-Querfahrer bedeutet die neue Schweizer Autobahn ‚Transjurane' (A 16-E27). Sie verbindet *Biel* über **Delémont** mit *Porrentruy*. Sehr praktisch sind hier die zahlreichen Ausfahrten, die abgelegene Täler erschließen (aber natürlich langfristig auch entzaubern).

In den hohen Jura um **Morteau**: auf der A 2/A 1 über *Solothurn* bis *Biel*, von dort ein Stück über die Transjurane A 16 und dann noch gute 30 km auf der zum Teil vielbefahrenen Landstraße via *Chaux-de-Fonds*. Alternativ auf der A 1 über *Bern* via *Neuchâtel*.

Der südliche Jura zwischen *Genf* und *St. Claude* ist am schnellsten über die A1 bis *Nyon* (Grenzübergang les Rousses) oder *Genf* (Col de la Vaucille) zugänglich. Ab Basel 230 bzw. 250 km.

- **Wer vom Süden Burgunds** kommt oder dorthin weiterfährt, sollte den Weg über **Louhans** nehmen (27 km von *Lons-le-Saunier* auf der N 78, 29 km von *Tournus* auf der D 971 und 32 km von *Chalons-sur-Saône* auf der N 78). Eine der schönsten lebendigen kleinen Landstädte Frankreichs (6.000 Einwohner) wartet im Herzen der Bresse auf die seltenen Touristen. Eine lange kopfsteingepflasterte Hauptstraße im Bogen angelegt, gesäumt von den altersschiefen Fachwerkhäusern der Bresse. In jedem dritten Haus ein schöner Laden. Hier gibt es alles, was die Region und das ganze Land zu bieten haben. Das Huhn ist Königin, denn wir sind in seinem Reich (vgl. Lons-le-Saunier bei ‚Les Delices de la Table'). Und dieses Huhn weiß das auch:

Auf einem Plakat stolzieren zwei Hühnermadams comme il faut Flügel in Flügel über eine turbogrüne Wiese. „Man trägt schließlich nicht umsonst die Nationalfarben", sagt eine zur anderen und meint den roten Kamm, das elegante weiße Federkleid und die blauen Füße. Was dann kommt, weiß sie wohl noch nicht:

- In der Grande Rue wartet der Metzger/Traiteur *Gallet* mit bestem Fleisch von regionalen Bauern (köstliches Milchkalb und Bresse-Hühner) zu günstigen 9 €/kg. Die Hühner sind ganz frisch, selbstverständlich mit Pfoten und Köpfen (aber ohne Federn). Nach dem Kauf wird das Tier nach Wunsch hergerichtet, schließlich nochmal mit einem Gasbrenner geflammt. Köstliche Taubenterrine und Poularden-Gemüseterrinne. Die Gelées sind eine Essenz der verschiedenen Geflügel.
- Daneben die Fromagerie/Cremerie/Epicerie fine *Liberge* (Grande Rue), ein altmodischer Laden mit Produkten der großen Pariser Delikatessenhäuser und einer Auswahl wunderbarer regionaler Chêvres. Ein guter Patissier und Bäcker findet sich natürlich auch.
- In der r. Alsace 5 die kleine *Hostellerie du Cheval Rouge*, alte Poststation mit 9 Zimmern. Hotel geschlossen 16. - 26.6., 22.12.-12.1. Einfaches Restaurant. RT: So. Ferien: 24.11.-30.3. Tel. 03.85.75.21.42, Fax: 03.85.75.44.48. **Preise**: sehr günstig.

Camping

Der Jura ist wie geschaffen für einen Campingurlaub: gemäßigtes Klima, viel Wasser, nicht zuviel Tourismus. Auch mit dem Wohnmobil sind leicht Stellen zu finden, an denen man für eine Nacht bleiben kann. Wenn dies ohne störende Spuren geschieht, wird es eigentlich immer toleriert. Jura ist regelrecht Wohnmobil-Land. Da die Wohnmobilisten derzeit noch in bescheidener Zahl aufkreuzen, werden sie nicht wie anderswo als Landplage betrachtet, sondern als Konsumenten geschätzt. Zudem ist der Jura eine der sichersten Gegenden Frankreichs. Auch das mitunter rasant wechselnde Wetter und die ebenso stark abwechselnden Höhenlagen sprechen gerade in den

LOGIS
DE FRANCE
LOGIS
DE FRANCE

juraattraktiven Herbstmonaten für das Wohnmobil. Zudem läßt sich dann das phantastische Angebot an Regionalprodukten problemlos auskosten.

Für einen längeren Aufenthalt bieten sich die oft reizvollgelegenen Campingplätze an. Meist sind es kleinere Plätze, die trotzdem nur selten komplett belegt sind. Auf einige besonders hübsche wird im Text hingewiesen. Ansonsten sind der ‚ADAC-Campingführer Südeuropa' oder der ‚MICHELIN-Campingführer Frankreich' gute Wegweiser. Gelegentlich zeigen auch unscheinbare Schilder ‚Camping à la ferme' den Weg auf eine Blumenwiese mit Basis-Sanitärausstattung. Eine der Landschaft adäquate Form der Unterkunft. Auch hierzu gibt es einen Führer: Gîtes de France, Campings et Campings à la Ferme, Guide officiel, mit über 1040 Adressen (in Frankreich z. B. in den Buchhandelsfilialen der FNAC-Kette).

Hausboote

Der Unterlauf des Doubs - die Strecke zwischen Dole und Mulhouse – sowie die 480 km lange Saône eignen sich hervorragend für geruhsame Hausbootferien.

- **Bootsvermieter**: *Nicols*, Hauptstraße 45, D-79219 Staufen, Tel. 07633/7998, Fax 50344. Internet: www.nicols.com- locaboat plaisance, Pf. 867, D-79008 Freiburg, Tel. 0761/2073737, Fax 2073773. e-mail: locaboat-freiburg@t-online-de. Internet: www.locaboat.com

Weitere Infos zu Bootstouren auf der Saône: Loisiers Accueil Haute-Saône Territoire de Belfort, Maison du Tourisme, BP 117, F-70002 Vesoul Cedex, Tel. 0033-3-84.97.10.80, Fax: 0033-3-84.97.10.71.

Hotels und Restaurants

Findet man im Jura jederzeit. Die im Text vorgestellten und besonders empfohlenen Hotels sind natürlich nur eine Auswahl unter den vielen einfachen und mittleren Hotels in der Region. (Hotel- und Restaurantpreisklassen siehe S. 293.)

Solide Unterkommen: *Logis de France.* Die Logis de France sind ein freiwilliger Zusammenschluß von gut 3700 regionaltypischen Gasthäusern, von einfachen Häusern bis in die solide Mittelklasse (ein bis drei Sterne nach der offiziellen französischen Klassifikation). Die Hotels sind persönlich geführt und bieten regionale Küche zu moderaten Preisen. Ein gelber Kamin auf grünem Grund, das Zeichen der Logis de France, weist oft (allerdings keineswegs immer) den Weg zu einem Haus, in dem man sich auf ein gutes Essen und eine ordentliche Unterkunft freuen darf. Die Häuser sind ideal als Etappe, gerade auch auf großen Strecken, um dem Einerlei der Kettenhotels zu entgehen und en passant viel von Land und Leuten mitzunehmen. Aber auch für Ferien mit Kindern sind die ländlichen Logis de France mit ihren günstigen Familienzimmern eine Alternative zur Ferienwohnung. Je abgelegener die Gegend und je weniger Renommiertourismus desto größer die Chance auf eine gute Adresse in der Logis de France-Klasse. Also in der Auvergne und im Jura häufig, im Wein-Burgund und an der Côte-d'Azur nur noch selten. Fast immer werden diese Häuser von einer Familie betrieben, nach dem Muster: Papa kocht, Mama macht die Honneurs und hat den Service im Griff, die Kinder wachsen in den Betrieb hinein. Das Personal stammt aus der Gegend, da es zum einen nicht viele andere Verdienstmöglichkeiten gibt, zum anderen die Arbeit in der regionalen Gastronomie eine viel angesehenere Tätigkeit ist als etwa in Deutschland. Erfreulicherweise hat die Zahl der Logis de France in den letzten Jahren zugenommen. Es bestehen also gute Aussichten, daß diese Sparte der französischen Lebenskultur nicht so schnell der McDonaldisierung anheimfällt wie das typische Bistro.

- **Das Verzeichnis der Logis de France** ist in Frankreich in jedem Logis de France-Hotel und jeder Buchhandlung zu bekommen, in Deutschland über die Französische Zentrale für Fremdenverkehr. Der Begriff Verzeichnis ist allerdings wörtlich zu nehmen: es wird gelistet, nicht gewertet. Wer ganz sicher gehen möchte, schaut auch noch im Michelin oder Gault et Millau nach. Wenn ein Logis de France dort für „gutes Essen zum günstigen Preis" (Michelin) gelobt ist, oder mit 13 oder 14 Punkten für die Küche bewertet wird (Gault et Millau),

Hotel Le Lac, Malbuisson

kann nicht mehr viel schiefgehen. Mittlerweile gibt es auch etliche regionale Logis de France-Verzeichnisse, oft mit Tourenvorschlägen kombiniert. Diese sind meist in den Hotels und bei den regionalen Fremdenverkehrsbüros erhältlich.

- *Fédération Régionale des Logis de France*, 4ter, Faubourg Rivotte, 25000 Besançon, Tel. 03.81.47.85.47. Fax: 03.81.83.35.82.243. Sehr hilfreiche homepage: www.logis-de-france.fr

Michelin und Gault Millau

Verläßliche Information über Hotels und Restaurants liefern die beiden Führer *Michelin* (rot, in Frankreich billiger als in Deutschland, in jeder Buchhandlung und selbst im kleinen Schreibwarenladen erhältlich) und *Gault Millau* (gelb, ebenfalls überall erhältlich).

Der seit über 100 Jahren erscheinende *Michelin* ist die inoffizielle Bibel der Branche. Seine – bisweilen etwas konservativen – Wertungen beruhen oft auf Langzeitbeobachtungen. Die Hotels/Restaurants werden mit Symbolen (gekreuzte Bestecke für Restaurants und Haussymbole für Unterkünfte) und seit 2000 mit einem knappen kommentierenden Text charakterisiert. Mit der Zahl der Symbole steigt der formale

Komfort (und natürlich der Preis), was aber nicht zwingend höhere Speisenqualität bedeuten muß. Besondere Küchenleistungen werden mit zusätzlich vergebenen Sternen markiert (* - ***), denen der Michelin sein eigentliches Renommée verdankt. Ein *bib*-Symbol (Michelinmännchen) markiert eine gute, besonders preiswerte Küche. Aber auch Besonderheiten wie Lage, Sicht oder Ambiente werden mit eigenen Symbolen hervorgehoben. Der Michelin enthält vorzügliche Stadtpläne. Die differenzierte Symbolik des Michelin bedarf ebenso differenzierter Interpretation. Besonders interessant für die Leser dieses Buches dürften die Häuser mit dem bib-Symbol sein (im Text wird dies erwähnt), auch solche Häuser, die bei vergleichsweise geringem formalen Komfort einen Stern haben.

Der *Gault Millau* hingegen beschreibt, kommentiert und kritisiert mit kurzen, pointierten Artikeln, er reagiert rascher auf Veränderungen, ist aber auch subjektiver. Wer viel in Frankreich reist, sollte beide Führer im Gepäck haben. Mit dem Michelin kann man sich gut orientieren, wer aber genauer wissen möchte, was ein Etablissement an Stil, Räumlichkeiten oder Umgebung bietet, findet im Gault et Millau wesentlich mehr Information. Es ist keineswegs so, daß die beiden Führer nur ‚bessere' Hotels/Restaurants erwähnen. Fast im Gegenteil, legen die letzten Ausgaben von beiden besonderen Wert auf die Herausstellung etwa von Menus unter einem bestimmten Preislimit oder mit besonders guter Preis-Leistungs-Relation, sowie auf die detaillierte Beschreibung von einfachen aber reizvollen Hotels.

- **Die Website www.michelin.com** gibt umfassende Informationen zu Karten, Hotels und Restaurants. Mit gutem Routenplaner. Sehr praktisch ist die Suchfunktion um Orte herum (mit Karte).

- **Privatzimmer und Ferienwohnungen** ohne Bewertung listet der Führer *Gîtes de France*, *Chambres et Tables d'Hôtes, Guide officiel* auf. Es gibt eine Regionalausgabe für die Region Doubs *(Guide des Gîtes de France du Doubs).*

- **Regionale Reservierungszentrale:** *Loisirs accueil Doubs,* 4ter, faubourg Rivotte, 25000 Besançon, Tel 03.81.82.80.48

und Maisons Comtoises, 46, avenue Villarceau, 25042 Besançon Cedex, Tel 03.81.25.25.25.

Kettenhotels – Wenn es doch einmal ganz eng werden sollte, bleibt immer noch der Rückzug in eines der gut ausgestatteten, sauberen und billigen Kettenhotels, von denen alle Anbieter bei Besançon und im Raum Belfort/Montbéliard, die meisten um Lons-le-Saunier und Dole und einige in Pontarlier vertreten sind. In etwa von Qualität und Preis her von oben nach untengeordnet sind das (ohne Anspruch auf Vollständigkeit):

Novotel – ordentlicher Service, meist guter Pool mit schönem Garten.

Ibis – eine deutliche Kategorie einfacher als Novotel, dafür nicht immer entsprechend viel billiger.

Etap – Einfachsthotel, aber mit Dusche/WC und Fernseher auf dem Zimmer. Empfehlenswert als Minimumstandard.

Formule 1 – das personalfreie Schachtelhotel mit Etagendusche. Eher als besonderes Einmalerlebnis zu empfehlen.

Zimmerreservierung – Wer zu einer bestimmten Zeit in einem bestimmten Hotel übernachten und auch essen möchte, sollte natürlich an eine Reservierung denken, andererseits unterwirft man sich damit auch einem Zeitkorsett, ist festgelegt in seiner Streckenwahl. Außerhalb der kurzen sommerlichen Hochsaison wird sich auch in den empfohlenen Hotels meist noch am Abend ein freies Zimmer finden. Hat man jedoch reserviert und entscheidet sich dann doch anders, sollte man den kleinen Aufwand einer Absage nicht scheuen. Schließlich reservieren die meisten kleineren Hotels in Frankreich noch immer ohne eine Faxbestätigung oder die Angabe einer Kreditkartennummer zu fordern.

Frühstück – Das Frühstück ist in Frankreich meist nicht im Zimmerpreis inbegriffen. Niemand ist böse, wenn man darauf verzichtet. Gerade bei den einfachen Hotels ist das Frühstück oft so bescheiden und die vorgesehenen Räumlichkeiten strahlen noch soviel morgendliche Tristesse aus, daß es besser ist, den nächsten freundlichen, nach feinem Hefeteig und Kaffee duftenden Salon de Thé oder die Bar an der Ecke aufzusuchen. Einen solchen Salon de Thé gibt es ja bei vielen Patisserien, auch in sehr kleinen Städten. Mit einem guten Kaffee oder einem – trotz des Namens – meist weniger guten Tee und einem Teilchen kommt man nicht teurer weg als im einfachen Hotel.

Falls es keinen Salon gibt, kauft man sich Teilchen nach Lust und setzt sich in oder vor die nächste Bar. Dies sind Orte, an denen einem manchmal noch Frankreich à l'ancienne begegnet. Am Tresen Männer in einfachster Kleidung, hinter der Theke vor einer Batterie bunter Flaschen eine leicht derangierte Madame, die sich auch als Concierge in einem Maigret-Roman gut ausnehmen würde. Katze und Promenadenmischung zwischen Schankraum und dahintergelegener Wohnküche hin- und herhuschend. Der Kaffee ist immer gut, der Tee immer schlecht, die Lage des Etablissements reizvoll, Kultursprung garantiert. Andererseits kann ein Frühstück in einem ambitionierten französischen Hotel auch schon in der unteren Mittelklasse zum ausgesprochenen Vergnügen werden, wenn es in kultiviertem Ambiente mit selbstgebackenen Croissants und Brioches und hausgemachten Marmeladen serviert wird. Dann kommt leise diese heiter distanzierte, leicht weltentrückte Stimmung auf, die sich auf den ganzen Tag übertragen kann. Im Text werden einige dieser kleinen Fluchten erwähnt.

Die offizielle **Hotelklassifikation** (mit *-Symbolen) gibt nur grob die Preisklasse an und sagt nichts über subjektive Faktoren wie Charme, Freundlichkeit, Lage etc. aus, die den Reiz eines Hauses bisweilen entscheidend prägen können. Der Zimmerpreis gilt in Frankreich fast immer für das Zimmer und nicht für die Person, nur 3- und 4-Personenzimmer kosten bei voller Belegung meist mehr als das gleiche Zimmer für 2 Personen. Wie überall hat auch in Frankreich der Einzelreisende das Nachsehen, meist bezahlt er nur unwesentlich weniger oder gleichviel wie zwei Personen. Falls billigere Einzelzimmer angeboten werden, sollte man sie besser vorher anschauen – See- oder Bergsicht gibt's in den wenigsten Fällen.

Hotel-Preise

Im Buch werden Hotels der Ein- bis Drei-Sterne-Kategorie empfohlen (die Stern-Symbole entsprechen der offiziellen Einteilung). Diesen Häusern lassen sich folgende Preisklassen zuordnen:

* **einfaches Hotel**: Zimmer zwischen 30 und 50 €

** **Mittelklasse:** Zimmer zwischen 50 und 75 €

*** **gehobene Ansprüche:** Zimmer ab 75 €

- Viele der in diesem Buch näher vorgestellten Häuser finden sich unter dem Dach der *Logis de France* (siehe unten) wieder. Auch in den meisten kleinen Hotels haben die Zimmer mittlerweile Bad oder Dusche.

Restaurant-Preise

niedrig: ein vollständiges Menu mit erstem Gang (Suppe/Salat/Crudité), Hauptgericht, Beilagen und Dessert (inkl. Brot und Gedeck, aber ohne Getränke) ist zwischen 10 und 20 € erhältlich.

mittel: Menu zwischen 20 und 30 €

gehoben: Menu ab 40 €

hoch: Menu ab 40 €

Cave: Mittlerweile werden flächendeckend an den großen routes nationales Routinekontrollen durchgeführt, bei denen alle Autos angehalten werden und jeder Fahrer blasen muß. Ebenso selbstverständlich wird das Röhrchen auch beim Stop wegen banaler Verkehrsverstösse hingehalten. Und es gilt 0.5 Promille.

Karten

Bis vor kurzem benötigte man die beiden gelben Michelinkarten (1:200.000) Nummer 66 und 70, um das vorgestellte Gebiet abzudecken.

Nun gibt es von Michelin eine neue gelbe *Local*-Serie im Maßstab 1:175.000. Für unser Reisegebiet gibt es damit – wesentlich übersichtlicher – eine einzige Karte: **321 Local** – *Doubs, Jura*. Die neuen *Local*-Karten sind äußerst exakt wie gewohnt, mit detaillierten Informationen nicht nur über kleinste Straßen, sondern auch über die Topographie, zusätzlich sind viele landschaftliche Sehenswürdigkeiten präzise markiert. Man kann sich durchaus auch bei einer Radtour (selbst bei einer längeren Wanderung) mit diesen Karten orientieren. Fast alle Orts- und Straßenangaben im Buch orientieren sich an dieser Michelinkarte, schon deshalb lohnt es sich, mit diesem Blatt zu reisen.

Wanderer haben natürlich noch mehr Freude mit den bestechend guten Karten im Maßstab 1:25.000 oder auch 1:50.000, die vom *Institut National de Géographie* (IGN) herausgegeben werden. Aus diesen Karten läßt sich schon fast ein photorealistisches Landschaftsbild ableiten. Die Michelinkarten sind in Frankreich billig. Man sollte sie vor jeder noch so kleinen Juratour (wie vor jeder Fahrt in Frankreich) kaufen, am besten in Frankreich, da sie in Deutschland teurer sind. Die Karten gibt es wirklich an jeder Ecke (Tankstellen, Läden, Kioske). Die IGN-Karten sind etwas preiswerter als die äquivalenten Landeskarten der Schweiz, vor einer größeren Wanderung eine unbedingt lohnende Investition. Wer sie nutzt, erspart sich nicht nur frustrierende Irrwege, auch die Landschaft wird viel bewußter wahrgenommen.

Der *Rote Michelin* gilt weit über Frankreich hinaus als Institution. Der Führer enthält neben einer immensen Zahl von Hotel- und Restaurantadressen auch zahlreiche, übersichtliche und jeweils mit einem Verzeichnis der Straßennamen versehene Stadtpläne. Auch Städtchen mit weniger als 5.000 Einwohnern sind (ganz im Gegensatz zum Michelin Deutschland) oft mit einem Plan bedacht. Falls man sich nur einen der großen

Louebrücke und Badplatz in Port-Lesney

Hotelführer kauft, legen schon diese Pläne die Entscheidung für den Michelin nahe.

Natürlich sind alle diese Karten auch in Deutschland erhältlich, was zur Vorbereitung der Reise nützlich ist. Hier zwei besonders gut sortierte Buchhandlungen, die Karten auch mit der Post verschicken:

- *Landkartenhaus Voigt*, 79098 Freiburg, Schiffstr. 6, Tel. 0761/23908
- Buchhandlung/Landkarten *Kurt-Werner Edelmann*, 69115 Heidelberg, Am Adenauerplatz, Tel. 06221-20552, Fax 400362249
- und ein Kartenvertrieb mit breitem Sortiment: *Jürgen Schrieb*, Karten und Reiseführer - 71706 Markgröningen, Schwieberdinger Straße 10/2, Tel. und Fax 07145/26078

Reisezeit

Im Frühjahr ist besonders das Weinland und der Mittel- und Unterlauf des Doubs mit seinen Nebenflüssen schön, etwa die Kirschblüte im Tal der Loue. Auch für Radtouren ist diese Zeit günstig.

Der Frühsommer ist ideal für das Wandern auf den Bergwiesen des hohen Jura.

Im Hochsommer wird es im Weinland sehr warm, dann ist eine gute Zeit für die frischen Höhlen, Quellen und Wasserfälle. Während des Herzstücks der französischen Schulferien (etwa Mitte Juli bis Mitte August) kann es punktuell betriebsam werden, aber der Andrang hält sich, gemessen an Toskana oder Küsten, immer noch in erfreulichen Grenzen.

Der Herbst ist sicher die schönste Zeit für Gipfelwanderungen mit grandioser Alpensicht, aber auch das Weinland mit den *Reculées* und die Schluchten und Wasserfälle des mittleren Jura entfalten ihren Zauber so richtig erst mit der Laubfärbung, den zarten Nebelschleiern und dem Geruch des jungen Weins.

Im Winter ist es schön in den verschneiten Hochlagen mit klarer Luft, viel Sonne und manchmal klirrender Kälte. Das Weinland liegt jetzt oft im dichten Nebel, aber die Winzer haben viel Zeit zur Dégustation und in den guten Restaurants ist man mit den Einheimischen alleine.

Sport

Im jeweiligen Ortstext wurden bewußt keine detaillierten Vorschläge für längere Wanderungen, Skitouren, mehrtägige Radtouren, Bootsfahrten, Kletterrouten etc. gemacht, obwohl der Jura für jede dieser Sportarten Besonderes zu bieten hat. Sie wären im Rahmen eines solchen Buches zufällig und doch nicht umfassend genug. Hier sei nochmals auf die detaillierten Broschüren und Karten (sowohl für Rad als auch MTB) verwiesen, die bei den offiziellen Info-Stellen zu bekommen sind.

Radfahren

Im den Ortstexten dieses Buches werden einige schöne Strecken kurz beschrieben, die sich in einem halben bis ganzen Tag gut mit dem Rad zurücklegen lassen. Hier die Streckenübersichten.

1. **Bergab im Hochjura:** Mouthe-Malbuisson-Pontarlier-Montbênoit-Morteau (60 km, stets sanftes Gefälle)
2. **Hochjura für Sportler:** Mouthe-Malbuisson-Pontarlier-Montbênoit-Morteau-les Gras-Les Allies-Pontarlier-Lac de St-Point-Mouthe(120 km, hin sanftes Gefälle, zurück 200 m Anstieg)
3. **Täleridyllen:** Baume-les-Dames-Cusancin-Tal-Fente-de-Barbe - Baume-les-Dames (40 km, 300 m Anstieg)
4. **Lässige Flußpartie:** Baume-les-Dames den Doubs entlang nach Laissey und zurück (28 km, eben)
5. **Courbets Land:** Ornans-Cléron-Grotte de la plaisir fontaine -Bonnevaux-le-Prieuré-Ornans (40 km, 600 m Anstieg)
6. **Romanik per Pedal:** Cuiseaux-Chevreaux-Gigny-St-Hymétière-St-Julien-Arinthod- Cuiseaux (75 km, 500 m Anstieg)
7. **Schluchten im Weinland:** Poligny-Cirque de Ladoye-Cirque de Baume-Baume-les-Messieurs-Belvédère les Roches de Baume-Voiteur-Château-Chalon-Poligny (65 km, 900 m Anstieg)
8. **Schweizer Berg- und Talfahrt:** St-Ursanne-Soubey-Mont-Faucon-Bellelay-Gorges du Pichoux-Glovelier-Corniche du Jura-St-Ursanne (75 km, 1300 m Anstieg)
9. **Panoramafahrt über dem Genfer See:** Col du Machairuz- Combedes Amburnex-Bassins-Longirod-St-George-Col du Machairuz (33 km, 700 m Anstieg)

Wandern

Wanderführer – Es gibt keinen deutschsprachigen Wanderführer für den französischen Jura. Für den Schweizer Jura liegen diverse Publikationen vor, darunter: Jurawanderbuch, Kümmerly & Frey, Jurahöhenwege, Kümmerly & Frey. Für den französischen Jura gibt es allerdings mehrere französischsprachige Wanderführer (siehe unten), die bereits mit einfachen Sprachkenntnissen gut verständlich sind.

Zudem gibt es mittlerweile spezielle **Loipenführer** über den (Schweizer und französischen) Jura auf Deutsch. Am besten informiert man sich über die aktuellen Stand im gutsortierten geographischen Buchhandel.

Karten: Hier kommen die bereits empfohlenen, wirklich hervorragenden Blätter des *IGN* (1: 50.000) in Frage. Es gibt drei Blätter: Le Doubs (Ost, West, Süd).

Fernwanderwege *(Sentiers de Grande Randonnée = GR)*. Mehrere der großen und gut markierten französischen Fernwanderwege durchziehen den Jura. Sie sind mit rot-weiß-roten Streifen gut markiert: Entlang der Schweizer Grenze der **GR 5**, in Nord-Süd-Richtung; am Westrand der Plateaux der **GR 59**, als Querstrecke der **GR 595,** der Montfaucon (bei Besançon) mit Maisons-du-Bois (bei Pontarlier) verbindet. Der **GR 590** verbindet Ornans an der Loue mit dem Lison. Weiter im Süden führen der **GR 559** von Lons-le-Saunier durch das Seenland nach Les Rousses. Der **GR 9** verläuft von St-Amour nach Les Rousses in West-Ost-Richtung durch das Land.

Dazu gibt es noch kleinere GR du Pays, wie etwa im hohen Südjura, um die Seen von St-Point und Vouglans und bei Nozeroy. Die großen GR sind zwar auf der Carte Michelin 1:200.000 eingetragen, wer aber mehr als ein kurzes Teilstück wandern möchte, sollte sich zum einen die hervorragenden topographischen Karten des IGN und zum anderen den entsprechenden Topo-Guide besorgen.

Diese detaillierten Routenbeschreibungen werden von der *Fédération Française de la Randonnée Pedestre* herausgegeben. Hier kommen in Frage:

- Tours dans le Haut-Jura, GR Pays 9/9A/9B, Parc nat. régional
- Tours dans le Haut-Jura, GR 5/503, Lacs et plateaux du Jura, Gorges du Doubs
- Tours dans le Haut-Jura, GR Haut plateaux, Tour du pays du Haut-Jura, Mont noir.
- 49 Touren beschreibt der Führer ‚Promenades et Randonnées dans le Jura', Guide Randonneur Nr.11, Didier Cornaille, Solar
- Je 45 Loseblätter in einem Ringbuch, jeweils mit einem Ausschnitt einer IGN-Karte enthalten die ‚Guides Franck 26/27', Circuits pédestres, Massif du Jura Nord/Sud, Pierre Dornie, Pierre Jouille

Diese Bücher und Karten sind in vielen Buchhandlungen in Frankreich erhältlich, in den Wandergebieten manchmal auch in kleinen Kramläden. Eine umfassende Auswahl aller Karten und Führer der ganzen Region haben die meisten der großen Hypermarchés. Bestelladressen in Frankreich vgl. unter ‚Praktische Informationen – Allgemeines'; in Deutschland vgl. unter ‚Praktische Informationen – Karten'.

Wintersport

Einen guten Überblick gibt die Broschüre: *Le Guide Hiver/Massif du Jura/Les Stations franco-suisses.* Mit Details zu Preisen der Skipässe, Skischulen, Hotels und Ferienwohnungen. Erhältlich bei den Offices de Tourisme.

Langlauf: Der Jura ist ein ideales Terrain für Langläufer. Relative Schneesicherheit, eine abwechslungsreiche Landschaft mit weiten Strecken in den langen Hochtälern und über sanfte Höhenzüge. Inzwischen sind mehr als 3000 Kilometer Loipen markiert.

Der Fernskiwanderweg *Grande Traversée du Jura* führt vom oberen Doubs parallel zur Schweizer Grenze über 250 Kilometer bis in den südlichen Jura. Zusammen mit seinen Nebenstrecken ist er 400 km lang.

- Genaue Informationen über die Strecke, die im Sommer auch für Mountainbiketouren markiert ist, gibt es beim *Espace Nordique Jurassien*, Maire-annexe, BP 132, 39304 Champagnole Cedex, Tel. 03.84.52.58. 10 und beim *Accueil montagnar*d, 25240 Chapelle-des-Bois, Tel 03.81.69.26.19. Der Führer hierzu: ‚Ski nordique: Grande Traversée du Jura', 96 S., Karte 1:50.000, Franck.

Noch mehr zum Langlauf im Jura beim *Accueil Montagnard,* 25420 Chapelle-de-Bois, Tel. 03.81.69.26.19. Association GJT 03.84.51.51.51, www.gjt.asso.fr

Skimarathon: Seit 1976 wird im Februar auf einer 76 Kilometer langen Strecke zwischen Lamoura bei St-Claude und Mouthe nahe der Doubsquelle ein offener Skimarathon ausgetragen.

- Informationen beim *Comité d'organisation de la Trace-Transjurassienne*, Place Clémençeau, BP 79, 25301 Pontarlier Cedex, Tel. 0033-03.81.46.66.00 oder Trans-Organisation, BP 126, 39404 Morez, Tel 03.84.33.45.13.

Besondere Oasen

Eine Auswahl besonders lohnender Adressen. Weitere Details dazu im Ortstext, dort auch Preisangaben (die Sterne hinter dem Hotelnamen entsprechen der offiziellen Klassifizierung). In alphabetischer Reihenfolge:

Unterkommen

Besançon: *Relais Castan**** 140

Besançon: *Hotel du Nord*** 141

Bonnetage: *L´Étang du Moulin*** 28

Champagnole: *Grand Hôtel Ripotot*** 112

Courlans: *Nouvel Hotel*** 212

Cuiseaux: *Vuillot*** 233

Lavans: *Ferme Auberge du Rondeau,* 133

Les Grangettes (Lac de St. Pont): *Bon Repos*** 69

Lons-le-Saunier: *Nouvel Hotel*** 212

Einkehren

Läden, Einkaufen & Feinkost

Orte

Hotels und Restaurants

Campingplätze

Einkaufsquellen

Weingüter

Kartennachweis

Sämtliche Karten: *Kartengrafik Thomas Vogelmann*

→ Kartenübersicht der Innenkarten siehe hintere Umschlagseite

Fotonachweis

Werner Stuhler: 191

Martin Weisensel: Umschlagklappe vorne, 6, 38, 53, 115, 203, 207, 208, 209

Alle anderen Fotos: *Jutta Ikenberg* und *Oase Verlag*

Alle Angaben in diesem Buch wurden vom Autor nach bestem Wissen erstellt und von ihm und dem Verlag mit größtmöglicher Sorgfalt geprüft. Inhaltliche Fehler sind dennoch - wie wir im Sinne des Produkthaftungsrechtes betonen - nicht vollständig auszuschließen. Daher erfolgen alle Angaben ohne Garantie des Verlags und des Autors. Beide übernehmen keine Verantwortung und Haftung für etwaige Unstimmigkeiten.

Verlag und Autor freuen sich jederzeit über Anregungen, Tips und Korrekturhinweise!

OASE

© 4. Auflage 2004/2005
Oase Verlag
79410 Badenweiler
Tel. 07632-7460
Fax: 07632-5098
www.oaseverlag.de

Herstellung: fgb, Freiburger Graphische Betriebe

ISBN 3-88922-069-X

„NICHT UMSONST heißt der Verlag Oase - eine Oase in der deutschen Reiseführerlandschaft." Tages Anzeiger, Zürich.

Wir ertrinken im Mittelmaß, am Guten herrscht bitterer Mangel. Unsere Reiseführer zeigen handverlesene Adressen zum Schlafen, Einkehren und Ausgehen. Dazu feine Fluchten, weite Touren und stille Wanderungen.

Oasen am Oberrhein Abel
Freiburg, Breisgau, Markgräflerland Abel
Südschwarzwald Abel
Süd-Elsass und Sundgau Salamander und Abel
Spaniens Paradores Abel
Portugals Pousadas Abel
Roussillon und Côte Vermeille Dominé
Adria - Romagna und Montefeltro Blecking
Cinque Terre und ligurische Küste Hennig
Friaul Maiwald

In Kürze erscheint

Tessin und Lago Maggiore Abel Salamander

Verlag und Autoren freuen sich über Kritik und Anregungen zu unseren Büchern. Zweckdienliche Hinweise werden mit einem Freiexemplar honoriert. Gerne schicken wir unser **aktuelles** Programm:

Oase Verlag
Obermattweg 3
D-79410 Badenweiler
Tel. 07632-7460
Fax: 07632-5098
e-mail: oaseverlag@t-online.de
www.oaseverlag.de

OASE